Carl-Auer

Liebe dich selbst wie deinen Nächsten

Stephen G. Gilligan

Die Psychotherapie der Selbstbeziehungen

4. Auflage, 2015
Aus dem Amerikanischen übersetzt
von Barbara von Bechtolsheim

Mitglieder des wissenschaftlichen Beirats des Carl-Auer Verlags:

Prof. Dr. Rolf Arnold (Kaiserslautern)
Prof. Dr. Dirk Baecker (Friedrichshafen)
Prof. Dr. Ulrich Clement (Heidelberg)
Prof. Dr. Jörg Fengler (Alfter bei Bonn)
Dr. Barbara Heitger (Wien)
Prof. Dr. Johannes Herwig-Lempp (Merseburg)
Prof. Dr. Bruno Hildenbrand (Jena)
Prof. Dr. Karl L. Holtz (Heidelberg)
Prof. Dr. Heiko Kleve (Potsdam)
Dr. Roswita Königswieser (Wien)
Prof. Dr. Jürgen Kriz (Osnabrück)
Prof. Dr. Friedebert Kröger (Heidelberg)
Tom Levold (Köln)
Dr. Kurt Ludewig (Münster)
Dr. Burkhard Peter (München)
Prof. Dr. Bernhard Pörksen (Tübingen)
Prof. Dr. Kersten Reich (Köln)

Prof. Dr. Wolf Ritscher (Esslingen)
Dr. Wilhelm Rotthaus (Bergheim bei Köln)
Prof. Dr. Arist von Schlippe (Witten/Herdecke)
Dr. Gunther Schmidt (Heidelberg)
Prof. Dr. Siegfried J. Schmidt (Münster)
Jakob R. Schneider (München)
Prof. Dr. Jochen Schweitzer (Heidelberg)
Prof. Dr. Fritz B. Simon (Berlin)
Dr. Therese Steiner (Embrach)
Prof. Dr. Dr. Helm Stierlin (Heidelberg)
Karsten Trebesch (Berlin)
Bernhard Trenkle (Rottweil)
Prof. Dr. Sigrid Tschöpe-Scheffler (Köln)
Prof. Dr. Reinhard Voß (Koblenz)
Dr. Gunthard Weber (Wiesloch)
Prof. Dr. Rudolf Wimmer (Wien)
Prof. Dr. Michael Wirsching (Freiburg)

Umschlaggestaltung: Uwe Göbel
Satz: Paul Richardson
Diagramme: Angelika Fisher
Printed in Germany
Druck und Bindung: CPI books GmbH, Leck

Vierte Auflage, 2015
ISBN 978-3-89670-449-8
© 1999, 2015 Carl-Auer-Systeme Verlag
und Verlagsbuchhandlung GmbH, Heidelberg
Alle Rechte vorbehalten

Die Originalausgabe erschien unter dem Titel "The Courage to Love:
Principles and Practices of Self-Relations Psychotherapy"
bei W. W. Norton & Company, Inc., New York.
© 1997 by Stephen G. Gilligan

Bibliografische Information der Deutschen Nationalbibliothek:
Die Deutsche Nationalbibliothek verzeichnet diese Publikation
in der Deutschen Nationalbibliografie; detaillierte bibliografische
Daten sind im Internet über http://dnb.d-nb.de abrufbar.

Informationen zu unserem gesamten Programm, unseren Autoren
und zum Verlag finden Sie unter: www.carl-auer.de.

Wenn Sie Interesse an unseren monatlichen Nachrichten aus der Vangerowstraße haben,
können Sie unter http://www.carl-auer.de/newsletter den Newsletter abonnieren.

Carl-Auer Verlag GmbH
Vangerowstraße 14
69115 Heidelberg
Tel. +49 6221 6438-0
Fax +49 6221 6438-22
info@carl-auer.de

*Meiner Mutter,
Catherine Gilligan,
für all den Mut zu lieben,
zu dem sie ermutigt und inspiriert hat.*

Inhalt

Danksagung ... 11
Einleitung ... 13

Teil I: Prinzipien ... 21

1. Aus der Mitte entspringt ein Fluß
   Grundprämissen des Beziehungsselbst ... 23

Prämisse 1: Im Kern eines jeden Menschen existiert eine unzerstörbare „zarte, weiche Stelle" ... 23

Prämisse 2: Das Leben strömt durch dich, außer wenn dies nicht geschieht ... 28

Prämisse 3: Das Leben ist großartig, aber manchmal tut es höllisch weh ... 32

Prämisse 4: Es gibt zwei von deiner Sorte: Beziehung ist die psychologische Grundeinheit ... 36

Prämisse 5: In der Welt existiert eine Intelligenz, die größer ist als du ... 45

Prämisse 6: Dein Weg ist nur deiner: Du bis ein unheilbarer Sonderling ... 47

Zusammenfassung ... 50

2. Aufmerksamkeit und die Beziehung zwischen Unterschieden
   Umgang mit dem anderen ... 53

Zu fest halten: Angst und Zorn des Fundamentalismus ... 57

Zu locker halten: Indifferenz und Sucht des Konsumverhaltens ... 62

Nicht zu fest, nicht zu locker: die gespürte Verbindung des Beziehungsselbst ... 67

Zusammenfassung ... 73

**3. Das Beziehungsselbst
Identität, Problemkonstellation und Problemlösung ... 74**

Eine Identitätsfrage: Wer bist du? ... 75

Das Selbstbeziehungsmodell der Entwicklung von Symptomen ... 93

Zusammenfassung ... 98

Teil II: Praktiken ... 101

**4. Rückkehr aus dem Exil
Praktiken zur Koordinierung von Geist und Natur ... 103**

Bewußtes Atmen und Muskelentspannung ... 105

Aufmerksamkeit zentrieren ... 111

Die Aufmerksamkeit öffnen ... 121

Zusammenfassung ... 128

**5. Liebe als Fertigkeit
Die Praktiken der Mentorschaft ... 129**

Eine exemplarische Übung: Wer bist du? ... 130

Fertigkeiten der Mentorschaft ... 137

Eine abgewandelte Tonglen-Übung ... 154

Zusammenfassung ... 159

Teil III: Therapiemethoden ... 161

**6. Die Wiederherstellung von Bezogenheit
Exemplarische Selbstbeziehungsarbeit ... 163**

Schritt 1: Das Problem identifizieren ... 164

Schritt 2: Das vernachlässigte Selbst identifizieren und im Körper lokalisieren ... 167

Schritt 3: Das kognitive Selbst aktivieren und lokalisieren ... 173

Schritt 4: Negative Mentoren identifizieren und abgrenzen ... 175

Schritt 5: Kognitives und vernachlässigtes (somatisches) Selbst verbinden ... 182

Schritt 6: Ursprüngliche Problemsequenz nochmals durchlaufen ... 186

Schritt 7: Weitere Arbeit ... 187

Zusammenfassung ... 187

**7. Das archetypische Selbst
We Get by with a Little Help from Our Friends ... 189**

Grundlegende Vorstellungen von Archetypen ... 192

Ein klinisches Modell zur Arbeit mit Archetypen ... 204

Der Nutzen archetypischer Energien für die Therapeutin ... 212

Zusammenfassung ... 216

**8. Therapeutische Rituale
Übergänge zu neuen Identitäten ... 218**

Was sind Rituale? ... 220

Ein Therapieansatz, der Rituale einsetzt ... 223

Zusammenfassung ... 237

Epilog ... 240
Literatur ... 243
Personenregister ... 250
Über den Autor ... 252

Danksagung

Viele Menschen haben mir geholfen, dieses Buch zu schreiben. Meine Eltern, Cathy und Jack Gilligan, haben mir die Macht der Liebe gezeigt. Meine Frau Denise und meine Tochter Zoe haben mich mit der heilenden Kraft der Liebe berührt und mir zu lernen ermöglicht, Liebe zu geben und zu empfangen. Ihnen allen bin ich unendlich dankbar.

Zu meinen wichtigsten Mentoren gehören meine Mutter, Milton Erickson, Gregory Bateson, Gordon Bower und mein Aikido-Sensei Coryl Crane. All diese hervorragenden und hingebungsvollen Lehrer haben mir auf der methodischen ebenso wie auf der persönlichen Ebene enorm geholfen.

Ich fühle mich auch allen Klienten verpflichtet, mit denen ich gearbeitet habe. Es ist ein Privileg und eine Freude, den Mut und das Engagement eines Menschen zu erleben, der lernt, sich selbst und andere zu lieben, insbesondere, wenn manche Abschnitte des Lebens die Annahme nahelegen, daß dies eher ein naives, unmögliches oder gefährliches Unterfangen ist.

Mein Lehren (und somit mein Lernen) ist von vielen Veranstaltern von Workshops unterstützt worden; zu ihnen gehören Marilyn Atkinson; Steve Beck; Jack Bloom; Bill Becket, David Stern und Laine Gifford; Seyma Calihman; Eileen Caulley; Sam Cangelosi; Jeff und Cheryl Chang; Robert Dilts, Judith DeLozier und Teresa Epstein; Jeff Zeig und die Erickson Foundation; Barbara Fairfield; Carol Fitzsimmons, Irene Michon und Carl Allen Tippins; Lusijah Marx, Jane Parsons und NYSEPH; Julian Russel; Gunther Schmidt; Bob und Kim Schwarz; Robert Weisz; und Michael Yapko.

Mein besonderer Dank gilt den Mitgliedern der laufenden Supervisionsgruppe in Austin, Connecticut, Encinitas, New York City, an der Küste Oregons, im Staate Washington und in West

Virginia sowie der Bostoner „Bean"-Gruppe. Außerdem Freunden und Kollegen, unter anderen Jack Bloom, Robert Dilts, Yvonne Dolan und Charlie Johnson, Carol Fitzsimmons, Bill O'Hanlon, Maureen O'Hara, Gunther Schmidt, Harry Shifman, Dvorah Simon und Jeffrey Zeig.

Mein lieber Freund Barry Elkin ist mit mir durch viele Höhen und Tiefen gegangen; seine Unterstützung war unverbrüchlich und seine Liebe inspirierend.

Zu den Kollegengruppen, die meine Entwicklung gefördert haben, gehören die lang bestehende Paargruppe und die Solana-Beach-Gruppe für Beziehungsforschung.

Diesen Menschen und vielen anderen sage ich Dank.

Einleitung

Königin Malika, die Gemahlin des Königs von Kosala, war eine der ersten weiblichen Konvertiten (zum Buddhismus). Der König war kein Buddhist, aber er liebte seine Gemahlin sehr. In einer romantischen Vollmondnacht – man muß wissen, daß der Buddhismus sehr romantisch ist – fragte der König sie: „Meine Liebe, wen liebst du am meisten?", in der Erwartung, daß sie sagen würde: „Natürlich liebe ich deine Majestät am meisten."

Aber als Buddhistin sagte Malika: „Weißt du, Lieber, ich liebe *mich selbst* am meisten." Und der König sagte: „Ja, wenn ich es recht bedenke, *auch ich* liebe mich selbst am meisten."

Tags darauf gingen sie zum Buddha, und der Buddha sagte: „Jedes Wesen liebt sich selbst am meisten. Wenn man sich selbst am meisten liebt, muß man sich im klaren sein, daß auch andere sich selbst am meisten lieben. Die beste Art, sich selbst zu lieben, ist, sich selbst nicht auszunutzen. Wenn man Gier, Haß und Täuschung kultiviert, nutzt man sich selbst am meisten aus."

Ich meine, im Westen könnten sie davon etwas lernen. Ich habe das Gefühl, daß die Menschen eine Menge Haß gegen sich selbst hegen. Sich selbst zu lieben ist der erste Schritt zur Freiheit.

„Der nächste Schritt", sagte der Buddha zu dem König und der Königin, „wäre, sich anderen nicht überlegen zu fühlen." Für mich ist das ein Teil von Freiheit. Wenn man übt, sich anderen nicht *überlegen* zu fühlen, dann muß man auch üben, sich anderen nicht *unterlegen* zu fühlen. Und letztlich lernt man, sich anderen nicht *gleich* zu fühlen. Dann kann man über den Dualismus hinausgehen, und ein gegenseitiges Durchdringen wird möglich. Und dies ist wahre Freiheit: Freiheit jenseits des Dualismus, jenseits von dir und mir, jenseits von Ich und Du.

Sulak Sivaraska (in: Sivaraska a. Harding 1995, S. 61)

In diesem Buch geht es darum, wie sich durch Psychotherapie der Mut und die Freiheit zur Liebe kultivieren lassen. Geschrieben ist es in einer Zeit, in der die Liebe zu verblassen und Haß und Verzweiflung zuzunehmen scheinen, in der die Gemeinschaft in Vergessenheit gerät und nur Unterschiede übrigbleiben. Es betrachtet Liebe als eine Fertigkeit und als eine Kraft, die heilen und beleben, wieder verbinden und führen, berühren und ermutigen kann.

Die Jungianerin Marion Woodman (1993) meint, der wesentliche Gedanke unseres Atomzeitalters sei es, aus Materie Energie freizusetzen. In dieser Idee klingt die alte chassidische Vorstellung an, daß gute Taten die „Funken des Lichts" entzünden, die jeden Menschen, jeden Ort und jedes Ding durchdringen. In demselben Sinne sucht die Psychotherapie die Energie, die Ressourcen und Möglichkeiten freizusetzen, die in jedem Menschen angelegt sind. Sie sucht die Samen der Selbstliebe und des Selbstvertrauens zu nähren, so daß alte Beschränkungen abfallen und neue Möglichkeiten gedeihen können.

Wesentlich für diese Aufgabe ist die Fähigkeit zu lieben. Um sie erfolgreich einsetzen zu können, müssen wir ihr Wesen verstehen. Wir müssen, wie Erich Fromm (1978) bemerkte, an die Stelle sentimentaler und passiver Vorstellungen von Liebe aktivere, radikalere setzen. Merkwürdigerweise wird Liebe oft für etwas gehalten, das einem unter positiven Umständen passiert, ein berauschender Zustand, der die Fähigkeit, klar und nüchtern zu handeln, betäubt. Des weiteren wird die Vorstellung, „seinen Feind zu lieben" oder die Liebe unter schwierigen oder sogar gewalttätigen Umständen effektiv einzusetzen, bestenfalls für eine naive Vorstellung wohlmeinender Leute (wie Jesus, Gandhi, Martin Luther King oder Nelson Mandela) gehalten, die von der „realen" Welt eigentlich keine Ahnung haben. In einem solchen Zusammenhang gesehen, ist Liebe für den Psychotherapeuten irrelevant, ja sogar unmoralisch und gefährlich.

Dieses Buch stellt praktischere Vorstellungen von Liebe dar und untersucht, wie sie in der Psychotherapie hilfreich sein können. Liebe wird als eine Kraft und als eine Fertigkeit aufgefaßt, und dazu gehören Beziehungsfähigkeiten, wie Leben zu beschützen und nicht zu manipulieren, zu geben und zu empfangen, zu sein und dabeizusein, zu harmonisieren und zu differenzieren, zu berühren und zu befreien. Liebe ist eine Präsenz, die hinter dem effektiven Gebrauch unserer Methoden und Techniken steht. Wenn sie gegeben ist, sind unser Handeln und Denken stimmiger, flexibler, hilfreicher; wenn sie fehlt, wird Psychotherapie oft zu einer weiteren Form von Manipulation und Ausbeutung des Klienten.

Gerade in unserer fernsehsüchtigen, postmodernen Computergeschwindigkeitszeit mit ihrer Kakophonie von stetig sich vermehrenden Bildern, Ansichten und Beschreibungen ist es wichtig, klare Vorstellungen von der Liebe zu haben. In diesem Wirbelwind mentalen Surfens gehen der Körper, die Rhythmen der Natur, die Zwischenräume und die Gemeinschaft menschlicher Erfahrung verloren. Angesichts dieses Verlustes werden Differenzen zu Bedrohungen, die weitere Auseinandersetzungen, noch mehr Herr-und-Knecht-Strategien und eine weitere „Balkanisierung" des Bewußtseins nach sich ziehen. Da ist es kein Wunder, wenn wir Schwierigkeiten haben, mit uns selbst und mit anderen zurechtzukommen.

In der Therapie sehen wir tagtäglich die posttraumatischen Folgen dieser innerpsychischen und zwischenmenschlichen Auseinandersetzungen. Wir sehen Verzweiflung, Depressionen, Sucht, zwanghafte Gewalt gegen sich selbst und andere, unablässige Ängste. Wir sehen eine Welt, in der die Liebe zunehmend fehlt, in der Haß vorherrscht und Angst um sich greift. Wir müssen auf unsere bescheidene Weise versuchen, den Funken der Selbstliebe wieder zu entzünden, zu Akzeptanz und Neugier zu ermutigen, wo Zurückweisung und Kontrolle waren, und ein Wiedererwachen des Selbst in der Gemeinschaft zu fördern. Liebe wird als die Fertigkeit aufgefaßt, mit der diesem Bewußtseins- und Beziehungswandel der Weg gebahnt werden kann.

Natürlich kennt die Praxis der Liebe viele Wege. Dieses Buch untersucht als einen solchen Weg den *self-relations*-Ansatz in der Psychotherapie, den Ansatz der Selbstbeziehung. Diese Psychotherapie der Selbstbeziehung habe ich im Laufe der letzten zwanzig Jahre in der klinischen Praxis und in der Lehre entwickelt. Meine frühen Mentoren waren Milton Erickson und Gregory Bateson. Zu den späteren Einflüssen gehören die Kampfkunst des Aikido; das Werk Gandhis, Martin Luther Kings und anderer Menschen im gewaltfreien Widerstand; buddhistische Schriftsteller wie Pema Chödrön und Thich Nhat Hanh; verschiedene andere Autoren, wie

Robert Bly, Erich Fromm und C. G. Jung; sowie meine Frau Denise und meine Tochter Zoe. Der unmittelbarste Beitrag stammt von den vielen Studenten, Klienten und Kollegen, von denen ich im Laufe der Jahre gelernt habe.

Das Buch ist in drei Teile gegliedert. Teil I legt die allgemeinen theoretischen und ethischen Prinzipien der Psychotherapie der Selbstbeziehung dar. Kapitel 1 beschreibt sechs Grundprämissen: (1) Du wirst mit einer unzerstörbaren „weichen Stelle", einem unzerstörbaren Mittelpunkt geboren; (2) das Leben strömt durch dich, außer wenn das nicht geschieht; (3) das Leben ist wunderbar, aber manchmal tut es höllisch weh; (4) es gibt zwei von deiner Sorte (das heißt, du bist Beziehung); (5) in dieser Welt existiert eine Intelligenz, die größer ist als du; und (6) du bist einzigartig. Diese Vorstellungen stellen sowohl für den Therapeuten als auch für den Klienten eine Basis dar, um Probleme und Symptome in einem wohlwollenden Licht zu sehen. Besonders wichtig ist der Gedanke der Mentorschaft von Erfahrung, der besagt, daß Erfahrungen ohne eine reife menschliche Präsenz keinen menschlichen Wert haben.

Kapitel 2 geht der Frage nach, wie wir in Beziehungen mit Unterschieden umgehen, beispielsweise mit dem Unterschied zwischen meiner und deiner Wahrheit, wo ich sein möchte und wo ich bin, was du denkst und was du fühlst. In der Psychotherapie der Selbstbeziehung wird diese Frage als wesentlich für die Art und Qualität psychologischer Erfahrung angesehen, insbesondere im Hinblick darauf, wie das „Andere" (das Selbst, die Wahrheit, die Person) betrachtet und behandelt wird. Drei unterschiedliche Ansätze gegenüber Unterschieden in Beziehungen werden dargestellt: Fundamentalismus, Konsumdenken und Liebe, insbesondere im Hinblick auf ihren Stil der Aufmerksamkeit. Wir werden sehen, daß die Aufmerksamkeit zu eng zu fassen dem paranoiden Zorn und der Angst des Fundamentalismus Vorschub leistet, wo der andere gehaßt und vernichtet werden muß. Ist dagegen die Aufmerksamkeit zu locker, driften wir in die Einöde des Konsumdenkens, wo Gleichgültigkeit und Sucht vorherrschen. Ist die Aufmerksamkeit „nicht zu eng und nicht zu locker", wird in der Beziehung die Empathie der Liebe möglich. Liebe ist ein spirituell begründeter, fließender Zugang zu Erfahrung, der die Beziehung zwischen vielfältigen Ansichten und Wahrheiten betont. Er verläßt sich auf die ethische Kohärenz und Kreativität gewaltfreier Ansätze, insbesondere unter gewalttätigen Umständen, um Lösungen für schmerzvolle Dilemmas oder Symptome zu finden. Wie wir sehen werden, erfordert dies viel Mut, Disziplin, Engagement und Zärtlichkeit.

Kapitel 3 legt die formalen Voraussetzungen eines *relational self*, eines Beziehungsselbst, dar. Dabei werden drei Merkmale betont: (1) ein Dasein des Bewußtseins; (2) die Zugehörigkeit zu einem Feld; und (3) eine Bezogenheit auf andere. Sind diese Merkmale gegeben, speist sich die Erfahrung eines Menschen aus drei Quellen: (1) einem somatischen Selbst, das im Körper lebt und mit dem Fluß des Lebens und all seinen archetypischen Mustern, Gefühlen und Erfahrungen verbunden ist; (2) einem kognitiven Selbst, das im Kopf angesiedelt ist und Bedeutungen, Pläne, soziales Verständnisvermögen und andere intellektuelle Leistungen schafft; und (3) einem intelligenten Beziehungsfeld, dem ein Mensch zugehört. Symptome werden als anhaltende „Brüche" in Dasein, Zugehörigkeit und Bezogenheit beschrieben, woraus eine Trennung und Opposition zwischen den drei Quellen entstehen. Das Kapitel bietet Anregungen, wie die Psychotherapie diese Brüche identifizieren und reparieren kann und wie sie die Harmonie zwischen den verschiedenen Aspekten des Beziehungsselbst wiederherstellen kann.

Teil II beschreibt grundlegende Praktiken, mit denen sich diese Prinzipien in Beziehungshandeln umsetzen lassen. Kapitel 4 legt einige Methoden dar, wie die Aufmerksamkeit sowohl beim Therapeuten als auch beim Klienten verlagert werden kann und wie dadurch die Empfänglichkeit zentrierter und effektiver werden kann. Therapie und das Leben selbst werden als *performance arts* aufgefaßt, die Aufmerksamkeit dafür verlangten, wie sich Bezogenheit im Menschen und zwischen Menschen entwickelt und wie sie erhalten und zum Ausdruck gebracht wird. Ausführlich werden spezielle Methoden dargestellt, um die Aufmerksamkeit von textfixierten Theorien (die Art und Weise, wie die Dinge „sein sollten") auf Ausdrucksformen zu lenken, die prozeß- und feldorientiert sind (Beziehung dazu, wie die Dinge sind, und entsprechende Reaktion).

Kapitel 5 untersucht die Liebe als Praxis bzw. Fertigkeit und konzentriert sich vor allem darauf, wie man sie unter widrigen oder schwierigen Umständen einsetzen kann. Zuerst wird eine exemplarische Übung vorgestellt, in der das Selbst als die Beziehungsverbindung angesehen wird, welche vielfältige Identitäten verwebt. Sodann werden therapeutische Fertigkeiten untersucht, die Erfahrung durch Mentorschaft fördern und unterstützen. Schließlich wird eine abgewandelte Tonglen-Übung dargestellt, eine tibetische Methode zur Transformation negativer Erfahrung.

Teil III skizziert drei verschiedene Therapiemethoden, die diese Prinzipien und Praktiken der Psychotherapie der Selbstbeziehung anwenden, um Klienten in festgefahrenen Situationen zu helfen. Kapitel 6 zeigt den grundlegenden Prototyp der Psychotherapie der Selbstbeziehung auf. Besondere Beschreibungen des identifizierten Problems weisen auf drei Schwierigkeiten hin: (1) Das kognitive Selbst ist dissoziiert oder anderweitig abgespalten; (2) das somatische Selbst ist „vernachlässigt" und „außer Kontrolle"; und (3) negative Mentoren greifen das Selbst mit entfremdenden Vorstellungen an. Die Psychotherapie der Selbstbeziehung arbeitet also darauf hin, die Präsenz und die Kompetenzen des kognitiven Selbst zu reaktivieren und zu erhalten, die vernachlässigten Erfahrungen des somatischen Selbst anzunehmen und zu integrieren sowie die negativen Mentoren zu identifizieren und sich von ihnen zu distanzieren.

Kapitel 7 untersucht die Relevanz des Archetypenprozesses für die Psychotherapie. Indem wir genauer auf den Gedanken eingehen, daß das Leben durch den Menschen hindurchströmt, werden wir sehen, warum es das Leben erforderlich macht, gewisse Fertigkeiten zu entwickeln, und daß jede Art, in der Welt zu sein, eine archetypische Repräsentation hat. Lieben zu lernen und sich zugehörig zu fühlen zu etwas, das größer ist als wir selbst, hat beispielsweise mit dem Archetyp des Liebenden zu tun. Zu differenzieren, bestimmte Verpflichtungen einzugehen und einzuhalten und Grenzen zu respektieren verkörpert der Archetyp des Kriegers. Die Identität zu transformieren, Wunden zu heilen und Bezugssysteme zu verändern beschreibt Aspekte der Tradition des Magiers oder des Heilenden. Und „Segen" auszuteilen und jedwedem Aspekt des Lebens Raum zu geben ist Aufgabe des Archetyps von König oder Königin. Wir werden sehen, daß jeder Archetyp in vielfältiger Weise zum Ausdruck kommen kann, positiv ebenso wie negativ, und wie sich mit den Fähigkeiten von Mentorschaft, Liebe und anderen Prinzipien des Ansatzes der Selbstbeziehung negative Ausdrucksformen in positive transformieren lassen.

Das Schlußkapitel untersucht das Ritual als therapeutische Methode. Symptome werden als zum Teil archetypische Ereignisse aufgefaßt, die Zeiten des Identitätswandels im Leben eines Menschen kennzeichnen. Ohne einen kulturellen Kontext, in dem diese Energien aufgenommen und gelenkt werden, können sich Leiden und Verwirrung einstellen. In diesem Sinne werden Symptome als Versuche verstanden, rituellen Wandel ohne eine rituelle Form herbeizuführen. Das Kapitel untersucht, wie Therapie eine solche Form darstellen kann, welche die positive Transformation archetypischer Energien hält und segnet, dazu anleitet und ermutigt.

Im Verlauf des Buches wird Psychotherapie als eine strenge poetische Praxis angesehen und nicht als eine wörtlich zu nehmende naturwissenschaftliche Wahrheit. Allen Ginsberg (1992) beschreibt den poetischen Ansatz folgendermaßen:

> Echte Praktiker von Poesie sind Praktiker von Geistesbewußtsein oder Praktiker von Realität, die ihre Faszination von einem phänomenalen Universum zum Ausdruck bringen und in dessen Herz vorzudringen suchen. Poetik ist nicht bloß pittoresker Dilettantismus oder egoistischer Expressionismus, die aus feigen Motiven auf Sensation und Schmeichelei aus sind. Klassische Poesie ist ein „Prozeß" oder ein Experiment – eine Sonde in das Wesen der Realität und in das Wesen des Geistes.
>
> ... Es bedarf einer gewissen Dekonditionierung der Einstellung – einer Dekonditionierung von Starrheit und Unnachgiebigkeit –, so daß man ins Herz des eigenen Denkens vordringt. Dies entspricht den traditionellen buddhistischen Vorstellungen von Entsagung – Entsagung von konditionierten geistigen Konzeptionen aus zweiter Hand ... es erfordert, Toleranz gegenüber den eigenen Gedanken und Impulsen und Ideen zu kultivieren – die Toleranz, die notwendig ist, um den eigenen Geist wahrzunehmen, die Güte gegenüber dem Selbst, die notwendig ist, um diesen Bewußtseinsprozeß zu akzeptieren und um die rohen Inhalte des Geistes zu akzeptieren. (S. 99 f.)

Das Hauptziel eines poetischen Ansatzes ist es, die Sprache wieder mit dem gespürten Erleben zu verbinden und Bedeutung von festgelegten Annahmen zu befreien. Dies ist das Ziel der Selbstbeziehungsarbeit. Es ist mein Interesse, Praktiken zu untersuchen, die ein Beziehungsselbst kultivieren, ein Selbst, welches Differenz zu halten und Harmonie zu schaffen vermag. Es ist meine Hoffnung, daß dies zu der Strenge einer von Herzen kommenden Disziplin ermutigt und nicht etwa zur Tyrannei und Enttäuschung eines dogmatischen Ansatzes. Mögen Sie das Buch als ein Gedicht lesen, das Ihr Selbst und das Selbst von anderen erweckt!

> Es gibt wohl kein Wort, dessen Inhalt vieldeutiger und verwirrender ist als der des Wortes „Liebe". Es bezeichnet fast jedes Gefühl, ausgenommen Haß und Ekel. Von der Liebe für Eiscreme bis zur Liebe für eine Symphonie, von der mildesten Sympathie bis zum stärksten Gefühl innerer Verbundenheit schließt der Begriff „Liebe" alles ein. Man glaubt zu lieben, wenn man sich in jemanden verliebt hat. Hörigkeit bezeichnen die Menschen als Liebe; für ihre Gier, jemanden besitzen zu wollen, gebrauchen sie dasselbe Wort. Sie glauben, nichts sei einfacher und leichter, als zu lieben; die einzige Schwierigkeit bestehe darin, das passende Objekt zu finden, und sie hätten in der Liebe nur deshalb kein Glück, weil ihnen der richtige Partner nicht begegnet sei. Aber im Gegensatz zu all diesen verwirrenden und wunschbedingten Vorstellungen ist Liebe ein durchaus spezifisches Gefühl, und obwohl jedes menschliche Wesen Liebesfähigkeit hat, ist ihre Verwirklichung eines der schwierigsten Ziele.
>
> Erich Fromm (1954, S. 112)

? **Teil I: Prinzipien**

1. Aus der Mitte entspringt ein Fluß
Grundprämissen des Beziehungsselbst

> Die Mitte, die ich nicht finde,
> kennt mein Unbewußtes.
>
> W. H. Auden

> Menschliche Wesen sind Diskurs. Das Fließen strömt durch dich, ob du etwas sagst oder nicht. Was auch immer geschieht, ist mit Freude und Wärme erfüllt, weil der ständige Diskurs ein Vergnügen ist.
>
> J. Rumi (s. Barks 1995)

Jede Therapie wird bestimmt von den Vorstellungen davon, wie das Leben funktioniert und wie nicht. Solche Prinzipien sind oft implizit, den vielschichtigen Stoff eines therapeutischen Gesprächs webend (und mit ihm verwoben). Wir beginnen unsere Erörterung des Ansatzes der Selbstbeziehung mit sechs Konzepten, die das, was Bateson (s. Keeney 1977, S. 49) „das Gewebe des ganzen Komplexes" nannte, durchziehen. Diese in Tabelle 1.1 aufgelisteten Prämissen stellen eine Art zu denken dar, eine Art wahrzunehmen, eine Art zu erleben (für beide, Therapeuten wie Klienten) und eine Art zu handeln.

PRÄMISSE 1: IM KERN EINES JEDEN MENSCHEN EXISTIERT EINE UNZERSTÖRBARE „ZARTE, WEICHE STELLE"

Chögyam Trungpa (1991) verwendet den Begriff „zarte, weiche Stelle", um den Kernaspekt einer jeden menschlichen Präsenz zu bezeichnen. Andere Namen, in denen andere Nuancen mitschwingen, sind etwa *Mitte, Seele, das grundsätzlich Gute, inneres Selbst* oder

> 1. Im Kern eines jeden Menschen existiert eine unzerstörbare „zarte, weiche Stelle".
> 2. Das Leben strömt durch dich, außer wenn das nicht geschieht.
> 3. Das Leben ist großartig, aber manchmal tut es höllisch weh.
> 4. Es gibt zwei von deiner Sorte: Beziehung ist die Grundeinheit.
> 5. Es gibt in der Welt eine Intelligenz, die größer ist als du.
> 6. Dein Weg gehört dir allein: Du bist ein unheilbarer Sonderling.

Tab. 1.1: Grundprämissen der Selbstbeziehungstherapie

Essenz. Die Grundidee besteht darin, daß diese Kernpräsenz eines Menschen für ihn selbst und andere durch einen *felt sense* erfahrbar ist.

Der Begriff *felt sense* wurde von Gendlin (1981) eingeführt. In seiner psychotherapeutischen Forschung an der University of Chicago fand Gendlin heraus, daß unabhängig von der therapeutischen Richtung das beste Anzeichen für den Erfolg einer Therapiesitzung war, ob die Klientin[1] einen *felt sense, ein gefühltes Verständnis,* von ihrem Problem im Körper spürte. Diese nichtintellektuelle Erfahrung hat nicht so sehr einen emotionalen Inhalt; sie ist vielmehr ein körperlich-geistiges Gefühl. Wie wir sehen werden, ist dieses Gefühl für alle Aspekte der Selbstbeziehungstherapie ganz wesentlich.

Dieser Begriff einer ursprünglichen weichen Stelle stellt eine Alternative zur Vorstellung von der Erbsünde dar, oder er ist etwas völlig Neues. Bei einem Säugling oder Kleinkind kann man sie unmittelbar erleben. Jeder kennt wohl die Erfahrung, wie gut die Gegenwart eines jungen Lebens tut. Man kann sie auch spüren, wenn ein Mensch stirbt und alle Abwehr und alle Masken sich aufzulösen beginnen. Wenn dies geschieht, erfüllt oftmals ein außerordentliches Gefühl das Zimmer und alle Anwesenden. Es ist diese Erfahrung, die Milton Erickson (1997, S. 471) „das unerläßliche Gefühl von der Wesenheit des Selbst" nannte, das oft übersehen werde.

In ebendiesem Sinne sprach der spanische Schriftsteller Ortega y Gasset mit einem Freund. Sie unterhielten sich über die Frau, die

---

1 Das Geschlecht von Personalpronomen und im Deutschen auch der Substantive, das im Englischen neutral ist, wird in diesem Buch von Kapitel zu Kapitel gewechselt, wobei das weibliche in den ungeraden und das männliche in den geraden Kapiteln eingesetzt wird.

Ortega y Gasset liebte, und der Freund fragte ihn, warum er sie liebe. Ortega y Gasset antwortete: „Ich liebe diese Frau, weil sie *diese* Frau und keine andere ist. *Diese* Frau ist es, die ich liebe."

Die Vorstellung von einer Mitte oder einer zarten, weichen Stelle ist für die Selbstbeziehungsarbeit wesentlich. Definitionsgemäß sind Klientinnen in Denk- und Handlungsweisen gefangen, die schmerzhaft oder unbefriedigend sind. In dem betreffenden Problembereich haben sie keinen Kontakt mit ihren Stärken, Ressourcen und ihrem Selbstvertrauen. Alles, was sie tun in dem Versuch, das Problem zu lösen, verschlimmert es. Dies legt nahe, daß sie die Verbindung zu ihrer Mitte verloren haben, zu ihrer eigenen Erfahrung, zu dem Ort, an dem sie sich erneuert, ressourcenreich und zuversichtlich fühlen können.

Daß jemand die Mitte verloren hat, heißt allerdings nicht, daß diese nicht existiert. Wie es in einer Redewendung heißt: Man kann jederzeit auschecken, aber abreisen kann man nie. Mit anderen Worten, die Aufmerksamkeit kann sich aus der Mitte entfernen, aber die Mitte bleibt immer da, wo sie ist.

Einer der besten Beweise für die aktive Präsenz einer Mitte ist der Schmerz, den ein Mensch spürt. Ein Symptom zu spüren bedeutet eine Grunderfahrung von Schmerz im Körper. Dieser Schmerz weist auf die Stelle hin und zeigt die Präsenz einer Mitte. Vielleicht hat sie keine Worte; vielleicht wird sie überhaupt nicht gewürdigt, aber sie existiert. Wir gehen davon aus, daß solches Leiden zum Prozeß des „Erwachens" dazugehört: *Das Leben strömt immer durch die zarte, weiche Stelle und hilft der Person, noch vollkommener für das Gute in ihr selbst und für das Gute der Welt wach zu werden.* Leiden entsteht, wenn man versucht, die zarte, weiche Stelle zu ignorieren oder zu verletzen. Wenn dem Leiden genügend Aufmerksamkeit zuteil wird, können sich daraus Transformation und Wachstum ergeben.

Die Therapeutin wird also als erstes einen *felt sense* für diese Mitte entwickeln. Wie wir sehen werden, ist dies mit manchen Menschen schwieriger als mit anderen. Oft lenkt die Geschichte einer Klientin von der Mitte ab, so daß das, was sie sagt, nicht zu wörtlich genommen werden sollte. Mit einem Gefühl für Ton und Textur nimmt die Therapeutin die Geschichte auf, um zu spüren, von welcher Stelle im Körper die Geschichte die Aufmerksamkeit ablenkt. Wie wir sehen werden, befindet sich diese Stelle typischerweise in der Herzgegend, im Sonnengeflecht oder im Bauch.

Wenn die Therapeutin die Mitte der Klientin spürt, öffnet sie sich für deren Präsenz. Man kann sich das so vorstellen, wie wenn man sich auf einen Trommelrhythmus oder eine energetische Präsenz einstimmt. Zu diesem Prozeß gehört auch, daß die Therapeutin die entsprechende Stelle in sich findet und spürt. Also wird auch die Mitte der Therapeutin gespürt und eingesetzt, um die Aktivitäten zu lenken. Im wesentlichen ist der Zweck dieser Verbindung, mit der betreffenden Klientin in jedem Augenblick dynamisch verbunden zu bleiben. Für die Therapeutin ist es wichtig, sich zu entspannen, sich der anderen Person und sich selbst zu öffnen, so daß unterschiedliche Arten von Aufmerksamkeit, daß Gefühle und Gespräche durch den entstandenen organischen Beziehungskreislauf fließen können. Dies ist ähnlich wie bei Musikern, die zusammenspielen, oder wie bei Freunden, die miteinander reden. Die Noten oder Worte ändern sich, aber die unterschwellige Harmonie und der Rhythmus bleiben.

Dieser Zentrierungsprozeß wirkt sowohl für die Therapeutin wie für die Klientin beruhigend (vgl. Richards 1962). Er erlaubt es, sich sanft zu konzentrieren und mit den bedingungslosen Aspekten der Präsenz eines Menschen wie Atem oder Herzschlag eine Verbindung aufzunehmen.[2] Er ist insbesondere hilfreich, um ein rigides Festhalten an ideologischen Positionen zu lösen, sowohl seitens der Therapeutin wie auch der Klientin, und somit eine flexiblere und aufrichtigere Beziehung zu fördern.

Nun kann Intentionalität hinzukommen. Die Selbstbeziehungstherapeutin muß sich auf die Klientin einlassen, um ihr beim Herausfinden ihres Zieles oder ihrer Ziele zu helfen. Die Therapeutin geht davon aus, daß die Klientin „etwas Großes vorhat"; sie ist bereits in einer wichtigen neuen Richtung unterwegs, aber irgend etwas steht im Weg. Wenn die Therapeutin die wortlose Verbindung spürt, läßt sich ihre Neugier darauf, wohin die Klientin will, in eine Unterstützung einer jeden positiven Veränderung übersetzen. Es

---

2 Die Vorstellung von einer bedingungslosen Präsenz wie Atem oder Herzschlag meint einfach, daß sie unter allen Lebensbedingungen gegenwärtig ist. Dies steht im Gegensatz zu all den Verhaltensweisen, Gedanken oder Gefühlen, die bedingt sind, die also nur unter bestimmten Bedingungen auftreten. Was hiermit nahegelegt wird, ist, daß „das Bedingungslose das Bedingte aussticht"; das heißt, wenn man die Verbindung mit dem Unbedingten aufrechterhalten kann, wird das Bedingte seinen negativen Einfluß verlieren.

liegt die Vorstellung zugrunde, daß das innere Selbst der Klientin sie bereits auf eine positive Weise lenkt, sie aber gelernt hatte, die Dinge so zu verstehen, daß sie die Ausdrucksweise ihrer Mitte ablehnt, ignoriert oder verleugnet. *Dies ist die Grundlage für das andauernde Leiden, das die Klientin erlebt.*

Einer meiner Klienten beispielsweise war Mitte Vierzig und ein hervorragender Musiker und Schriftsteller. Er war intelligent, sensibel und humorvoll. Er hatte Hunderte von Songs geschrieben, viele davon recht gut. Aber immer wenn er erwog, seine Songs zu veröffentlichen oder öffentlich vorzutragen, wurde er überwältigt von etwas, das er als „Rückzug in Depression" bezeichnete. Zu diesem Prozeß gehörte ein starker Schmerz im Bauch sowie negative Selbstkritik, daß er „widerständig" sei, „sich verbarrikadiere" und „der Realität nicht ins Auge sehen wolle". Solche Prozesse sind Teil der Texte, die verwendet werden, um einem Menschen das Menschliche zu nehmen oder anderweitig die Äußerungen der Mitte zu verstümmeln. Dieses Vorgehen führte dazu, daß er monatelang „depressiv" war. Er hoffte, die Therapie werde ihm helfen, seinen „Widerstand" und sein „kindisches Gehabe" zu überwinden.

In der Annahme, daß sein Schmerz aus seiner Mitte kam, verfolgte ich einige der oben beschriebenen Wege, um eine Verbindung mit seiner Mitte und mit seiner Neugier zu spüren. Der Leitgedanke war, daß seine im Bauch zentrierte Depression tatsächlich Teil der Lösung war (nicht die ganze Lösung, aber ein wesentliches Element davon). Ein zusätzlicher Gedanke war, daß er aus seinen Erfahrungen von Gewalt oder Vernachlässigung gelernt hatte, das Wissen, das ihm diese „zarte, weiche Stelle" vermittelte, abzulehnen.[3] Jetzt bestand dieser andere Teil seines Selbst (das wir das „vernachläs-

---

3 Das Living Webster Encyclopedic Dictionary definiert *violence* (Gewalt) wie folgt: „intensive oder heftige Kraft; heftige verletzende Behandlung oder Handlung; eine unfaire Ausübung von Macht: ein Akt der Gewalt; eine unangemessene Heftigkeit des Ausdrucks oder Gefühls; eine Verzerrung oder Mißrepräsentation von Inhalt, Bedeutung oder Absicht." Darauf verweisend, definiert es *trauma* (Trauma) als: „von gr. *trauma*, verwunden; *pathol.* eine Wunde; eine körperliche Verwundung, die durch Gewalt oder irgendeine Art von Schock verursacht wurde; der dadurch entstandene Zustand; Traumatisierung; *psychol.* ein geistig oder verhaltensmäßig gestörter oder verwirrter Zustand, der eine Folge von irgendeiner Art von Streß oder Verletzung ist und der manchmal lebenslange Folgen haben kann." Während normalerweise die erste Definition für das jeweilige Wort

sigte Selbst" nennen werden) mehr denn je auf einer bestimmten Richtung. Die Praktiken des Zentrierens ermöglichten es, diesen anderen Teil anzunehmen statt dagegen anzugehen und neugierig darauf zu sein, inwiefern er zum Wachstum des Klienten beitragen könnte. Wie sich herausstellte, war das „sich zurückziehende Selbst" im Bauch eine Aufforderung, nach innen zu gehen und anders eine Verbindung herzustellen, ehe er den nächsten Schritt tat und aktiv die offenherzigen Songs, die er geschrieben hatte, vortrug.

Wir sagen hier also, daß außer dem kognitiven Selbst das gespürte Gefühl *(felt + sense)* einer Mitte im Körperselbst ein Ort des Wissens und des wirklichen Eingehens auf die Welt ist. Wenn die Beziehung zu dieser Mitte verlorengeht, entstehen Probleme. Wenn eine Person die Verbindung mit der Mitte wieder aufnimmt, können neue Erfahrungen, Einsichten und Verhaltensweisen aufkommen.

Prämisse 2: Das Leben strömt durch dich, ausser wenn dies nicht geschieht

Wenn wir unseren Ort, unseren Teil der Welt als uns umgebend ansehen, haben wir bereits eine grundlegende Trennung zwischen ihr und uns gemacht. Wir haben das Verständnis aufgegeben – aus unserer Sprache und somit aus unserem Denken fallenlassen –, daß unser Land in unserem Körper aus und ein geht, genauso wie unser Körper in unserem Land aus und ein geht.

Wendell Berry (1977, S. 22)

Ein Hauptgrund, weshalb wir die Mitte spüren, ist, daß der Strom des Lebens durch sie hindurchfließt. Das Selbst erstreckt sich durch die zarte, weiche Stelle in die Welt, und diese kommt durch sie in das Selbst; sie ist eine Tür zwischen zwei Realitäten. Bei Kindern ist dieser stets gegenwärtige psychische Kreislauf besonders offen-

---

zutrifft, ist die zweite jeweils noch eindringlicher und epidemisch. Der Gedanke ist hier der, daß Gewalt, gleich ob physisch oder psychisch, ein gewöhnliches Beziehungsereignis ist, das einen lange auf dem Menschen lastenden Fluch ausspricht. Ein wesentlicher Effekt dieses Fluchs ist eine Abwendung von der zarten, weichen Stelle mit all ihren verheerenden Folgen. In diesem Sinne offenbart jedes Symptom einen Akt der Gewalt und wiederholt ihn.

sichtlich. Es ist so, als ströme jede menschenmögliche Erfahrung mindestens zweimal am Tag durch ein kleines Kind! Jede Emotion wird erlebt, viele unterschiedliche psychologische Zusammenhänge werden erfahren, vieles wird gelernt.

Ähnlich betont der künstlerische Prozeß, daß man das Leben durch sich hindurchfließen und sich davon lenken lassen soll. Ein Künstler mag davon sprechen, wie wichtig es ist, „es einfach geschehen zu lassen". Dies ist auch der wesentliche Gedanke in der Hypnosearbeit. Oder in der Kampfkunst Aikido, wo viel geübt wird, „Ki" oder die „universale Lebenskraft" zu spüren, wie sie durch einen hindurchströmt und mit anderen verbindet. Ähnlich kann ein Therapeut eine entspannte und zugleich disziplinierte Aufmerksamkeit entwickeln, die Gedanken, Bilder, Gefühle und Sinneswahrnehmungen zirkulieren läßt und Vorschläge, Anweisungen, Ressourcen und andere hilfreiche Hinweise und Vermutungen mit sich bringt.

Diese Vorstellung vom Leben, das durch uns hindurchfließt, hat zwei Aspekte. Einer ist ein *felt sense* von einer energetischen Präsenz oder einem energetischen Geist, der durch alles hindurchströmt. Wird er empfunden, entstehen Harmonie und Verbundenheit. Musiker, Athleten und gute Freunde kennen dieses Gefühl sehr wohl. Wird es durch Muskelverkrampfung und Dissoziation eingedämmt, fühlt man sich entweder deprimiert oder zunehmend von einer anscheinend fremden Präsenz überwältigt.

Der zweite Aspekt ist eine psychologische Dynamik: Jede Grunderfahrung des Menschseins wird einen wieder und wieder aufsuchen. Man kann nichts tun, um dies zu verhindern: Einfach durch das Lebendigsein wird man wiederholt von Traurigkeit, Glück, Wut, Freude, Enttäuschung usw. berührt. Niemand entkommt solchen Erfahrungen, aber jeder Mensch (ebenso wie jede Kultur, Familie oder Beziehung) entwickelt die je eigene Weise, sie zu verstehen und mit ihnen in Kontakt zu sein. Manche Art und Weise ist hilfreich und erlaubt Wachstum; andere wiederum sind nicht hilfreich und führen zu dem, was wir ineffektives Leiden nennen werden. Unsere Aufgabe ist es, anderen zu helfen, wie sie jede Erfahrung, die ihnen das Leben schickt, annehmen, mit ihr sein und von ihr lernen können.

Die Vorstellung von dem Fluß des Lebens, der durch uns hindurchströmt, bedeutet, daß kein einzelnes Bild allein uns definieren kann. Das Selbst ist nicht ein „verletztes inneres Kind", „eine weise alte Frau", ein bewußtloser Supercomputer, irgendeine andere Metapher oder ein anderes „Ding". Vielmehr brauchen wir vielfältige Beschreibungen. Jede ist eine poetische Metapher; keine ist eine wörtliche oder ausschließliche Form. Wenn irgendeine Metapher wörtlich oder ausschließlich gebraucht wird, treten leicht Probleme auf. Auf diesen Gedanken werden wir wieder und wieder zurückkommen.

Wenn wir den Geist als etwas spüren, das durch uns hindurchströmt, merken wir, daß er uns alle verbindet. Geist ist nicht ein Ding, das in irgend jemandem enthalten ist. In den Traditionen von Kunst, Hypnose und Meditation besteht ein wesentlicher Prozeß darin, mentale Prozesse als etwas aufzufassen, das einfach geschieht; dadurch lernt man, dieses Geschehen anzunehmen und dabeizusein. Aus dieser Sicht pulsiert der Geist durch den Menschen und gibt einen sowohl universellen wie speziellen Weg der Entwicklung vor. Er bietet alle notwendigen Erfahrungen – angenehme sowie unangenehme – um ein noch vollkommenerer Mensch zu werden. Die Mission, falls man sie annimmt, ist es, zu lernen, wie man diese mentalen „Instruktionen" lesen und mit ihnen zusammenarbeiten kann. Auch diese Ansicht ist dem ähnlich, was von Künstlern beschrieben wird. Der israelische Schriftsteller Amos Oz (1995) notiert:

> Wenn ich mich hinsetze und eine Geschichte schreibe, habe ich die Personen schon. Was man die „Charaktere" nennt. Im allgemeinen steht ein Mann oder eine Frau im Mittelpunkt und andere darum herum oder als Gegenspieler. Ich weiß noch nicht, was mit ihnen passieren wird, wie sie miteinander umgehen werden, aber sie sind auf mich zugekommen, und ich bin mit ihnen bereits in Gespräche, Argumente oder gar Auseinandersetzungen verwickelt. Es gibt Momente, da sage ich zu ihnen: Verschwindet. Laßt mich in Ruhe. Ihr seid nicht richtig für mich, und ich bin nicht richtig für euch. Es ist mir zu schwierig. Ich bin nicht der Richtige. Geht zu jemand anderem.
>
> Manchmal bin ich beharrlich, Zeit vergeht, sie verlieren das Interesse, vielleicht gehen sie wirklich zu einem anderen Schriftsteller, und ich schreibe nichts.
>
> Aber manchmal sind sie beharrlich, wie Michaels Hannah zum Beispiel: Sie quengelte lange, sie gab einfach nicht auf, sie sagte, ich bin hier, ich lasse dich nicht in Ruhe, entweder du schreibst, was ich dir sage, oder du wirst keinen Frieden finden. (S. 185)

In ähnlicher Weise läßt sich das Leben der Psyche (und ihre Geschichte der Menschheit) ansehen als durch jeden Menschen hindurchströmend. Wie ich manchmal im Spaß zu Klientinnen sage, ist das Leben hinter uns her. Wir könnten sagen, es will, daß wir wachsen und uns zu unserer vollkommenen Reife und Einzigartigkeit entwickeln. Es bietet Erfahrungen und Beziehungen in einer entwicklungsmäßigen Folge, damit dieses Wachstum sich ereignen kann. Praktiken zu entwickeln, wie man willkommen heißt, tief zuhört, annimmt, versteht und dem Ausdruck verleiht, was immer das Leben uns schenkt, stellt die Herausforderung dar.

In diesem Prozeß ist es in ganz verschiedener Hinsicht hilfreich, sich der zarten, weichen Stelle der Seele zu widmen. Das Zentrieren kann den „Geist" oder was wir das kognitive Selbst nennen werden– also die Geschichten, Bezugsrahmen, Entscheidungen eines Menschen – wieder mit dem „Körper" oder dem was wir das somatische Selbst nennen werden – also das gespürte Gefühl für die Natur und für eine archetypische Präsenz – verbinden. Es hilft der Therapeutin, das Gut sein in jedweder Erfahrung, die einem Menschen widerfährt, zu spüren, und erlaubt ihr, den Klientinnen nahezulegen, daß sie Vertrauen in einen nichtkognitiven Ort tief in ihrem Inneren spüren und entwickeln können. Es ermutigt eine Einstellung von Neugier und Akzeptanz anstelle von Kontrolle und Angst. Vor allem erweckt es das Geheimnis des Lebens wieder und erlaubt ein Gefühl dafür, daß wir nicht bloß geschlossene Systeme sind, sondern offen in Beziehung zu einer Präsenz, die größer ist als unser Ego. Das Leben eines jeden Menschen ist demnach ein entstehender Wandteppich, der aus organischen Fäden gewebt ist, die durch die Mitte führen. Wenn die Therapeutin mit einer Klientin zusammensitzt, fragt sie sich, welche neuen Fäden auftauchen, und versucht dann, sie richtig zu benennen und Platz für sie zu schaffen.

Der Vorbehalt ist, daß das Leben, indem es durch einen hindurchströmt, zeitweise schwierige oder überwältigende Erfahrungen mit sich bringt. So haben wir die Fähigkeit, um die „zarte, weiche Stelle" herum Schweigen zu hüllen und sie vor Schaden zu hüten. Das Problem dabei besteht natürlich darin, daß wir, wenn wir sie zum Schweigen bringen, nicht mehr mit dem Puls des Lebens verbunden sind. Daher ist ein wesentliches Therapieziel, dem Menschen zu helfen, sich der Welt wieder zu öffnen und dabei Fertigkeiten der Bezogenheit zu vermitteln, wie man mit jeder Erfahrung, die diese Verbindung mit dem Leben mit sich bringt, umgehen kann.

Prämisse 3: Das Leben ist grossartig, aber manchmal tut es höllisch weh

Der Fluß des Lebens bringt sowohl Leiden wie Freude mit sich. Es ist entscheidend, in der Therapie beide Erfahrungen zu spüren und bei ihnen zu sein. Zu leicht bleibt man in der einen gefangen und ignoriert die andere. Die traditionelle Therapie beispielsweise konzentriert sich oft auf das Leiden und den Schmerz eines Menschen und übersieht die Stärken, Ressourcen und das Glück in der Welt einer Klientin. Bei lösungsorientierten und anderen zeitgenössischen Ansätzen besteht die Gefahr, daß das Leiden der Person und der Welt ignoriert und abgelehnt wird. Deng Ming-Dao (1995) erinnert uns:

> Manchmal ist das, was wir lernen müssen, nicht angenehm. Durch Lernen gewinnen wir Einblicke ins wirkliche Leben, und das ist manchmal nur schwer zu ertragen. Aus diesem Grund ist spiritueller Fortschritt langsam: und zwar nicht, weil uns keiner die Geheimnisse enthüllen will, sondern weil wir unsere Emotionen und Ängste überwinden müssen, bevor wir sie erfassen können.
> Angst und Schrecken bilden die Schwachstellen für alles Leben. Da sind die Leiden, da sind die Verletzungen. Tief in unserer Seele lauern heftige Ängste, die nur wenige von uns heil gelassen haben. Die Schrecken des Lebens verfolgen uns, attackieren uns und hinterlassen häßliche Schnitte. Um uns abzuschirmen, verlegen wir uns auf Schönheit, sammeln Kunstgegenstände, verlieben uns und versuchen verzweifelt, etwas Dauerhaftes in unserem Leben zu schaffen. Wir betrachten Schönheit als das einzig Lohnende in diesem Dasein, aber auch sie vermag Unglück, Gewalt, Willkür und Ungerechtigkeit nicht vor uns zu verhüllen. (17.2.)

Wenn wir bereit und in der Lage sind, jeden Moment so anzunehmen, wie er ist – das Leben nach seinen Bedingungen zu leben –, merken wir, daß nichts von Dauer ist, daß sich ständig Veränderung ereignet. Wir entwickeln eine Fähigkeit, welche die Buddhisten die Instanz der „Achtsamkeit" nennen. Dies ist eine erlernte Fähigkeit von enormer Bedeutung für die Psychotherapie. Sie erfordert eine empfindsame Besonnenheit, eine Bereitschaft, jede Erfahrung aufzunehmen und dann loszulassen. *Achtsamkeit ist nicht so sehr ein „Tun" als vielmehr ein „Dabeisein", das effektivem Tun vorausgeht.* Sie ist weder passive Unterwerfung noch aktiver Widerstand, sondern ein Lernen, wie man mit einem Engagement für Gewaltlosigkeit leben und lieben kann. Ist ein Erfahrungsverständnis entwickelt, kann das entstehen, was die Buddhisten „rechtes Handeln" nennen. Dies ist eine gewaltfreie Artikulation aus der eigenen Mitte, die effektiv auf die verschiedenen Aspekte der jeweiligen Umstände reagiert.

Da Zentrieren eine Fähigkeit ist, in der man nie zur Perfektion gelangt, kommen viele Reaktionen nicht aus der Mitte. Nach einer alten griechischen Redewendung lassen wir unsere Seele hundertmal, nein, tausendmal am Tag im Stich. Dies wird zum Problem, wenn wir nicht in unsere Mitte zurückkehren. Vielleicht verlieren wir unseren Bezug und „werden zu" einer bestimmten Erfahrung oder identifizieren uns damit. In der Therapie sehen wir dies, wenn jemand in einem emotionalen Zustand oder in einem Prozeß des Ausagierens festgefahren ist. Oder vielleicht verleugnen wir unseren Bezug durch Dissoziation, Projektion, Intellektualisierung, Gewalt oder ähnliches. Hier ist das Selbst der Person, das sich zeigt (z. B. kritisch), das Gegenteil von ihrem Erlebensprozeß (z. B. ängstlich); das heißt, es ist eine Kompensation oder Verleugnung der primären (abgelehnten) Erfahrung.

Das Problem ist, daß eine nicht integrierte Reaktion sich wiederholt, bis sie integriert ist. In diesem Punkt scheint die Natur unendlich geduldig und ewig grausam zu sein. Es mag Jahre oder gar Generationen dauern, *aber eine negative Erfahrung kommt wieder, bis menschliche Präsenz sie mit Liebe und Akzeptanz integriert.* Wenn keine reife menschliche Präsenz mit ihr in Beziehung steht, wirkt sie wie ein aus „außer Kontrolle" geratener Prozeß, den man loswerden muß. Sie nimmt das an, was Sam Keen (1986) als archetypische „Gesichter des Feindes" bezeichnet hat. In der Therapie sind Gesichter des Feindes „depersonalisierte andere" wie „Angst" und „Depression". Viele Therapeutinnen fühlen sich nicht nur berechtigt, sondern verpflichtet, jegliche Präsenz mit solch unpersönlichen Namen auszulöschen. Der Ansatz der Selbstbeziehung geht davon aus, daß eine derart grausame Einstellung gegenüber dem „anderen" Grund für noch mehr Leiden ist.

Um dieses „vernachlässigte Selbst" zu erkennen, kann man einfach sagen: *„Wenn ich nur X nicht tun oder erleben müßte, dann würde mein Leben funktionieren."* „X" bezeichnet die Stelle der nicht integrierten Reaktion. In der Psychotherapie der Selbstbeziehung gehen wir diesem „vernachlässigten Selbst" nach; vor allem fragen wir, wo im Körper es gespürt wird. Dies mag nicht unmittelbar offensichtlich oder klar sein, da die Person aus Selbstschutz „abgedreht" hat, weg von der direkten Beziehung mit dem Leiden. In späteren Kapiteln werden wir untersuchen, wie wir uns auf dieses vernachlässigte Selbst einstimmen und wie wir mit ihm arbeiten können.

Um den Schmerz in der zarten, weichen Stelle sind viele Ängste und selbstbestrafende Prozesse gepackt, so daß es wichtig ist, sensibel vorzugehen. Wir werden sehen, wie grundlegend es für die Therapeutin und ihre Reaktion ist, zuerst mit der Mitte der Klientin sowie mit ihrer eigenen Mitte in Kontakt zu treten. Mit der nichtkognitiven Mitte in Kontakt zu treten ist besonders hilfreich, um sich nicht in den Geschichten und Meinungen, die eine Klientin über ihre Erfahrungen äußert, zu verfangen. Es erlaubt der Therapeutin zu spüren, wo das Zentrum des Leidens der Klientin ist, und dann den entsprechenden Ort in sich zu öffnen. Wenn die Klientin beispielsweise Schmerzen in der Herzgegend beschreibt, öffnet die Therapeutin ihre eigene Herzmitte und bemüht sich, damit sanft in Kontakt zu bleiben. Dies ist sowohl eine therapeutische Maßnahme als auch Selbstschutz, denn *jede Erfahrung in der Klientin öffnet auch in der Therapeutin etwas.* Wenn eine Klientin beispielsweise ihre Traurigkeit über den Verlust eines Kindes mitteilt, wird die Therapeutin sehr wahrscheinlich eine vergleichbare Traurigkeit empfinden. Dieses geteilte Leiden ist natürlich die Basis von Mitgefühl, welches im Ansatz der Selbstbeziehung als wesentlich für die therapeutische Beziehung gilt. Aber während die Therapeutin das Leiden miterlebt, übernimmt sie nicht die selbstverleugnenden Geschichten über das Leiden.[4] Dies eröffnet die Möglichkeit, zu einer liebevollen Beziehung mit dem Schmerzerleben zu kommen. Mit anderen Worten, anstatt Angst oder Enttäuschung über die Traurigkeit zu empfinden, bezieht sich die Therapeutin mit Liebe und Neugier darauf. Auf diese Weise wird Leiden zu einer wesentlichen Grundlage für größere Liebe zu sich selbst und anderen. Dies wiederum steigert

---

4 Der Gedanke ist hier der, daß zu einem Symptom (1) eine Leidenserfahrung, (2) kognitive Erkenntnisse oder Geschichten über die Bedeutung des Leidens und (3) verhaltensmäßige Reaktionen (wie Verdrängung oder Ausagieren von Gewalt) auf die Erfahrung gehören. Diese Ebenen sind normalerweise in einem Symptom undifferenziert. Die Therapeutin arbeitet darauf hin, sie zu differenzieren.

Widerstandskraft, Flexibilität und Reaktionsvermögen gegenüber den vielen Herausforderungen des Lebens.

Im Umgang mit Leiden ist es ebenso wichtig, die Freuden, Ressourcen und Stärken der Person im Sinn zu behalten. Ein wesentlicher Grund für das Problem ist ja, daß die Person im Leiden ihr übriges Leben vergißt. Durch Gespräche, die sowohl die Wunden und Versagenserlebnisse als auch die Fähigkeiten und Ressourcen eines Menschen ansprechen, entsteht die Erfahrung, daß beide zugleich gehalten werden können. Dies gibt den Anstoß für das, was C. G. Jung (1916/1995) die transzendente Funktion nannte, welche Gegensätze vereinigt, und ist ein weiteres wichtiges Beispiel für das Beziehungsselbst.

Es scheint schwierig zu sein, über Leiden zu sprechen. Einerseits wird es leicht trivialisiert oder abgesondert, in der irrigen Annahme, daß es sich durch irgendeine Ideologie oder Praktik vermeiden ließe. Andererseits kann es verdinglicht und als Teil der eigenen Identität im Leben angesehen werden und somit zu Selbstgeißelung oder Selbsthaß dienen. Keines der beiden Extreme ist hilfreich. Thomas Merton (1990) pflegte zu sagen, daß er nicht Mönch wurde, um *mehr* als andere zu leiden, sondern um effektiver zu leiden. Effektives Leiden bedeutet, daß man es als einen unvermeidlichen und hilfreichen Teil des Lebens in der Welt und des Wachsens als Mensch erkennt und anerkennt. Es braucht nicht psychologisiert oder mit Mitleid oder Sentimentalität betrachtet zu werden; es zu verleugnen kommt einen allerdings extrem teuer zu stehen. Wie man es berührt und benennt und wie man effektiv damit arbeitet ohne rigide ideologische Meinungen oder andere zwanghafte Kontrollmechanismen, stellt also die Herausforderung dar.

Probieren geht über Studieren. Durch effektives Leiden verändert sich das Erleben, und die Selbstliebe vertieft sich, wenn das Herz zu einer tieferen Zärtlichkeit und Zentriertheit aufbricht. Wie die Buddhisten sagen: Das Herz ist dazu da, immer wieder zu brechen. Nicht zu zerbrechen, aber sich für eine stärkere Verbindung mit einem selbst und der Welt zu öffnen. Durch ineffektives Leiden verhärtet sich die Identität, und Möglichkeiten verschließen sich. Ein gut Teil dieses Buches gilt der Frage, welche Rolle effektives Leiden in der Psychotherapie spielt.

PRÄMISSE 4: ES GIBT ZWEI VON DEINER SORTE: BEZIEHUNG IST DIE PSYCHOLOGISCHE GRUNDEINHEIT

Bis jetzt haben wir explizit die Präsenz einer unzerstörbaren „zarten, weichen Stelle" im Kern eines jeden Menschen festgestellt. Wir haben beschrieben, wie das Leben in allen Formen und Wertigkeiten durch diese Mitte hindurchströmt. Dies ist die Basis für das, was wir den archetypischen Modus des somatischen Selbst nennen werden, soweit er sich auf die kollektiven Erfahrungen des menschlichen Wesens bezieht. Nehmen wir also an, ein Paar setzt sich in der Therapie intensiv mit Fragen der Intimität auseinander. Auf einer Ebene ist die Auseinandersetzung einzigartig die ihre. Auf einer anderen ist die Auseinandersetzung archetypisch: Sie stellt eine Auseinandersetzung in der kollektiven Geschichte intimer Beziehungen dar. Gleich, wer diese Individuen sind, das Ringen um Intimität wird sich einstellen. Indem man diese archetypische Ebene akzeptiert und versteht, kann man auch Anleitung und Ressourcen vom kollektiven Bewußtsein bekommen.

Neben diesem archetypischen (somatischen) Selbst entwickelt sich in jedem Menschen im Laufe der Zeit ein zweites Selbst. Dieses kognitive Selbst, das mehr im Kopf zu Hause ist und mehr auf soziokognitiv-verhaltensmäßiger Sprache basiert, fällt Entscheidungen und stiftet Sinn, stellt Strategien, Bewertungen und Zeitabläufe her. Es entwickelt eine Beschreibung der eigenen Kompetenzen, Präferenzen und Werte. Wie wir sehen werden, überwiegt normalerweise das kognitive Selbst, außer wenn die Identität in Frage gestellt ist z. B. durch ein traumatisches Erlebnis, in Zeiten des Übergangs, in der Kunst oder bei religiösen Erfahrungen. In solchen Zeiten treten die tiefen Gefühle und archetypischen Prozesse des somatischen Selbst stärker in den Vordergrund. Zweck des therapeutischen Prozesses ist es, die archetypischen Einflüsse dieses somatischen Selbst zu verstehen und damit zu arbeiten.

Wenn ein Mensch sich nur mit dem kognitiven Selbst identifiziert, wird Entfremdung von dem Leben, wie es „durch den Bauch strömt", die Folge sein. Angst und erfolglose Versuche, die Kontrolle zu wahren, werden überhandnehmen. Wenn eine Person sich hingegen mit dem aktuellen Erleben oder mit dem somatischen Selbst identifiziert, wird sie sich in Gefühlen, traumatischen Erfahrungen und Phantasien verfangen und an dem leiden, was die Jungianer „Inflation des Archetyps" nennen. *Das Beziehungsselbst ist die gleich-*

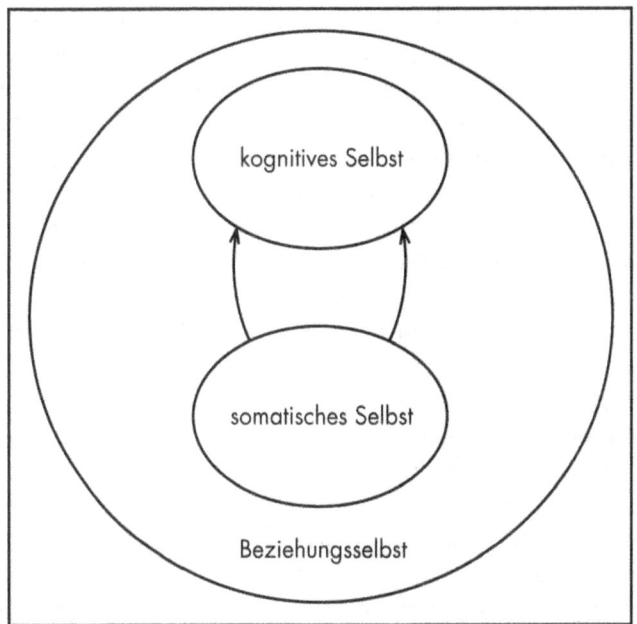

Abb 1.1: Das Beziehungsselbst

zeitige *Erfahrung von beiden, ohne Identifikation mit dem einen oder dem anderen Selbst.* Das Beziehungsselbst hat keinen festen Standort: Es ist nicht *im* kognitiven oder somatischen Selbst. Wie Abbildung 1.1 zeigt, ist es das Feld, das die unterschiedlichen Selbste hält, und der Geist, der sie verbindet. Jeder Mensch ist eine Beziehung zwischen Selbsten und nicht der Zustand eines bestimmten Selbst. Darüber hinaus ist das Beziehungsselbst ein gemeinsames Feld mit anderen Menschen, so daß die tiefere Einheit mit anderen auf vielfältige Weise spürbar und erkennbar ist.

Auf das Beziehungsselbst ist in diversen Kontexten hingewiesen worden. Seymour Epstein (1994) hat eine breite Vielfalt von Untersuchungen besprochen, die ein duales oder *double-mind*-Verarbeitungsmodell des Menschen unterstützen. William James beschreibt dies mit der Metapher „Reiter/Pferd". Gute Eltern-Kind- oder Lehrer-Schüler-Beziehungen verkörpern es. Die Kunst erhebt es zur Ebene des Schönen.

Ein mögliches Verständnis dafür, wie die Verbindung zwischen dem somatischen Selbst und dem kognitiven Selbst das Beziehungsselbst erweckt, bieten die zwei deutschen Wörter für „essen": *essen* und *fressen* (dt. i. Orig.). *Fressen* ist „sich den Bauch vollschlagen", wie ein Tier essen; *essen* ist wie ein Mensch essen. Wenden wir diese Unterscheidung allgemeiner an, könnten wir sagen, daß wir mit Fressen-Energie (oder *Natur*) beginnen und dann menschliche Präsenz (oder *Geist*) einbringen, um sie in Essen (oder menschliche) Ausdrucksformen umzuwandeln. Das Wesen der Fressen-Energie kann man in der spontanen Freude eines Kindes, in Wutanfällen, in expressiver Kunst, Jammern, unschuldiger Freundlichkeit und unschuldiger Grausamkeit sehen. Sie zeigt sich in schwierigen psychischen Erfahrungen wie großer Wut, irrationaler Angst, unangemessenen aber zwanghaften Verhaltensweisen und in psychischen Symptomen. Sie liegt auch im Wesen von Unwettern, Sonnentagen, Tieren und Blumen und in wildem Feiern, in stürmischer Sexualität und politischen Gefechten. Fressen-Energie ist manchmal schön, manchmal schrecklich, manchmal beides. Fressen-Energien bringen ebenso die Rhythmen von Zeit und Wandel mit sich wie die archetypischen Formen von Lernerfahrungen durch die Generationen.

Essen-Formen sind die Traditionen, Formen und Praktiken, die sich innerhalb einer Kultur, einer Gruppe, einer Familie oder eines Menschen entwickelt haben, um diese Fressen-Energien zu empfangen, zu formen, zu verstehen und zum Ausdruck zu bringen. Wie wir sehen werden, kann eine Essen-Form für den, der sich ihrer bedient, hilfreich sein oder auch nicht. Durch nutzlose Formen entsteht Leiden und das Bedürfnis nach neuen Essen-Formen.

Wir werden auch sehen, wie es drei Möglichkeiten gibt, mit der Fressen-Energie in Beziehung zu stehen: Sie kann erstickt und unterdrückt werden, man kann sie ignorieren oder verwildern lassen, oder man kann sie zu einer kunstvollen Ausdrucksform fördern und kultivieren. Im Aikido heißen diese drei Reaktionsstile Kampf, Flucht oder Fließen. Dieser dritte Mittelweg ist das, worauf im Ansatz der Selbstbeziehung der Schwerpunkt liegt. *Er erfordert die Instanz der Achtsamkeit und die Fähigkeit reifer „Mentorschaft".*

Fressen-Energie

+

Mentorschaft

=

kunstvolle menschliche Ausdrucksformen

Das Prinzip der Mentorschaft ist die wesentlichste Fertigkeit, um zu reifer Liebe fähig zu sein, und daher gilt ihm in diesem Buch besondere Aufmerksamkeit. (Kapitel 5 beispielsweise beschreibt dreizehn Eigenschaften, die für die Therapeutin als Mentorin relevant sind.) Besondere Betonung werden wir auf zwei Arten von Mentorschaft legen: positive und negative Mentorschaft. Wie Tabelle 1.2 zeigt, leistet positive Mentorschaft dreierlei: Sie weckt die Bewußtheit des Selbst, sie erweckt die Bewußtheit für die Welt, und sie bietet Fähigkeiten und Praktiken, um eine sich wechselseitig befruchtende Beziehung zwischen den beiden schaffen. Wie Tabelle 1.3 zeigt, hat negative Mentorschaft den gegenteiligen Effekt. Durch Vernachlässigung und Gewalt (1) bringt sie den Menschen von seinem guten Kern ab, (2) bringt ihn zu der Überzeugung, daß die Welt ein schrecklicher Ort ist, an dem es für ihn keine Liebe und keinen Platz gibt und (3) führt sie Beziehungspraktiken der Verunglimpfung und Gewalt ein. Außer wo dies explizit angemerkt ist, wird unsere Erörterung von Mentorschaft in der Therapie die Prinzipien und Praktiken positiver Mentorschaft betrachten. Wir werden sehen, wie

---

1. Weckt Bewußtheit des Selbst: das Gute in ihm, seine Gaben und Sehnsüchte.
2. Weckt Bewußtheit für die Welt: das Gute in der Welt, ihre Gaben und Sehnsüchte.
3. Bietet Fertigkeiten und Traditionen an, um das Selbst in der Welt und die Welt im Selbst zu entwickeln: das Kultivieren von Glück und das Transformieren von Leiden.

Tab. 1.2: Ziele positiver Mentorschaft

---

1. Ignoriert oder verletzt das Selbst, tötet Bewußtheit für das Gute ab.
2. Bringt vom Gutsein und der Lebendigkeit der Welt ab.
3. Bietet Praktiken der Zerstörung und Vernachlässigung von Selbst und Welt.

Tab. 1.3: Ziele negativer Mentorschaft

man selbst – ebenso wie viele andere Menschen, Institutionen und Wesen – positive oder auch negative Mentorschaft bieten kann. Wir werden sehen, wie ohne aktive positive Mentorschaft durch andere und sich selbst negative Mentoren das Leben eines Menschen in Besitz nehmen. Therapie heißt zu einem nicht geringen Teil, einer Person zu helfen, für sich selbst und die Welt, in der sie lebt, Mentorschaft zu entwickeln.

Mentorschaft ist etwas anderes als Besitz. Sie bringt achtsame menschliche Präsenz zur Fressen-Energie, und dies in einer Weise, die ihre Ausdrucksformen ermutigt und kultiviert, ohne sie zu beherrschen oder unterdrücken zu wollen. Sie würdigt das „Du-Sein" des anderen und behält dabei doch zugleich die Bezogenheit bei. Ebendies stellt die Herausforderung für Eltern, Therapeuten, Künstler und Athleten dar. Darin liegt auch die Herausforderung einer jeden einzelnen Person, wenn sie versucht, zu einer eigenständigen Persönlichkeit zu werden: das, was von Natur aus gegeben ist, anzunehmen und so damit zu arbeiten, daß es verfeinert, aber nicht unterdrückt wird. Demnach ist jeder Augenblick eine Gelegenheit, das Leben in sich selbst, in anderen und in der Welt zu fördern.

Schon früh im Leben eines Menschen wird Mentorschaft im wesentlichen von den Verantwortlichen übernommen und modelliert: Eltern, Lehrern, der Gemeinschaft. Wenn diese Personen eine Präsenz, die durch die eigene Mitte des Menschen nach außen tritt, ignorieren, ablehnen oder verletzen, bleibt sie unbenannt (und somit unbekannt) oder wird als unpassend für die menschliche Gesellschaft verflucht. (Diese Präsenz kann ein äußeres anderes sein – ein anderes Geschlecht, andere Rasse, andere Familie usw. – oder ein inneres anderes, wie ein Gefühl und eine Seinsweise.) Wir bekommen Angst davor (d. h. vor unserem erwachenden Selbst) und meinen, sein Erwachen könne uns zerstören. Dies führt dazu, daß wir uns um die Mitte herum verschließen, uns von der natürlichen Fressen-Energie dissoziieren und in ein abgesondertes Selbst- und Weltgefühl verspinnen.

Mit anderen Worten, das Leben strömt durch uns hindurch und bringt uns eine Fressen-Energie nach der anderen, aber wir können uns für den Zugang und die Bewußtheit sowie die Akzeptanz ihr gegenüber verschließen. Wir können diese durch uns strömenden Lebensenergien verzerren und sie zu verneinen versuchen. Diese abwehrende und feindselige Einstellung entwickelt sich normalerweise aus einer Notwendigkeit heraus, als Folge von früheren Erfahrungen, die zu schwer zu verkraften waren. In vielerlei Hinsicht ist ein Symptom ein Appell, in die eigene Mitte zurückzukehren, dieses Mal mit den Fertigkeiten und Ressourcen, die sich nach dem früheren Exodus entwickelt haben. Mit anderen Worten, während eine Person zu einem früheren Zeitpunkt die Fertigkeiten der Mentorschaft noch nicht hatte, verfügt sie in aller Regel darüber, wenn sie therapeutische Hilfe aufsucht. Wie wir in späteren Kapiteln sehen werden, geht der Ansatz der Selbstbeziehung davon aus, daß jede Person außer einem problemdefinierten Selbst ein auf Kompetenz basierendes Selbst hat. Sie mag sich darüber nicht im klaren sein, wenn das Problem auftaucht, so daß es eine wesentliche Aufgabe der Therapie ist, das kompetente und ressourcenreiche Selbst anzusprechen und einzuladen, die nicht integrierten und nicht geförderten Aspekte der Erfahrung, die im Herzen des Symptoms liegen, zu fördern und zu transformieren. (Ein eigentliches Selbst entsteht immer dann, wenn die Essen-Bewußtheit und die Fressen-Energie – Geist und Natur – einander berühren und miteinander harmonieren.) Dies ist der Grund, weshalb Liebe sowohl als Mut wie auch als Fertigkeit aufgefaßt wird: Sie erfordert großes Engagement, Zärtlichkeit und Disziplin, damit sie unter schwierigen Bedingungen (also solchen, unter denen die Probleme entstehen) eingesetzt werden kann.

Einige außergewöhnliche Beispiele dafür, wie Mentorschaft Fressen-Energie in Essen-Erfahrung übersetzen kann, finden sich in der Autobiographie von Helen Keller (1955). Nachdem Helen Keller infolge einer Krankheit mit achtzehn Monaten taub und blind geworden war, hatte sie kaum Verbindung zu menschlicher Erfahrung. Die folgenden sechs Jahre beschreibt sie als eine dunkle Welt intensiver Empfindungen, Wut, Selbstbezogenheit und Frustration. Im Alter von sieben Jahren trat eine Mentorin in ihr Leben:

> Der wichtigste Tag, dessen ich mich zeit meines Lebens erinnern kann, ist der, an dem meine Lehrerin, Fräulein Anne Mansfield Sullivan, zu mir kam. Ich kann kaum Worte finden, um den unermeßlichen Gegensatz in meinem Leben vor und nach ihrer Ankunft zu schildern ...
>
> Lieber Leser, hast du dich je bei einer Seefahrt in dichtem Nebel befunden, der dich wie eine greifbare, weiße Finsternis einzuschließen schien, während das große Schiff seinen Kurs längs der Küste

mit Hilfe von Kompaß und Lotleine zagend und ängstlich verfolgt und du mit klopfendem Herzen irgendein Ereignis erwartest? Jenem Schiff glich ich vor Beginn meiner Erziehung, nur fehlten mir Kompaß und Lotleine, und ich hatte keine Ahnung davon, wie nahe der Hafen war. *Licht! Gebt mir Licht!* lautete der wortlose Schrei meiner Seele, und das Licht der Liebe erhellte bereits in dieser Stunde meinen Pfad. (S. 31 f.)

Mit einer bemerkenswerten Liebesfähigkeit war Sullivan eine Mentorin für Helen Keller, indem sie der inneren Fressen-Erfahrung des Kindes menschliche Sprache nahebrachte. (In einer nicht ganz unähnlichen Weise lernt jedes Kind durch diesen Beziehungsprozeß des Benennens mehr über sein emotionales Erleben. Kinder wissen nicht, was sie fühlen, bis sie die Gefühle richtig zu bezeichnen lernen.) *Wie Keller es beschreibt, begann die Welt des Menschseins genau an dem Punkt, an dem sie die Sprache für ihr Erleben entdeckte.* Als sie ein Zeichen für Wasser erlernte, kreierte dies buchstäblich ein völlig neues Erleben von Wasser.

> Während der kühle Strom über eine meiner Hände sprudelte, buchstabierte sie mir in die andere das Wort *water*, zuerst langsam, dann schnell. Ich stand still, mit gespannter Aufmerksamkeit die Bewegung ihrer Finger verfolgend. Mit einem Male durchzuckte mich eine nebelhafte, verschwommene Erinnerung, ein Blitz des zurückkehrenden Denkens, und das Geheimnis der Sprache lag plötzlich offen vor mir. Ich wußte jetzt, daß *water* jenes wundervolle, kühle Etwas bedeutete, das über meine Hand strömte. Dieses lebendige Wort erweckte meine Seele zum Leben, spendete ihr Licht, Hoffnung, Freude, befreite sie von ihren Fesseln! ...
>
> Ich entsinne mich vieler Ereignisse des Sommers 1887, der auf das Erwachen meiner Seele folgte. Fortwährend tastete ich mit meinen Händen umher und lernte die Bezeichnungen für jeden Gegenstand, den ich berührte, kennen, und je mehr ich mit den Dingen bekannt wurde und ihre Namen und Zwecke kennenlernte, desto freudiger und stärker wurde das Bewußtsein der Verwandtschaft mit der übrigen Welt. (S. 33 ff.)

In derselben Weise geht der Ansatz der Selbstbeziehung davon aus, daß eine Erfahrung oder ein Ausdruck erst dann menschlichen Wert erhalten, wenn eine liebevolle und reife menschliche Präsenz sie berührt und richtig benennt. Die Fähigkeit zur Mentorschaft ist somit in der Therapie wesentlich, um mit Erfahrungen und Verhaltensweisen zu arbeiten, die anscheinend keinen menschlichen Wert haben (z. B. Symptome). Wie wir sehen werden, gehört zu Mentorschaft, sie zu sehen, sie zu berühren, ihnen Raum und einen Namen zu geben, sie mit Ressourcen zu verbinden, sie mit Traditionen des Ausdrucks und anderen sorgfältig ausgearbeiteten Zeichen der Liebe zu verbinden.

Wir sollten uns darüber im klaren sein, daß die Fressen-Energie nicht verleugnet oder überwunden wird, wenn es uns gelingt, sie zu fördern. Sie wird „aufgenommen und transzendiert", wie Ken Wilber (1997) es formuliert. Das heißt, sie existiert nach wie vor, aber etwas anderes kommt hinzu – menschliche Präsenz und vernunftbestimmte Liebe. Gerade diese Beziehung ist das, was ihren menschlichen Wert und ihr Potential zu anmutigem Ausdruck erweckt. Fehlt diese Beziehung, wird das Erleben oder Verhalten für etwas ohne menschlichen Wert gehalten. An diesem Punkt setzt die Therapie an – mit dem Bewußtsein von der andauernden Fressen-Energie (d. h. des Symptoms), die der Mentorschaft bedarf. Wie wir sehen werden, fördern die Fertigkeiten der Mentorschaft die Integration und Transformation dieser Fressen-Energie zu den positiven Essen-Ausdrucksformen.

Im Verlaufe des Buches wird es noch viele Beispiele dafür geben, wie dies geschehen kann. An dieser Stelle können wir folgendes sagen: Wenn die Therapeutin mit einer Person zusammensitzt, wird eine gespürte Verbindung mit der Mitte entwickelt. Die Therapeutin hört sich dann an, was die Geschichten der Person darüber aussagen. Gewöhnlich wird die Erfahrung in der eigenen Mitte abgewertet oder in irgendeiner Weise vernachlässigt, also beginnt die Therapeutin, dies vorsichtig in Frage zu stellen. Sie fragt, wo die Klientin so über die fragliche Erfahrung zu denken und zu reden gelernt hat und ob dies hilfreich gewesen ist oder nicht. Oftmals antwortet die Klientin, es sei nicht hilfreich gewesen, aber immerhin besser als die Alternative, davon überwältigt zu werden. Dadurch entwickelt sich allmählich eine Beziehung, die sich durch Gewalt und Unterwerfung auszeichnet, in der das „andere" als ein „Es" angesehen wird, das es zu zerstören gilt. Die Selbstbeziehungstherapeutin interessiert sich dafür, wie diese Gewalt und das daraus resultierende Leiden gelindert werden können, indem jedes dieser unterschiedlichen „Es" unterstützt und somit in ein „Du" übersetzt werden kann. Dies ist ganz ähnlich wie in der Paartherapie, wo die

Unterschiede zwischen den Positionen als wesentlich für das kreative Wachstum angesehen werden. Der Schlüssel besteht darin, jede Position zu würdigen und zu respektieren, Äußerungen von Gewalt gegenüber dem anderen in Frage zu stellen und zu transformieren und die Beschreibung auf Rhythmen und Gefühle von Körper *und* Geist zu gründen.

Eine wichtige Vorannahme bei dieser Arbeit ist, daß das somatische Selbst – die Quelle der Fressen-Energie – nicht etwa eine Erweiterung oder ein Teil des kognitiven Selbst ist. Es ist ein Teil des größeren Beziehungsselbst, aber es hat sein autonomes Eigenleben und unterscheidet sich in vielerlei Hinsicht vom kognitiven Selbst. Auch hier ist wieder der Vergleich mit Lebensgefährten hilfreich. So spielt es beispielsweise durchaus eine Rolle, ob ich Denise, meine Frau, zuerst als „Denise" und dann als „meine Frau" ansehe oder umgekehrt. Ganz ähnlich beginnen wir, wenn wir das „andere Selbst" als autonom betrachten, zu merken, daß das Leben durch sie oder ihn hindurchströmt. Daher ist unsere Mission, die Mitte in unserem Körper zu fühlen, die dieses Selbst verkörpert, und zu hören und zu spüren, wie das Leben durch sie hindurchströmt, und dabei ohne Identifikation oder Dissoziation zu reagieren. Unsere Seele „erwacht" zu einer tieferen Bewußtheit, und die Aufgabe des kognitiven Selbst ist es, bei diesem Erwachen des Lebens „dabeizusein" und es zu fördern.

Dies ist ein für die Therapie ganz wesentlicher Gedanke. Er führt zu einer Würdigung dessen, daß das Geschenk des Lebens uns mit jedem einzelnen Atemzug neu gegeben wird. Es mag verflucht und angegriffen werden, aber das Symptom ebenso wie die Ressourcen erneuern sich auf wunderbare Weise, so daß derart gewaltsame Versuche der Unterdrückung letztlich fehlschlagen. Das Geschenk des Lebens lebt weiter! Diese Erkenntnis erlaubt es, sich einer tieferen Präsenz zu ergeben, in einer inneren Mitte gegründet und mit ihr verbunden zu sein, einer Mitte, aus der, wenn sie gespürt und kultiviert wird, ein lebendigeres und effektiveres Selbstgefühl erwächst. Das Vermächtnis der Gewalt, zu dem der Mensch aufgerufen wurde, kann nun durch Traditionen und Praktiken der Selbstliebe ersetzt werden.

PRÄMISSE 5: IN DER WELT EXISTIERT EINE INTELLIGENZ, DIE GRÖSSER IST ALS DU

Der individuelle Geist ist immanent, aber nicht nur dem Körper. Er ist auch den Bahnen und Mitteilungen außerhalb des Körpers immanent; und es gibt einen größeren Geist, von dem der individuelle Geist nur ein Subsystem ist. Der größere Geist läßt sich mit Gott vergleichen, und er ist vielleicht das, was einige Menschen mit „Gott" meinen, aber er ist doch dem gesamten in Wechselbeziehung stehenden sozialen System und der planetaren Ökologie immanent.

Gregory Bateson (1981, S. 593)

Der Zweck der Reise ist Mitgefühl. Wenn man die Gegensatzpaare überwunden hat, erreicht man Mitgefühl.

Joseph Campbell (s. Osbon 1991, S. 24)

Bisher haben wir über zwei Quellen der Intelligenz gesprochen, von denen ein Mensch zehren kann: (1) der erwachenden inneren Mitte (und den Fressen-Energien) des somatischen Selbst und (2) der Mentorschaft (und den Essen-Formen) des kognitiven Selbst. Doch eine dritte Quelle, die über das Beziehungsselbst hinausgeht, ist ebenso wichtig. Einfach ausgedrückt, geht der Ansatz der Selbstbeziehung davon aus, daß es in der Welt eine Macht und Präsenz gibt, die größer als der Intellekt oder das Individuum ist.

Dieses Thema bildet erstaunlicherweise die Grundlage für die größten Errungenschaften sowie für die schlimmsten je begangenen Grausamkeiten. Daher müssen wir sehr vorsichtig damit sein, wie wir es ansprechen. Aber ansprechen müssen wir es, denn dies nicht zu tun hat ebenso fatale Folgen. Der Grundgedanke ist einfach, daß ein Mensch in der Isolation nicht genug ist. Allein ist man inkompetent, inadäquat und impotent. Wie die Existentialisten sagen, ist die Psychopathologie genaugenommen das Studium der Einsamkeit. Wenn eine Person auf Dauer den Bezug zu etwas verliert, das größer ist als sie selbst, entstehen Probleme. Umgekehrt ist es wesentlich für eine therapeutische Veränderung, die Verbindung mit einem Beziehungsfeld, das den Menschen unterstützt und nährt, wiederherzustellen.

Zwar ist dieses Beziehungsfeld universal, aber es hat keine festgelegte Form. Jede Person wird dieses Feld auf ihre eigene Art kennenlernen, und diese Art und Weise wandelt sich im Laufe der

Zeit. Daher gilt: *Das Beziehungsfeld muß in der Therapie immer so verstanden werden, wie die Klientin es versteht.* Sein Wert liegt in ebendieser Lebendigkeit: Sobald es Teil eines Dogmas, einer Ideologie oder eines Systems wird, geht dieser Wert verloren und wird von Sichtweisen ersetzt, die die Lebendigkeit ersticken. In der Therapie muß es also stets darum gehen, alle Beschreibungen davon als poetische Formulierungen anzusehen, deren Wert darin liegt, daß sie eine lebendige Präsenz von Leben zu berühren vermögen.

Eine Klientin kennt das Feld vielleicht durch Erfahrung mit Kindern und nennt es deshalb Unschuld. Oder sie hat es durch politisch Gleichgesinnte erfahren und nennt es deshalb Gerechtigkeit. Sie mag es durch Tranceerfahrungen kennen und es das Unbewußte nennen. Sie mag es durch athletische Höchstleistung kennen und *Zone* nennen. Sie mag es aus Ehe oder Freundschaft kennen und Liebe nennen. Sie mag es aus religiöser Praxis kennen und Gott nennen. Sie mag es kennen durch Wanderungen am Strand oder im Gebirge und Natur nennen.

Wichtig ist, daß praktisch alle Menschen die Erfahrung von einer Macht und Präsenz kennen, die größer als sie selber ist. Der Ansatz der Selbstbeziehung macht einfach die Beobachtung, daß in diesen Erfahrungen (von Gebet, Gemeinschaft, Trance, Tanz, Atmen, Gehen, Berühren usw.) die Probleme verschwinden. Wir beobachten, was in solchen Zuständen, die Wohlbefinden und die Auflösung eines problemdefinierten Selbst erlauben, geschieht. Uns fällt auf, daß der Mensch in diesen Zuständen durchgehend ein erweitertes Selbstgefühl hat und daß sich paradoxerweise ein größeres Selbstvertrauen entwickelt, selbst wenn dabei die Grenzen weicher werden.

Dann fragen wir uns, ob und wie sich dieses Beziehungsfeld entwickeln läßt, wenn das „Problem" sich einstellt. In späteren Kapiteln werden wir genauer auf solche Techniken eingehen, mit denen wir das Problem in das Beziehungsfeld bringen können, um es so zu transformieren. Wir fragen die Klientinnen nach ihrem *felt sense* in bezug auf dieses Beziehungsfeld und achten darauf, wie sie ein Gefühl von Wohlbefinden, das sie umgibt, beschreiben. Wir legen nahe, daß es hilfreich sein könnte, sich dieses Feld als eine lebendige, nährende Präsenz vorzustellen, das den Menschen bei dem Prozeß des Erwachens unterstützt. Mit anderen Worten, *das Feld ist lebendig und will dir helfen, mehr und mehr du selbst zu werden.* Du bist für alle Wahlmöglichkeiten und Verhaltensweisen verantwortlich, aber diese „höhere Macht" (wie du sie verstehst) ist zu deiner Hilfe da. Wir erkunden, wie es wäre, wenn die Klientin einer Intelligenz, die größer ist als der isolierte Intellekt, vertrauen und sich auf sie einstimmen würde. Wir finden heraus, wie eine Person dies in anderen Bereichen ihres Lebens bereits zu tun vermag und wie ihr diese Praktiken und Sichtweisen in dem Problembereich nutzen können. Wir betonen auch sorgfältig die Unterschiede zwischen regressiven Zusammenbrüchen und reifer Hingabe (oder aktiver Teilnahme) an etwas, das größer ist als das eigene Ego. In dieser Hinsicht stellen wir heraus, daß die Mitte und das kognitive Selbst gleich wichtig sind.

Therapeutinnen sollten in diesem Bereich besonders sensibel für die Sprache sein, denn es ist kontraproduktiv, wenn die Dinge wörtlich genommen werden. Ein Feld ist kein „Ding" und läßt sich daher nicht konkretisieren. Jeder Begriff, der hier verwendet wird – Liebe, Gott, Natur, Gemeinschaft, Feld – ist ein Gedicht, das auf eine Erfahrung verweist, die unaussprechlich, aber für die meisten Menschen ziemlich real ist. Wie wir im Verlaufe des ganzen Buches sehen werden, kann die Aufmerksamkeit für dieses Beziehungsfeld für den Therapieverlauf äußerst hilfreich sein.

Prämisse 6: Dein Weg ist nur deiner: Du bist ein unheilbarer Sonderling

Viele Klientinnen haben die Sorge, daß sie meinen, komisch und merkwürdig zu sein, zumindest im Bereich ihrer Probleme. Ich versuche, den Menschen (mit einem sympathischen irischen Augenzwinkern) zu versichern, daß sie die Sache stark heruntergespielt haben. Sie sind viel komischer, als ihre größten Ängste es nahelegen, und es kann nur schlimmer werden! Dies wird auf liebevolle Weise gesagt und nur, wenn klar ist, daß die betreffende Klientin die Absicht spüren kann, daß ihr einzigartiges Erleben und Sein gewürdigt wird.

Dies impliziert ganz offensichtlich, daß die Person der Tatsache ins Auge sehen muß, daß sie die Erwartungen anderer nicht zufriedenstellen kann. Dies kennzeichnet das, was man die Phase des „Kamels" in der menschlichen Entwicklung nennen kann. Ich glaube, es war Nietzsche, der sagte, daß wir im ersten Teil des Lebens Kamele sind, die durch die Wüste trotten und uns jedes „Tu dies" und „Laß das" auf den Rücken packen lassen. Kamele können nur spucken; sie denken nicht für sich und erwidern auch nichts. Wenn das Kamel stirbt, wird an seiner Stelle ein Löwe geboren. Löwen entdecken sowohl das Brüllen als auch die Kunst, das eigene Fell zu pflegen. Der Löwe ist vielleicht anfangs ein wenig wackelig, also sind Unterstützung und Ermutigung lebenswichtig. Aber wenn das Kamel erst einmal zu sterben beginnt (z. B. angekündigt durch eine Depression), dann gibt es keinen Weg zurück. Symptome nehmen den Platz zwischen dem Tod des Kamels und der Geburt des Löwen ein. Eine Therapeutin kann in dieser Übergangsphase eine gute Hebamme sein.

Joseph Campbell pflegte zu sagen, daß man manchmal die Leiter bis oben hochklettert, nur um zu entdecken, daß man sie an die falsche Wand gestellt hat. Ein Symptom ist eine solche Botschaft. Es besagt, daß die Art, wie eine Person ihr Leben gesehen oder zum Ausdruck gebracht hat, nicht mehr paßt. Etwas oder jemand im Inneren drängt die Person, nach etwas Neuem zu suchen. Die Essen-Formen des Wissens und Handelns werden von den lebenspendenden Fressen-Energien überwältigt. Damit es gelingt, diese neuen Energien zu empfangen und von ihnen transformiert zu werden, muß man zuerst die Leiter hinabklettern, die gegen die Wand von anderer Leute Erwartungen gelehnt war. Kaum einer von uns tut dies aus freiem Willen; vielmehr zwingt uns zumeist ein Symptom dazu.

Einer der Vorteile, wenn man den Status des „Sonderlings" (oder die Einzigartigkeit) akzeptiert, ist, daß man die endlosen Anforderungen an sich selbst etwas lockern kann. Der Wille zur Veränderung kann eine Art von Selbsthaß sein, der von der Hoffnung herkommt: „Wenn ich nur anders wäre, als ich jetzt bin, würdest du mich lieben." Endlose Versuche, etwas zu leisten in der Hoffnung auf Liebe, führen zu der schrecklichen Erkenntnis, daß man gescheitert ist. Wenn man das Herz für den Schmerz des Lebens öffnen kann, wird man merken, daß es nicht um einen selbst geht; das Leben ist so. Symptome wie beispielsweise Depressionen sind an dieser Stelle bemerkenswerte Stimmen der Integrität. Sie weisen darauf hin, daß „nichts funktionieren wird", „es gleichgültig ist" und daß „es zu nichts führt". Dies weist auf den Tod eines illusionären Selbst hin, der, wenn er richtig angenommen und wenn richtig damit umgegangen wird, zur Versöhnung zwischen dem kognitiven Selbst und dem somatischen Selbst führen kann. An dieser Stelle wird das Bedürfnis nach einem stabilen Kontext wesentlich, denn die Gefahr, daß dies in Gewalt ausagiert wird, ist beträchtlich. Aber der Schrei eines Symptoms ist zum Teil Ausdruck des Bedürfnisses, einzigartige und noch nicht gewürdigte Aspekte von sich selbst anzunehmen.

Manchmal lege ich meinen Klientinnen nahe, daß Hypnose einen lehrt, wie wunderbar und heillos komisch man eigentlich ist. In der Hypnose kann jede Person auf ihre eigene Art vorgehen. Die Therapeutin macht einen Vorschlag, aber wenn die Dinge richtig laufen, reagiert die Klientin mit etwas anderem. Die Therapie beginnt erst eigentlich, wenn die Klientin nicht der Therapeutin folgt, sondern ihren eigenen Weg findet. In einem weiteren Sinne beginnt das Leben erst eigentlich, wenn man von einer Präsenz, die größer ist als man selbst, besiegt wird. Wie Rilke (1901) beklagt:

> Wie ist das klein, womit wir ringen,
> was mit uns ringt, wie ist das groß;
> ließen wir, ähnlicher den Dingen,
> uns so vom großen Sturm bezwingen,
> wir würden weit und namenlos.

Ohne Widerstand oder Versagen ist Therapie (und das Leben) normalerweise ein höfliches Gesellschaftsspiel. Versagen und Verletzung öffnen uns für eine tiefere Präsenz in uns selber und in der Welt, für eine größere Weisheit und Intelligenz.

Therapie ist ein Gespräch darüber, wie sich diese tiefere Weisheit spüren läßt. Hiermit gehen wir von der Annahme aus, daß jede Person ihren eigenen Weg geht, ihre eigene Art hat und daß die Symptome Teil dieses Weges der Selbstentwicklung sind. Da die Therapeutin eine andere Art zu erleben und zu erfahren hat, gründet sich der Erfolg der Therapie auf dem Versagen therapeutischer Theorie und Technik. Die Therapeutin ist bestenfalls eine Art „heilige Närrin", die weiß, daß ihre Art nicht die der Klientin ist und daß sie dennoch mit Würde vorgehen muß in der Erwartung, daß die Klientin ihre Theorie und ihre Technik „zurückweist", um eine andere Perspektive zu enthüllen, eine Perspektive, die für die Klientin wahrer ist.[5] Die Fähigkeit, diese Unterschiede zu akzeptieren und zu halten, macht gute Therapie aus. Sie ermöglicht auch, zunehmend zu würdigen, daß die Klientin ihre eigene einzigartig abweichende Art hat, zu erleben und in der Welt zu sein.

Zusammenfassung

Die sechs obigen Prämissen können sehr hilfreich für den Therapieprozeß sein. Sie leiten sich von der Würdigung dessen ab, was Trungpa (1991) die unzerstörbare „ursprüngliche weiche Stelle" (im Gegensatz zur „Erbsünde") nennt, die im Kern eines jeden menschlichen Wesens ist. Wenn die weiche Stelle verletzt oder vernachlässigt wird, entsteht Schmerz. Um zu vermeiden, von Schmerz überwältigt zu werden, spinnt sich der Mensch in eine Persona (einschließlich einer Geschichte) ein, die in einiger Entfernung von der eigenen Mitte lebt. Viele von uns haben das Gefühl der Identität auf der Leugnung der ursprünglichen weichen Stelle aufgebaut. Durch die mentale Erregung und Verzerrung, die aus dieser Verleugnung resultieren, entsteht Leiden, das weitere Erregung und Verzerrung erzeugt, und immer weiter gehen wir von der Mitte weg, und manchmal kehren wir erst Jahre oder Generationen später dorthin zurück.

Diese Dissoziation von der eigenen Mitte ist anfangs eine Lösung. Nicht nur, daß sie den Schmerz des somatischen Selbst betäubt, sondern sie führt auch zur Entwicklung eines abgesonderten kognitiven Selbst. Wenn die Person allerdings Ressourcen entwickelt, wird die andauernde Entfremdung vom somatischen Selbst (und von der Welt) zur Belastung, denn nun ist eine bessere Art der Lösung verfügbar. Diese bessere Art meint ein Beziehungsselbst, das die Mentorfähigkeiten des kognitiven Selbst mit den lebenspendenden Fressen-Energien des somatischen Selbst verbindet. Dies ist

---

5 Ein gutes Beispiel für einen „heiligen Narren" war Gandhi, der, als er den König von England besuchte, nur mit einem Leinengewand bekleidet war. Als er dazu befragt wurde, bemerkte er trocken, daß er meinte, der König trüge genug Kleider für sie beide zusammen. Als er später gefragt wurde, was er von der westlichen Zivilisation halte, antwortete Gandhi: „Ich finde, das wäre eine ausgezeichnete Idee!"

es, was ein Symptom für den Menschen leisten will: Es ist ein „Appell zurückzukehren", zurück zur ursprünglichen Mitte, und eine Chance, in ein integriertes Beziehungsselbst einzuziehen. Was dies erfordert, ist ein Kapitulieren des Machtprinzips, eine Bereitschaft, das andere (innere oder äußere) Selbst ohne Gewalt einzubeziehen und zu fördern. Unglücklicherweise haben die Menschen meist zu glauben gelernt, daß sich zu ergeben (oder „loszulassen") eine Katastrophe wäre, so daß sie weiterhin dem Fluß der Fressen-Energien, der durch ihr Sein strömt, Widerstand entgegensetzen. An diesem Punkt scheint die Natur unendlich geduldig zu sein: Sie wartet einfach und beginnt dann den Kreislauf der Heilung erneut. An einem bestimmten Punkt spürt der Mensch, daß die Kontrolle verlorengeht, und kommt in seiner Verzweiflung zu einer Therapeutin.

Wenn die Klientinnen also in die Therapie kommen, stehen sie bereits in dem Prozeß der Veränderung. *Wichtige Veränderungen der Identität sind also bereits im Gange, die sie nicht mehr aufhalten können.* Oder, wie wir in der Psychotherapie der Selbstbeziehung sagen, die Person „hat etwas Großes vor". Etwas erwacht im Inneren des Menschen. Das Problem ist, daß die Person konditioniert worden ist, sich selbst in diesem Prozeß zu vernachlässigen oder zu verletzen und dadurch den Prozeß des Erwachens zwischenzeitlich aufzuhalten. Sie hat gelernt, sich und dem Beziehungsfeld, das sie hält, zu mißtrauen oder sich und das Feld zu ignorieren. Eine Lösung zu unterstützen bedeutet eine paradoxe Beziehung von „keinen Widerstand leisten" (zulassen, daß die Erfahrung hindurchströmt) und zugleich „nicht dazu werden" (sich nicht mit der Erfahrung identifizieren). Das Beziehungsselbst ist ein Feld, das beides hält, ein Selbst, das achtsam für das ist, was ist, und das andere Selbst, das „erlebt", wie der Strom des Lebens hindurchströmt. Ausgehend von diesem Beziehungsselbst, wird ein Mittelweg zwischen Verdrängung und Ausagieren kultiviert, und dann ist das Leben kein Problem mehr (für eine Weile).

Geht die Therapeutin mit diesen Prämissen in eine Therapiesitzung, so geht sie mit ihrer Aufmerksamkeit in ihre Mitte und öffnet dann die Aufmerksamkeit, um mit Neugier dafür, wo die nicht unterstützten, aber vorherrschenden Fressen-Energien sind, bei der Klientin zu sein. Von diesem zentrierten Ort aus lassen sich sowohl das Leiden wie die Ressourcen spüren, halten, benennen und anderweitig unterstützen. Um dies tun zu können, behält die Therapeutin im Sinn, daß die Klientin eine Beziehung zwischen unterschiedlichen Selbsten ist. Dann exploriert die Therapie, wie sich Verbundenheit zwischen diesen Instanzen spüren und fördern läßt. Neuromuskuläre Blockaden – ein Einfrieren der Einheit von Körper und Geist – verhindern diese Verbundenheit, so daß bestimmte Methoden eingesetzt werden, um diese Blockaden zu entspannen. Dabei läßt sich die Therapeutin auf alles ein, was geschieht, segnet es und arbeitet damit, in dem Wissen, daß die Lösung bereits unterwegs ist.

2. Aufmerksamkeit und die Beziehung zwischen Unterschieden
Umgang mit dem anderen

Eines Tages kam ein Mann auf Ikkyu zu und fragte: „Meister, würdet Ihr mir, bitte, einige Maximen der höheren Weisheit aufschreiben?"
Ikkyu nahm seinen Pinsel zur Hand und schrieb: „Aufmerksamkeit."
„Ist das alles?" fragte der Mann.
Da schrieb Ikkyu: „Aufmerksamkeit. Aufmerksamkeit."
„Also", sagte der Mann, „ich sehe wirklich nicht viel Tiefe in dem, was Ihr da geschrieben habt."
Da schrieb Ikkyu dasselbe Wort dreimal: „Aufmerksamkeit. Aufmerksamkeit. Aufmerksamkeit."
Leicht verärgert forderte der Mann: „Was soll das Wort ‚Aufmerksamkeit' denn heißen?"
Ikkyu antwortete sanft: „Aufmerksamkeit bedeutet Aufmerksamkeit."

Schiller (1994)

Auf unserer Reise durch diese Welt sind wir ständig mit Unterschieden konfrontiert – unterschiedlichen Wahrheiten, unterschiedlichen Bedürfnissen, unterschiedlichen Ausdrucksformen, unterschiedlichen Wegen. In der Therapie zeigen sich diese Unterschiede vielleicht darin, wie die Dinge gegenwärtig stehen und wie ich sie mir wünsche; so wünscht sich z. B. ein Ehepaar ein Kind, kann es aber nicht bekommen. Es könnte der Unterschied zwischen meiner Wahrheit und deiner Wahrheit sein; dasselbe Ehepaar mag die gemeinsame Ehe auf anscheinend widersprüchliche Art sehen. Es kann der Unterschied sein zwischen dem, was andere sagen – du bist so oder so –, und dem, wie ein Mensch sich intuitiv selber fühlt.

Oder es kann der Unterschied sein zwischen dem, was der Therapeut für das „Problem" oder die richtige Lösung hält, und dem, was der Klient meint.

Wie wir mit solchen Unterschieden umgehen, ist eine wesentliche Grundlage für unsere Identität. Wir können in unserem Umgang mit Beziehungen Gewalt anwenden oder Gewaltlosigkeit, woraus entweder tiefes Leiden erwächst oder allmähliches persönliches Wachstum. In dieser Hinsicht ist Beziehung die psychologische Grundeinheit des Diskurses. Wie C. G. Jung (1969/1995) anmerkt:

> Der unbezogene Mensch hat keine Ganzheit, denn er erreicht diese nur durch die Seele, die ihrerseits nicht sein kann ohne ihre andere Seite, welche sich stets im „Du" findet. Die Ganzheit besteht aus der Zusammensetzung von Ich und Du, welche als Teile einer transzendenten Einheit erscheinen, deren Wesen nur noch symbolisch erfaßt werden kann, z. B. durch das Symbol des Runden, der Rose, des Rades oder der *conjunctio Solis et Lunae* (der mystischen Ehe von Sonne und Mond).

Abbildung 2.1 stellt diese Grundeinheit auf einfache Weise dar. Die beiden kleinen miteinander verbundenen Ovale in einem größeren Feld verdeutlichen, daß es mindestens vier Perspektiven auf jede Erfahrung gibt: (1) die Werte, Erfahrungen, Wahrheiten, Standpunkte usw. im ersten Kreis („Selbst" oder „Ich"); (2) die Werte, Erfahrungen, Wahrheiten, Standpunkte usw. im zweiten Kreis („Das andere Selbst" oder „Nicht-Ich"); (3) die Beziehung zwischen den beiden Standpunkten; und (4) das Feld, in dem sie gehalten werden.

Abgesehen davon, daß diese Perspektiven unterschiedliche Aspekte dessen sind, wie wir eine Beziehung erleben, repräsentieren sie die vier Schritte der psychologischen Bewußtheit in jedem Lernzyklus: das gespürte Dasein eines „Ich"; das gespürte Dasein eines „Du"; das gespürte Dasein einer gegenseitigen Verbundenheit zwischen unterschiedlichen Wesen; und das gespürte Dasein einer tieferen Präsenz, welche die Unterschiede trägt. Jede dieser Perspektiven bringt ein anderes Verständnis, eine andere Bedeutung, einen anderen Wert mit sich. Im Durchschreiten einer jeden Perspektive kann der Mensch ein ökologisches Wissen erwerben, das zu mehr Integrität, zu einer größeren Fähigkeit, auf andere einzugehen, und zu größerem Glück führt. Wenn ein Lernzyklus vollendet ist, wenn das neue Wissen integriert und das Feld geklärt ist, kann das Rad

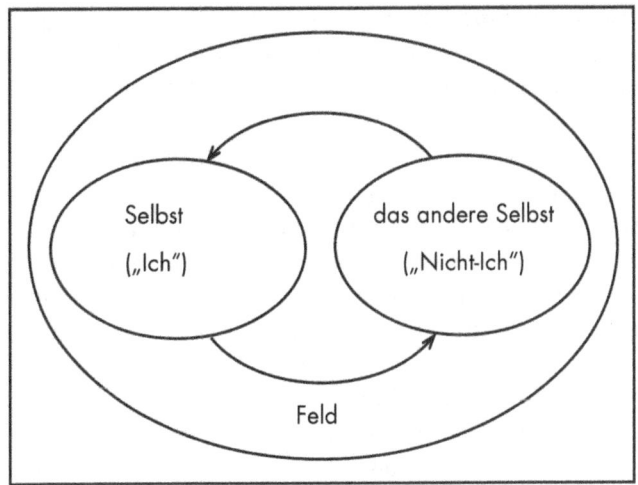

Abb. 2.1: Die Grundeinheit des psychologischen Diskurses

des Lernens von neuem beginnen, und neue Unterschiede, neue Konflikte und neue Lernerfahrungen entstehen.

Beispielsweise könnte die Frage aufgeworfen werden, was wichtiger ist, unabhängig zu sein oder miteinander verbunden zu sein. Dies ist eine Trickfrage, denn das eine ergänzt das andere. (Ein allgemeines Prinzip im Ansatz der Selbstbeziehung ist, daß alles sein Gegenteil enthält.) Das eine ohne das andere ist pathologisch: Bloße Unabhängigkeit führt zu Dominanz, Isolation und Einsamkeit; bloße Gemeinsamkeit führt zu Unterwerfung, Isolation und Einsamkeit. Abgesondert zu sein führt zu dem Bedürfnis nach Gemeinsamkeit und umgekehrt. Darf sich im Laufe der Zeit ein Beziehungs-„Gespräch" zwischen diesen Bedürfnissen entwickeln, vermag eine tiefere vereinigende Erfahrung von „Unabhängigkeit in Gemeinsamkeit" zu entstehen (Wilber 1997). Dieser „Liebesakt" zwischen einander ergänzenden Wahrheiten gebiert eine neue Selbsterfahrung, eine Erfahrung, die alle Beteiligten „überschreitet und doch einschließt" (ebd.).[1] Ein neuer Lernzyklus beginnt, mit neuen Unterschieden.

---

[1] Wilber (1997) gebraucht den Begriff „überschreiten und einschließen" in seinem Entwicklungsmodell des Bewußtseins und bezieht sich damit auf Koestlers (1993) Begriff des „Holons", das ein konzentrisches Fortschreiten der Entwicklung

Diese ganze Entwicklungsreise geht natürlich nicht glatt über die Bühne. Wir können überwältigt, abgelenkt, fehlgeleitet, unaufmerksam oder sonstwie nicht ganz auf der Höhe sein. Gewalt oder Angst können die Bewegung an jeder Stelle unterwegs aufhalten und zu Kontraktion, Leiden und unbeabsichtigter Wiederholung des unerwünschten Zustands führen. Ein Mensch kann an einer bestimmten Sichtweise festhängen und alle anderen ausblenden. Oft wird, bewußt oder unbewußt, Gewalt gegen einen selbst und/oder andere eingesetzt, um diesen festgefahrenen Zustand zu erhalten.

Genau an diesem Punkt tritt der Therapeut in das Leben der Menschen. Die Gewalt, die wir sehen, kann viele Formen annehmen – selbstzerstörerisches Verhalten wie Sucht, Dissoziation, Selbsthaß, Depression oder Mißbrauch von anderen. Wenn Gewalt eingesetzt wird, hofft man, daß das „andere" ausgelöscht wird und dadurch Frieden einzieht. Aber Gewalt löscht gar nichts aus; sie stärkt die Präsenz des anderen und verzerrt sein Wesen. Eine langfristige Lösung läßt sich so nicht finden, und ein neuer Zyklus schädlicher Konflikte beginnt. Unsere Aufgabe ist es, Achtsamkeit und Mentorschaft an diesen Orten der Gewalt einzubringen, so daß sich effektivere und weniger schmerzhafte Reaktionen entwickeln können.

Dafür stehen uns viele Fertigkeiten und Perspektiven zur Verfügung. Dieses Kapitel widmet sich der Frage, wie unterschiedliche Arten der Aufmerksamkeit für Beziehungen die Entwicklung schädigen oder fördern. Dabei lassen wir uns vom „Errol-Flynn-Prinzip" leiten, nach dem namhaften Filmhaudegen so genannt. Als er gefragt wurde, wie man ein Schwert richtig hält, antwortete Flynn, man solle sich vorstellen, einen Vogel und nicht ein Schwert zu halten. Wenn man ihn zu fest hält, sagte Flynn, stirbt der Vogel, und das Leben ist verloren; hält man ihn zu locker, entkommt der Vogel und fliegt weg, und man hat nichts in der Hand.

beschreibt, wo jeder Unterschied sowohl ein „Teil" von einem Ganzen als auch ein „Ganzes" ist. Das heißt, jeder Unterschied enthält andere Unterschiede und steht im Bezug zu anderen Unterschieden auf derselben Ebene (und hat damit Autonomie und Unabhängigkeit), während er zugleich Teil eines Unterschiedes auf einer höheren Ebene ist (und damit die Eigenschaft von Gemeinsamkeit hat). In dieser Hinsicht ist alles mit allem verbunden, auch wenn es unterschiedliche Ebenen der Unterscheidung gibt. Man kann durch die Ebenen nach oben aufsteigen oder nach unten hinabsteigen.

Wie mit Vogel und Schwert, so ist es mit dem Leben. Wir werden sehen, wie Aufmerksamkeit „zu fest" zu halten dazu führt, daß wir Unterschiede als unversöhnlich ansehen und damit bei der Gewalt des Fundamentalismus enden. Sodann werden wir überlegen, wie „zu locker" zu halten Indifferenz anderen gegenüber fördert und zur Verzweiflung und Leere des Konsumdenkens als Lebensstil führen kann. Schließlich werden wir sehen, wie die Aufmerksamkeit „nicht zu fest und nicht zu locker" zu halten erlauben kann, daß der schöpferische Geist der Liebe aufkommt und daß Lösungen und Versöhnung sich entwickeln.

Zu fest halten: Angst und Zorn des Fundamentalismus

In meiner Einsamkeit
Sah ich Dinge sehr klar
Die nicht wahr waren.

Antonio Machado (1996)

Die erste Perspektive in einem Lernzyklus ist die Identifikation mit einer bestimmten Perspektive oder „Wahrheit". Wir finden etwas, das uns ein Gefühl von Lebendigkeit, Begeisterung, Hoffnung oder Möglichkeit gibt. Dies kann die wissenschaftliche Methode, dies können die religiösen Lehren der Bibel sein. Es kann die Arbeit von Milton Erickson oder von Musik der Grateful Dead sein. Es mag unsere ethnische Tradition, unser geschlechtsspezifisches Wissen oder unsere Nationalgeschichte sein. Es kann das Prinzip der Macht oder das Prinzip der Kooperation sein, die Idee des Materialismus oder die der Spiritualität. Was auch immer der Inhalt sein mag, wir beginnen, uns mit diesem Standpunkt, mit diesem Weg, mit dieser Wahrheit zu identifizieren.

Diese Identifikation mit einer Perspektive stellt einen Grund und Boden dar, auf dem wir stehen können, einen Rahmen, durch den wir die Dinge sehen, und ein Wissen, aus dem wir sprechen können. Sie bietet eine einzigartige Perspektive auf die Welt und macht uns Hoffnung, daß, wenn wir uns nur richtig daran halten, sich alles zum Guten wendet. So kommen wir weiter und werden erfahrener, und unsere Erfahrung und unser Sein bilden eine Einheit. Wenn diese Identifikation aber zu einer Ideologie erstarrt, entstehen Konkurrenz, Spezialisierung, Isolation, Kontraktion und Fixierung. Wenn wir zu lange oder zu fest daran festhalten, bringen diese Werte beträchtliche Probleme mit sich.

Solche Probleme entstehen, wenn das Leben uns Werte und Erfahrungen bringt, die anders sind als die, mit denen wir uns identifizieren. (Und im heutigen Leben ist dies stets die Regel und nicht die Ausnahme.) Vielleicht haben wir das Gefühl, daß, wenn wir unseren kleinen Zirkel der Identifikation verlassen und uns auf eine andere Erfahrungs- oder Seinsweise einlassen, etwas Schlimmes – Chaos, Selbstverlust, überwältigende Angst, Tod – passieren wird. Diese Angst kann unsere Überzeugung verstärken, daß allein unser Weg der richtige ist und alle anderen falsch sind. Wenn wir strikt daran festhalten, wird diese Meinung dazu führen, daß wir Gewalt für eine mögliche Beziehung zwischen Unterschieden halten.

Die klarste Version dieser Einstellung zu Beziehungsunterschieden ist vielleicht der Fundamentalismus.[2] Der Fundamentalismus betont Orthodoxie (von *ortho* richtig und *doxa* Lehre) als grundlegend. Was innerhalb eines kleinen Kreises ist (in Abb. 2.1), gilt als die richtige Lehre, und was außerhalb davon ist, gilt als gefährlich und falsch. Das Bewußtsein des Beobachters (und des Beobachteten) ist irrelevant oder bestenfalls der richtigen Lehre untergeordnet. Der Fluß der Fressen-Energie, alles Natürliche, wird unterdrückt, kontrolliert, gefürchtet und verletzt, denn dieser Fluß ändert ständig die Art der Erfahrung und des Erlebens. Die Ideologie der „Wahrheit" oder dessen, was „sein sollte", und nicht das Erleben des Bewußtseins oder der Beziehung ist die hier zutreffende Metapher. Als ein allgemeiner (und vielleicht der am meisten verbreitete) Zugang zu Erfahrung gilt: *Die Ideologie des Fundamentalismus ist nicht auf einen speziellen Inhalt oder eine spezielle Überzeugung beschränkt.* Es geht nicht um „rechts" oder „religiös". Dieser Ansatz läßt sich auf

---

2 Der Fundamentalismus entstand in Amerika zuerst Anfang des 20. Jahrhunderts als eine konservative protestantische Bewegung. Seine Anhänger waren von dem wachsenden Relativismus der modernen Gesellschaft erschüttert und bestanden darauf, daß es gewisse unveränderliche, „fundamentale Dinge" geben müsse, die rigide überwacht und verteidigt werden müßten. Inzwischen gibt es viele unterschiedliche fundamentalistische Bewegungen in praktisch jeder religiösen Schule. Wir gebrauchen den Begriff hier etwas allgemeiner, um all die psychologischen Ansätze zu beschreiben, die vehement auf einem unveränderlichen Text als der einen und einzigen „objektiven Wahrheit" bestehen (s. Strozier 1994).

jeden Inhalt, auf jede Theorie oder Beschreibung anwenden, einschließlich explizit nichtfundamentalistischer Überzeugungen (wie der hier vorliegenden). Zweifellos gibt es ebenso viele „liberale" Fundamentalismen wie „konservative", ebenso viele weltliche wie religiöse etc. Fundamentalismus ist tatsächlich eine Haltung, die wir jeden Tag einsetzen, jedesmal, wenn wir unser Herz und unseren Verstand dem gegenwärtigen Augenblick und unterschiedlichen Wahrheiten verschließen. Weil er ein derart deutliches Beispiel für jede Art Ideologie ist, die aus dem Zu-fest-Halten entsteht, ist es eine genauere Betrachtung wert.

Fundamentalismus fängt mit der Prämisse an, daß Identität sich durch die Treue zu einer einzigen Wahrheit definiert. Diese Wahrheit erschließt sich in einem speziellen Text. Ich gebrauche den Begriff „Text" hier im weitesten Sinne und meine damit jeglichen Zusammenhang von Worten, Bildern und Gefühlen. Die Theorie des Therapeuten ist ein Text; dasselbe gilt für jede Erinnerung, Erfahrung oder Geschichte des Klienten. Im Fundamentalismus nimmt man an, daß ein bestimmter Text *die* Wahrheit und nicht eine Wahrheit erschließt. Die eigene Identität basiert auf dem strikten Festhalten an dieser Wahrheit. Der Text ist wichtiger als die eigentliche Erfahrung, so daß der Mensch im Fundamentalismus primär auf den unveränderlichen einzelnen Text und nicht auf das organische Jetzt und Hier des Lebens selber bezogen ist. Natürlich macht dies das Lernen schwierig, wenn nicht gar unmöglich.

Fundamentalismus erfordert fernerhin, daß der Text wörtlich gelesen wird: Er soll nicht poetisch, metaphorisch oder mit einem Sinn für Humor erfahren werden.[3] (Von einem witzigen fundamentalistischen Comic oder einem ergreifenden fundamentalistischen Künstler hat man noch nicht gehört.) Im Fundamentalismus kommt die psychologische Identität zum Ausdruck, indem man sich auf den Text fixiert, statt durch ihn hindurchzusehen oder zu fühlen,

---

3 Ein besonders relevantes Beispiel dafür betrifft die psychotherapeutischen Theorien. Es gibt gut über hundert verschiedene psychotherapeutische Ansätze, von denen jeder seine eigene Version der Wahrheit beteuert. Ich meine, es wäre wesentlich hilfreicher, jede Theorie als ein Gedicht und nicht als eine naturwissenschaftliche Tatsache aufzufassen. Wir kämen nicht auf die Idee, uns darüber zu streiten, welches das richtige Gedicht ist, sondern wir wären mehr daran interessiert, wie das betreffende Gedicht den jeweiligen Zuhörer berührt und ihm die Erfahrung aufschließt.

was eine tiefere ästhetische Bedeutung sein könnte. Die Metapher des inneren Kindes, die Vorstellung von einem Unbewußten, von Depression oder einer Lösung werden wörtlich genommen statt als Gedicht oder Metapher, die über sich hinausweisen auf etwas Unsagbares, etwas Grundsätzlicheres. Mit den Worten von William Blake (in: Yeats 1905/1979): „Satan hat viele Namen, Undurchsichtigkeit ist der häufigste."

Indem der Fundamentalismus behauptet, eine Sicht sei richtig und alle anderen falsch, sieht er die Beziehung zwischen Unterschieden als unversöhnliche Gegensätze. Man ist entweder Insider oder Outsider in bezug auf die Wahrheit: Die Möglichkeit von Bezogenheit über die Grenzen hinweg ist verboten. Wenn Intimität zwei unterschiedliche „Wahrheiten" in der Beziehung umfaßt – das Ich und das Du, das Selbst und den anderen –, dann ist das unzulässig. Wenn eine schöpferische Aktivität – sei es Humor, Kunst oder eine wissenschaftliche Entdeckung – zwei unterschiedliche Zusammenhänge gleichzeitig umfaßt, dann sind schöpferische Aktivität und ästhetische Erfahrung verboten.[4] Wenn veränderte Bewußtseinszustände wie Hypnose entwickelt werden, wobei man davon ausgeht, daß der Mensch zwei unterschiedliche Selbste hat, dann muß Trance angst machen.

Die Vorstellung, daß Unterschiede unversöhnlich sind, bringt Schwierigkeiten mit sich, wenn die Unterschiede einander berühren, wie sie es eben gerne tun. (Wie Bateson betonte: Differenz ist die Grundeinheit mentaler Prozesse.) Die Ich-Es-Beziehung als Beschreibung für meinen Standpunkt gegenüber dem Standpunkt des anderen gehört zu den besseren Formulierungen für Gewalt. Der Standpunkt des „anderen" wird für derart ungültig erachtet, daß jedes Mittel, ihn zu eliminieren, recht ist.

---

4 Diese Vorstellung vom gleichzeitigen Halten doppelter Rahmen als Basis speziell menschlicher Erfahrungen wie Humor, Liebe, Mythologie, Intimität, Wahnsinn, Spiel usw. ist von einer ganzen Reihe von Autoren propagiert worden. Batesons (1982) Konzept der „doppelten Beschreibung" als einer Minimalanforderung an eine ökologische Sicht, das aus seiner früheren Arbeit zur Double-bind-Hypothese stammt, steht im Mittelpunkt seines Spätwerkes. C. G. Jung (1916/1995) meint, daß eine transzendente Funktion, welche die Fähigkeit, gleichzeitig gegensätzliche Wahrheiten zu halten, meint, ganz wesentlich für die Individuation ist. Und Arthur Koestler (1993) legt in seinem Werk *Der Mensch – Irrläufer der Evolution* nahe, daß das Halten und Integrieren von zwei getrennten Matrizes der wesentliche Mechanismus kreativen Handelns sei.

Ein wichtiger Aspekt dieser Entwertung des anderen ist die Überzeugung von seinem irreversiblen oder unveränderlichen Wesen. Wie Thomas Merton (1964) bemerkt, gründet sich Unterdrückung – gleich ob von einem Selbst oder von anderen – auf der Annahme, daß „das Böse irreversibel" ist; das heißt, wenn etwas einmal schlecht, krank, verrückt, falsch ist, wird es immer so bleiben. Wenn wir dies akzeptieren, sind wir moralisch verpflichtet, es zu eliminieren. Es wird also davon ausgegangen, daß in diesem Selbst hier nur Platz für einen von uns ist, also kannst ruhig du es sein (und nicht ich), der vernichtet wird. Genaugenommen werde ich durch deine Vernichtung neues Leben und größere Freiheit bekommen. Auf diese Weise entstehen „Endlösungen", die im Namen von Freiheit, Reinheit, mentaler Gesundheit, Gerechtigkeit oder Gott versuchen, das schlechte, kranke, verrückte oder böse andere auszulöschen. Unser Bild des anderen wird erniedrigt zu dem archetypischen Gegenüber des Feindes (Keen 1986). Ist das Feindbild erst einmal in eine neuromuskuläre Blockierung eingefroren, wird sich jeder „freiheitsliebende" Mensch nicht nur berechtigt, sondern verpflichtet fühlen, es mit Gewalt auszulöschen.

Im klinischen Kontext ist ein Klient, der mit einem Symptom kämpft, ein Mensch, der unter anderem mit Fundamentalismus zu kämpfen hat. Nehmen wir an, jemand hat ein sexuelles Trauma erlebt. Fast notwendigerweise prägen sich die Erinnerungen oder Bilder des Traumas als Text (oder Bezugsrahmen) ein, durch den zukünftige sexuelle oder intime Beziehungen erlebt werden. Die traumatische Erinnerung wird zum fundamentalistischen Text, der besagt, daß alle Beziehungen so sind, daß man eben niemandem trauen kann. Außerdem wird der Text der Erinnerung als ein „Es" betrachtet, das der Mensch von sich fernzuhalten versuchen wird, obgleich es immer wieder zurückkommt (wie Flashbacks, sich wiederholende traumatische Erfahrungen, ähnliche Beziehungen usw.).

Die Reaktion des Therapeuten auf den Klienten kann ebenso fundamentalistisch sein. Der Therapeut paßt die Berichte des Klienten vielleicht einer Checkliste des DSM[5] an oder stellt die Beziehung als „Behandlung eines posttraumatischen Streßsyndroms" dar, statt mit einem einzigartigen Menschen zu arbeiten, der bestimmte Ziele hat. Die Therapie kann auch strikt nach Lehrbuch verfahren, statt sich an vertraulichen Gesprächen mit einem Menschen zu orientieren.

5 Diagnostisches und statistisches Handbuch seelischer Störungen

Als Therapeuten müssen wir ein mitfühlendes Verständnis dafür haben, wie sich Fundamentalismus entwickelt. Der *„Bruch in der Bezogenheit" zwischen dem Selbst und dem anderen geschieht durch Gewalt oder Vernachlässigung und fordert wiederum Gewalt (gegen das Selbst und/oder den anderen) oder Vernachlässigung.* Wir müssen würdigen, daß die konsequente Reduktion der Identität auf ein Bild oder einen „Ismus" eine Anleitung zum Leiden und zu Gewalt ist, und uns dafür einsetzen herauszufinden, wie die Kette von Gewalt ein Ende haben und wie Leiden gelindert werden kann.

Die Psychotherapie der Selbstbeziehung basiert auf der Erkenntnis, daß Gewalt, gleich wie gerechtfertigt sie zu sein scheint, der sicherste Weg ist, mehr Gewalt zu erzeugen. Daher sind wir primär an Gewaltlosigkeit als Leitprinzip des Handelns interessiert. Wenn man an Gewaltlosigkeit denkt, beschwört dies allgemein oft Bilder von wirkungsloser Passivität oder klebriger Sentimentalität herauf. Aber die Kraft der Gewaltlosigkeit, die Ghandi *Satyagraha* nannte (was soviel heißt wie Kraft oder Festigkeit der Seele oder des Herzens oder der Wahrheit), diese Kraft der Gewaltlosigkeit ist eine äußerst lebendige und aktive Präsenz. Um sie von Schwäche zu unterscheiden, werden wir zuerst dem nachgehen, wie Beziehungsprobleme sich auch verstärken können, wenn man zu locker oder zu weich ist.

Zu locker halten: Indifferenz und Sucht des Konsumverhaltens

Zwar liegt eine Gefahr darin, die Beziehungserfahrung zu fest zu halten, aber die Gefahr, sie nicht fest genug zu halten, ist ebenso groß. Eine zu lockere Verbindung mit dem Leben zu haben kann sich auf vielerlei Arten manifestieren. Vielleicht kann oder will man die Spannung von Gegensätzen nicht halten. Das „Du-Sein" des anderen gerät in Vergessenheit, und dies führt zu einer Indifferenz dem Leben und seinem empfindlichen Gleichgewicht gegenüber. Die Klarheit der Sicht geht verloren, wenn die Gefühle und Gedanken wie Steppenläufer in einer sinnlosen Öde vorbeiziehen. Um Yeats zu zitieren: „Die Mitte kann nicht halten,/Dinge zerfallen,/reine Anarchie kommt über die Welt."

Von den vielen Lebensstilen oder ideologischen Formen, die diese Lockerheit und Indifferenz annehmen kann, ist die Psychologie des Konsumdenkens (und die dazugehörige Praxis der Werbung) von größter Bedeutung. Beim Konsumdenken ist der „wichtige andere" ein „Es", das erworben wird (z. B. Geld) oder „noch ein anderes", das zum eigenen Vergnügen verschlungen und gebraucht wird, wie: „Ich möchte ein anderes Auto, ein anderes Haus, noch ein Bier, noch einen Kartoffelchip, eine andere Frau, eine andere Trophäe, ein anderes Spielzeug, eine andere Therapietheorie usw." Es herrscht die Vorstellung, daß der einzelne („ich") und nicht die Beziehung oder die Gemeinschaft die Grundeinheit ist. Die Konsumideologie behauptet, Erfüllung und Befriedigung seien das Resultat davon, daß mehr „Dinge" erworben werden. Wenn ich diesen Job bekomme, bin ich glücklich. Wenn ich jene Droge einnehme, bin ich glücklich. Wenn ich diese Kleider kaufe, fühle ich mich besser. Wenn ich mehr Bücher lese, fühle ich mich schlauer. Wenn das Konsumverhalten nicht zu Wohlbehagen führt, verspricht die Werbung, daß es nur darum geht, mehr zu verkonsumieren. (Wie Bob Dylan zu sagen pflegte: Geld redet nicht, es flucht.) Privatheit (vom lateinischen *deprivare*, also „der Gemeinschaft etwas vorenthalten") wird hoch geschätzt: Privatheit (und Isolation) des Denkens, des Eigentums und der Gefühle. *Communitas* mit anderen zu teilen, sich der Gemeinschaft zugehörig zu fühlen und die Realität von gegenseitiger Verbundenheit und Miteinandersein[6] werden entwertet. Die Abwärtsspirale der Sucht dreht sich und erreicht ihren Tiefpunkt in Depression, Erschöpfung und zynischer Indifferenz dem Leben gegenüber. (Lang lebe Howard Hughes!)

Eine ganz wesentliche Rolle spielt im Konsumdenken die Idee „Masse statt Klasse". Mehr ist besser: mehr Wahlmöglichkeiten, mehr Fernsehkanäle, mehr Geld, mehr Information, mehr Therapie, mehr Macht. Mehr Schuhe, mehr Worte, mehr Essen, mehr Drogen. Mehr Mitleid, mehr Feinde, mehr Wut, mehr Ausagieren. Fragen wie „Wie merkst du, daß du genug hast?" oder „Wann bist du zufrieden?" bleiben unbeantwortet, während sich die Geschwindigkeit des Konsums beschleunigt. Beziehungen sind darauf ausgerichtet, „etwas anderes" zu konsumieren, und dabei leiden die menschlichen Werte und die Verbindung. Der Materialismus (von *mater* = Mutter) übersetzt Beziehung in „Ich will/ich habe es verdient/ich brauche es, daß meine Bedürfnisse alle befriedigt werden." Natür-

---

6 Anm. d. Übers.: Gilligan übernimmt hier Thich Nhat Hanhs Begriff *interbeing*, der noch über „Miteinandersein" hinausgeht im Sinne von „Zusammenwirken der Dinge", „Durchdringung", „einander wechselseitig bedingen".

lich führt dies zu einem Verlust an Aufmerksamkeit für das Leben außerhalb des eigenen unmittelbaren Interesses, und Isolation und Einsamkeit sind die Folge. In der Therapie gilt die Konsumfrage „Was wollen Sie?" als vorrangig. Die Frage „Was will das Leben von Ihnen?" wird völlig übergangen.

Ein eng mit „Mehr ist besser" verbundener Wert heißt „Schneller ist besser". Schnellere Autos, kürzere Therapien, Fast food, Schnellerleuchtung, Schnellreparatur, rapider Verfall. Computerzeit ersetzt Körperzeit. Und alles dreht sich nur noch schneller, unterwegs nach nirgendwo außer hin zu größerer Verwirrung und Depression.

In der Konsumideologie wird die Hauptdynamik der Beziehung von „geben und nehmen" pervertiert zu verkaufen und kaufen. Der Mensch arbeitet den ganzen Tag, wenn er kann, verkauft sich selbst an Instanzen, die seine Arbeit brauchen, um Güter zu produzieren, und kommt dann „nach Hause", um zu „entspannen", indem er Mengen von „Gütern" verkonsumiert. Kunst wird ersetzt durch Werbung, Lyrik durch Sprüche, Debatte durch Posieren, Liebe durch Sentimentalität und Genuß, Sexualität durch Pornographie, Auseinandersetzung durch Annehmlichkeit, Humor durch Sarkasmus und Witzelei und Beteiligung durch Zuschauen. Kurz gesagt, Bürger werden zu Verbrauchern, die ihr Streben nach Glück durch den Verbrauch und Erwerb materieller Güter verwirklichen.

Natürlich sind materielle Bequemlichkeit und Annehmlichkeit völlig in Ordnung. Materielles Vergnügen, Sinnlichkeit und Bequemlichkeit gehören zu einem lebenswerten Leben. Aber ironischerweise lenkt Konsumverhalten eigentlich von der materiellen Welt ab. Es läßt uns die eigentlichen Güter der Erde ausbeuten und ihnen gegenüber gleichgültig sein. Materielle Güter werden immer mehr nicht aufgrund ihrer Qualität wertgeschätzt, sondern massenproduziert, verbraucht und weggeworfen.

Wenn Konsumdenken zur Ideologie und zum vorherrschenden Lebensstil wird, sind die daraus resultierenden Abartigkeiten und Fehler beeindruckend. Vom Standpunkt der Beziehung aus gesehen, tendiert Konsumverhalten dazu, Menschen in einer Selbstbezogenheit zu isolieren, in der sie auf die Befriedigung ihrer Bedürfnisse aus sind. Der wichtigste „andere" ist oft ein Produkt, das konsumiert werden soll, und nicht ein Mensch, dem man zuhört oder mit dem man verbunden ist. Genauso schädlich ist es, daß das eigene Selbst als Ware angesehen wird, die es auszubeuten gilt, und nicht als ein Geschenk des Lebens, das es zu nähren und zu genießen gilt. Disziplin, Zärtlichkeit, Engagement, Geduld, Zuhören, Demut und Nichthandeln haben in der schnellebigen Welt keinen Wert. Ein wesentliches Opfer des Konsumverhaltens ist die Sprache, vor allem die Bilderwelt. Ein Hauptaspekt des Konsumdenkens ist die Fixierung auf das Bild und dessen Ausbeutung. Baudrillard (1995) beschreibt überzeugend, wie sich die Bilderwelt in vier Stufen entwickelt (oder zurückentwickelt) hat: (1) Zuerst spiegelt sie eine grundlegende Realität, (2) dann maskiert und pervertiert sie eine grundlegende Realität, (3) dann maskiert sie die Abwesenheit einer grundlegenden Realität und schließlich (4) hat sie keinen Bezug zu irgendeiner Realität mehr. Auf dieser letzten Stufe geht es im Diskurs nicht mehr um Wahrheit und Realität; vielmehr geht es um die Manipulation von Symbolen, die stimulieren sollen. Kurz gesagt, Bilder werden zu einer Droge, die süchtig macht. Talk-Shows und politische Reden sind deutliche Beispiele dafür; die Psychotherapie ist auch immer ein Kandidat.

Wenn wir nicht mehr durch die Sprache hindurch auf eine tiefere Bedeutung des Lebens sehen können, wie in der Lyrik oder in der Kunst, sind Zynismus, Witze und noch mehr Materialismus die Folgen.[7] Wie Bateson (1981) warnt:

> Daß eine bloß zweckorientierte Rationalität, die ohne Rücksicht auf Phänomene wie Kunst, Religion, Traum und ähnliches verfährt, notwendig pathogen und lebenszerstörend ist; und daß ihre Virulenz besonders aus dem Umstand folgt, daß Leben auf eng ineinandergreifenden *Kreisläufen* von Zufälligkeiten beruht, während das Bewußtsein nur so kurze Bögen solcher Kreisläufe erkennen kann, wie sie die menschlichen Zwecke festlegen können.
>
> Bloßes Bewußtsein muß immer zum Haß neigen; nicht nur, weil es guter *Common sense* ist, den anderen auszumerzen, sondern auch aus dem tieferen Grund, daß das Individuum, welches nur Kreislaufbögen sieht, ständig überrascht und notwendig verärgert

---

[7] Ein zentraler Lehrsatz der Postmoderne ist, daß es keine tiefere Bedeutung gibt oder zumindest keine Tiefenstruktur. Zwei der wichtigsten Zitate der Postmoderne sind Wittgensteins „Wovon man nicht sprechen kann, darüber muß man schweigen" (1960, S. 83) und Derridas „Ein Text-Äußeres gibt es nicht" (1974, S. 274). Statt zum Schweigen und zur Neugier für dieses „Nichtsein" zu ermutigen, werden diese Zitate oft als Entmutigung gelesen, die von der delikaten Aufgabe abhält, sub- und kontextuelle Bedeutung zu erkennen.

ist, wenn seine sturen Maßnahmen zurückwirken und den Erfinder peinigen. (S. 204 f.)

Beim Konsumdenken wird die Sprache noch mehr von den Rhythmen natürlicher Erfahrung abgetrennt, eine Dissoziation des kognitiven Selbst vom somatischen Selbst, die beträchtliche Folgen hat. Wie Gandhi bedauerte, droht die Musik des Verstandes die Musik des Universums zu übertönen. Dies spiegelt sich in postmodernen Ideen wider, die behaupten, „alles ist erfunden", es gebe keine Realität außerhalb der Sprache, wir könnten bestenfalls selbstbewußt, egoistisch und witzig sein. Wenn wir wirklich glauben, daß außerhalb unserer Sprache nichts existiert (vor allem, wenn wir Sprache für etwas primär Verbales halten), werden wir uns wahrscheinlich erst recht gezwungen fühlen, noch mehr zu reden und noch weniger zuzuhören. Die Spirale der Einsamkeit und Verzweiflung dreht sich um eine weitere Umdrehung. Wir hören Künstlern wie dem Pianisten Arthur Schnabel nicht mehr zu, der bemerkte: „Mit den Noten gehe ich nicht besser als viele andere Pianisten um. Aber die Pausen zwischen den Noten – ach, da regiert die Kunst!"

Auch in der Therapie sehen wir die Psychologie des Konsumdenkens bzw. Materialismus in verschiedener Weise am Werke. Zum einen in der Losgelöstheit der Sprache von gespürtem Erleben. Ein charakteristisches Merkmal eines Symptoms ist, daß, was gesagt oder gedacht wird, nichts zu tun zu haben scheint mit dem, was getan oder gefühlt wird. Jemand mag sagen: „Ich möchte, daß das passiert", aber es passiert nicht. Die Impotenz der Sprache – wenn Worte weder auffordernd noch evokativ sind – spiegelt ihre Losgelöstheit von der Realität des somatischen Selbst wie auch von der Realität des Beziehungsfeldes. In der Terminologie des Ansatzes der Selbstbeziehung könnte man sagen: Essen ohne Fressen. Es fehlt der Puls, der Rhythmus, die Verbindung mit dem gespürten Erleben. Diese Sprache benennt die Realität des gegenwärtigen Augenblicks nicht und korreliert nicht mit ihr. Indem sie sich nur noch um sich selber dreht und der Realität gegenüber gleichgültig wird, wird die Realität gleichgültig gegenüber dem Sprecher der Sprache. Der Mensch hat das Gefühl, daß „alles egal" ist und zieht sich in Depression und Zynismus zurück. Das Bild wird alles, und das Leiden vergrößert sich.

Die Sucht des Konsumverhaltens nagt an unserer nationalen Seele (und zunehmend an unser Weltseele). Die Rhythmen von

Fernsehen, Autos und Computern trennen uns noch mehr von den natürlichen Rhythmen des Herzschlags, des Atems und der Gefühle. Unsere Verbindung mit dem Puls des Lebens hat sich gelockert, und das Gefühl von verzweifelter Leere wird immer verhängnisvoller. Das Selbst wird für etwas Isoliertes gehalten, das darauf wartet, mit dem richtigen Produkt gefüllt und erfüllt zu werden. Therapie wird oft in diesem Sinne aufgesucht und durchgeführt, ein Lösungsversuch, der das Problem verfestigt.

In solchen Situationen gilt dann Liebe als sentimental und schlapp. Liebe als Mut oder als eine Beziehungsfertigkeit wird übersehen. Selbstliebe und Nächstenliebe als reife, zärtliche und strenge Disziplin bleiben unbeachtet. Wenn wir zu locker halten, rinnt die Lebenserfahrung – die eigene und die eines anderen – uns wie Sand durch die Finger. Was uns bleibt, ist, nach Bildern zu greifen, Schatten einzufangen, schwächer zu werden in bezug auf das, was T. S. Eliot „das bittere Leben von der Frucht das Schattens" nannte. Wir sehnen uns nach dem, was der Dichter Robert Bly (1986) andeutet, wenn er sagt:

> Und wir taten, was wir taten, liebten uns hingebungsvoll,
> tauchten dann in den Fluß, und unsre Körper verschmolzen so ruhig
> wie die Schultern des Schwimmers in der Dämmerung glitzern,
> wie die Pinie im Regen am Dorfrand steht.
> Die Zuneigung stieg an, Jahrhundert um Jahrhundert.
>
> Und eines Tages war meine Treue zu dir geboren.

Für ein tieferes Verständnis dieses Vertrauens und solcher Zuneigung wenden wir unsere Aufmerksamkeit jetzt der empathischen Verbindung des Beziehungsselbst zu.

Nicht zu fest, nicht zu locker:
Die gespürte Verbindung des Beziehungsselbst

> Es gibt zwei Arten von Wahrheit. Bei der flachen ist das Gegenteil von einer wahren Aussage falsch. In der tieferen ist das Gegenteil von einer wahren Aussage ebenso wahr.
>
> Niels Bohr

Als die beiden Extreme von Bezogenheit haben die kontrahierte Enge des Fundamentalismus und die spannungslose Depression des Konsumdenkens viele Gemeinsamkeiten. Beides sind Ideologien, die einen davon ablenken, im gegenwärtigen Augenblick präsent zu sein. Beide sind vom Wesen des Körpers und von der Umwelt abgetrennt und stehen ihnen feindlich gegenüber. Die primäre Beziehung eines Menschen ist nicht die Beziehung zum Leben, sondern zu einem Text oder Bild. (Im Fundamentalismus bleibt der Text gleich; im Konsumdenken ändern sich die Bilder ständig.) Diese Loslösung von menschlicher und natürlicher Bezogenheit verstärkt Gewalt, Apathie, Depression, Angst und Isolation.

Die Psychotherapie der Selbstbeziehung will explorieren, wie solches Leiden durch Beziehung und Verbundenheit gelindert werden kann. Den miteinander verbundenen Kreisen in Abbildung 2.1 entsprechend, legt sie Wert auf die ganze Figur bzw. Gestalt – ich, du, wir und das Feld – als Grundeinheit von Erfahrung. Wie wir sehen werden, kann die Beziehung eine innere sein wie etwa zwischen dem somatischen und dem kognitiven Selbst oder eine zwischenmenschliche. Der Grundgedanke ist dabei, daß, wenn das Selbst Unterschiede hält – eine beträchtliche Fähigkeit, die es zu kultivieren gilt –, etwas Gutes entsteht. Eine Erfahrung kann sich entwickeln, die Maureen O'Hara (1996) *Beziehungsempathie* nennt, wozu die Fähigkeit gehört, ein Feld zu spüren, das die unterschiedlichen Wahrheiten oder Erfahrungen in der Beziehung hält und trägt.

Eine Grundprämisse dieses Beziehungserlebens ist die, daß vielfältige Wahrheiten gleichzeitig existieren. Wenn die Beziehungsverbindungen zwischen diesen Wahrheiten verlorengehen, geschieht leicht Ungutes. Formeller ausgedrückt:

1. Das Problem ist nicht das Problem. Das Problem ist vielmehr: Was für das Problem gehalten wird, ist von seinem Beziehungskontext und von anderen Beziehungspersonen abgetrennt.
2. Um ein Problem aufzulösen, muß wieder eine Beziehungsverbindung hergestellt werden.

Angenommen, ein Mensch hält an der Vorstellung fest: „Das Leben nervt." Wie reagiert man auf solch eine Aussage? Soll man damit einverstanden sein oder nicht? Der Ansatz der Selbstbeziehung besagt, daß eine solche Aussage wahr ist, ebenso wahr wie die ge-

genteilige Wahrheit, daß das Leben unglaublich schön ist. Es ist eben die dauernde Absonderung einer Wahrheit von ihrer Ergänzung, die eine trübe Sicht ausmacht. Bleibt diese Unausgewogenheit bestehen, kommt es zu einem Bedürfnis nach Kontrolle, und es konstituiert sich ein problemdefiniertes Selbst. Wir werden sehen, wie es im Ansatz der Selbstbeziehung gelingt, das Problem aufzulösen dadurch, daß (1) der Standpunkt, mit dem sich die Person identifiziert, gewürdigt wird (z. B. „Das Leben nervt"), (2) die komplementäre Wahrheit oder Einstellung („Das Leben ist schön") aktiviert und gehalten wird und daß dann (3) ein Weg gefunden wird, beides gleichzeitig zu spüren.

In einem Beziehungsansatz ist das Bild oder der Text nicht das Primäre. Gott hat viele Gesichter: *Man kann sich das Selbst auf vielerlei Weise vorstellen, aber das Selbst ist kein Bild.* Das Selbst ist kein „Ding", sondern ein Kontext und ein Beziehungsvollzug. Grundlegender ist vielmehr ein Bewußtsein, das durch Bilder und Beschreibungen hindurch zu einem tieferen Muster vordringt, welches verbindet, fühlt und sieht (und gefühlt und gesehen wird). Die Frage nach der Identität wird nicht im Sinne von „Ich bin der Jünger orthodoxer Bilder" oder „Ich bin der Verbraucher von Leben" beantwortet, sondern vielmehr mit „Ich bin (mit dir) das Bewußtsein, das vielfältige Wahrheiten erlebt". Weil das Selbst aus der Beziehung erwächst, ist es fließend und kontextsensibel. Daher läßt es sich schwer in wörtlicher oder wissenschaftlicher Sprache beschreiben, denn es ist kein festes Ding. Weil sein Aussehen und seine Form sich ändern, ist manchmal dichterische Sprache oder die Sprache der Beziehung hilfreicher in der Beschreibung.

Wenn das Selbst tatsächlich fließend ist und seine Formen sich stetig ändern, sind seine Prinzipien und seine Ethik besonders wichtig. Das ethische Hauptprinzip für ein Beziehungsselbst ist die liebende Mentorschaft für jede Form von Leben. Dies würde die goldene Regel einschließen: „Was du nicht willst, daß man dir tu, das füg auch keinem andern zu", ebenso wie das Gebot, den Nächsten (einschließlich den Feind) zu lieben wie sich selbst, von ganzem Herzen, von ganzer Seele und von ganzem Gemüte. Dazu gehört die Verpflichtung zu Toleranz, Demut, tiefem Zuhören, Zentrieren, mitfühlendem Handeln und Gewaltlosigkeit. Dazu mag auch gehören, was Gary Snyder (s. Carolan 1996) „wilden Geist" nennt:

Es bedeutet, sich selbst zu organisieren ... Es bedeutet, sich elegant selbst zu disziplinieren, selbst zu regulieren, selbst zu erhalten. Ebendies ist Wildheit. Niemand braucht den Managementplan dafür zu erstellen. Also sag' ich immer, laßt uns der disziplinierten Eleganz des wilden Geistes vertrauen. Praktisch gesprochen, ein Leben mit dem Gelöbnis von Einfachheit, angemessener Verwegenheit, einem guten Sinn für Humor, uneingeschränkter Arbeit und Spiel und viel Spazierengehen bringt uns der tatsächlich existierenden Welt und ihrer Ganzheit näher. (S. 24)

Beruft man sich auf eine andere Tradition, hieße das: Engagement, die sieben „Todsünden" Stolz, Gier, Lust, Wut, Völlerei, Neid und Trägheit zu vermeiden. Wir legen die Betonung weder auf traditionelle Moral noch auf schuldzuweisenden Fundamentalismus. Es geht vielmehr darum, ein Gespür dafür zu vermitteln, wie man im Handeln den Bezug zur eigenen Mitte und zu anderen verliert. Weil das Bestehen auf einer solchen Einstellung gewöhnlich zu unnötigem Leiden führt (eben weil es beziehungslos und somit isolierend ist), kann es dem Menschen, wenn er darauf aufmerksam wird, helfen, „loszulassen" und „in die Mitte zurückzukehren", so daß er mit dem Beziehungsselbst wieder in Verbindung zu treten vermag. Es ist wichtig, Gefühle wie beispielsweise Wut nicht etwa auszuklammern oder sich darin zu verfangen, sondern mit ihnen in Beziehung zu bleiben und sie durch Mentorschaft derart zu unterstützen, daß sie transformiert werden.

Eine weitere Perspektive auf das Beziehungsselbst hat uns Gandhi gelehrt. Kurz vor seiner Ermordung gab er seinem Enkel Arun einen Talisman, auf dem die „sieben Schnitzer" eingraviert waren. Gandhi glaubte, daß aus diesen Fehlern Gewalt entstehe und die Welt infiziere. Die „Schnitzer" sind:

- Wohlstand ohne Arbeit,
- Vergnügen ohne Bewußtheit,
- Wissen ohne Charakter,
- Handel ohne Moral,
- Wissenschaft ohne Menschlichkeit,
- Verehrung ohne Opfer,
- Politik ohne Prinzipien.

Gandhi nannte diese Ungleichgewichte „passive Gewalt". Er meinte, daß passive Gewalt die aktive Gewalt fördere, die in unserer Welt wuchert. Er glaubte auch, daß Friedensbemühungen fruchtlos wären, solange wir die passive Gewalt mitten unter uns ignorieren.

Zum Beziehungsselbst gehört auch, daß wir uns dafür einsetzen, die passive Gewalt im Alltagsleben zu überwinden. Das Beziehungsselbst ist in vielen Kontexten erlebbar. Eine der großen Einsichten von Gregory Bateson (1981) ist, daß hinter jeglicher spezifisch menschlichen Erfahrung wie Intimität, Spiel, Hypnose, Mythologie und Psychopathologie das gleichzeitige Halten vielfältiger Bezugsrahmen oder Wahrheiten steht. Diese Beobachtung können wir in das folgende Prinzip übersetzen:

> Um einen nichtrationalen Bewußtseinszustand (Liebe, Intimität, Humor, Pathologie, Trance, Symptome, Spiel usw.) hervorzurufen, aktiviere man zwei scheinbar widersprüchliche Wahrheiten oder Erfahrungen gleichzeitig.

Gehen wir in einer intimen Beziehung beispielsweise über das romantische Ideal von 1 + 1 = 1, wo Unterschiede verdeckt werden, hinaus, sehen wir eine reifere Version von 1 + 1 = 3, wo die Unterschiede von „Ich" und „Du" in einem vereinigten Feld des Bewußtseins gehalten werden und ein gemeinsames „Wir" erschaffen.

Ein weiteres Beispiel für Beziehungslogik ist Humor, wo die Pointe einen unerwarteten (und witzigen) Bezugsrahmen eröffnet, der neben dem erwarteten auch besteht. Beziehungslogik ist demnach Teil einer Bewußtseinstheorie der Marx Brothers, wobei Groucho das eigentliche Sprachrohr ist. Groucho Marx war einer der großen Meister im Erweitern eines einzigen Bezugsrahmens. Er war vor allem dann blendend, wenn er die fundamentalistische reiche Salonlöwin, gespielt von Margaret Dumont, verführte und beschwatzte. In einer Szene machte er Anspielungen, er werde am folgenden Abend in ihr Zimmer kommen. Sie räusperte sich vielsagend und rief aus: „Also, das läßt ja tief blicken *(a lot of innuendo)*." In seiner unvergleichlichen Art antwortete Groucho: „Also, ich komm durch dein Fenster rein *(in yer window)* und raus, eh du dich's versiehst!" Die Beziehungslogik und der Gleichklang von *innuendo* und *in yer window* befreit das Bewußtsein augenblicklich von der lästigen Tyrannei einer einzigen wörtlichen Sicht des Lebens.

Wir werden später noch sehen, wie Identitätswandel die Notwendigkeit mit sich bringt, gleichzeitig einander widersprechende oder vielfältige Bezugssysteme zu halten – der Tod einer alten Identität und die Geburt einer neuen. Des weiteren werden wir erkunden, wie veränderte Bewußtseinszustände in solchen Zeiten des Übergangs unabdingbar sind. Außerdem werden wir sehen, wie diese veränderten Bewußtseinszustände symptomatisch oder therapeutisch sind, je nachdem, ob die Gegensätze als komplementär oder als unversöhnlich erachtet werden und ob das Gefühl besteht, daß ein Beziehungsfeld (z. B. Liebe) gleichzeitig hinter beiden steht und beide durchdringt. Hier möchte ich erst einmal einfach nur vorschlagen, daß der Ansatz der Selbstbeziehung Identität derart auffaßt, daß durch unterschiedliche Bilder hindurchgesehen oder -gefühlt wird, was T. S. Eliot „eine weitere Einheit, eine tiefere Verbundenheit" nennt.[8] Hält man vielfältige Bilder oder Beschreibungen gleichzeitig, ist man befreit von dem, was Bateson (1981) als die Pathologie, von einem einzigen Standpunkt aus zu handeln, bezeichnet. Das Leben beginnt wieder, durch das Bewußtsein des Menschen zu fließen, und damit können Standpunkte, Bilder und Texte sich ändern. Eine neue Verbindung zwischen Körper und Geist kann sich entwickeln, und an die Stelle des problemdefinierten Selbst tritt das Beziehungsselbst.

Das Beziehungsselbst vermag mit empfindsamer Besonnenheit auf jeden sich verändernden Augenblick zu achten, denn es ist weder auf Verdrängung noch auf Konsumdenken aus. Zentriert und verwurzelt und dabei doch nicht auf einen rigiden Standpunkt fixiert, entwickelt das Selbst eine größere Stärke und Präsenz. Die

---

8 Diese Vorstellung von Bildern zum „Hindurchsehen" war für James Joyce' (1948) ästhetische Theorie wesentlich (vgl. Osbon 1991, S. 246–248). Auf dem Hintergrund des Werkes von Thomas von Aquin argumentiert Joyce, daß es zwei Arten von Kunst gebe, unechte (oder kinetische) Kunst und echte (oder statische). Bei der unechten Kunst wie in der Werbung oder Pornographie ist es die Absicht des Künstlers, die Aufmerksamkeit vom Betrachter selbst abzulenken und sie im Inhalt des Rahmens festzuhalten. Die Folge ist ein Zustand von Erregung (Begehren oder Widerwille), was dann zwanghaftes Verhalten (z. B. das Produkt zu kaufen) als Weg aus der Erregung nahelegt. Bei echter Kunst wird die Aufmerksamkeit des Betrachters durch den Rahmen hindurchgelenkt, so daß er eine Schönheit oder etwas Gutes spürt, die sich nicht fassen lassen. Daraus ergibt sich ein Zustand von Ruhe und Zentriertheit. Im Zeitalter des Fernsehbewußtseins und der Popkultur scheint diese eigentliche Kunst des „Hindurchsehens" wenig praktiziert zu werden – mit entsetzlichen Folgen.

Fähigkeit zu reifer Liebe zeigt sich deutlicher, und Gewaltlosigkeit und Mentorschaft können sich entfalten. Prinzipien und Praktiken, diese Fertigkeiten der Liebe zu kultivieren, stehen im Mittelpunkt der folgenden Seiten.

ZUSAMMENFASSUNG

Wir haben die Reise durch das Leben unter dem Aspekt von Beziehungszyklen beschrieben. In einem jeweiligen Zyklus beginnt der Mensch mit einer Perspektive oder Position („Selbst"), entdeckt dann eine andere Perspektive oder Position („das andere") und nimmt sie auf, macht dann im Gespräch zwischen den Unterschieden die Erfahrung, daß es ein Beziehungsselbst gibt, und vermag am Ende ein größeres Feld von Geist oder Liebe zu integrieren. Der Zyklus wiederholt sich immer wieder, mit unterschiedlichen Konstellationen von psychologischen Wahrheiten oder psychischen Erfahrungen, und somit kann sich allmählich die Erkenntnis einstellen, daß das Reich Gottes in uns liegt.

Die Qualität der Aufmerksamkeit eines Menschen ist ein wesentlicher Faktor in diesen Prozessen. Hält man zu fest, kann man der Angst und dem Zorn des Fundamentalismus zum Opfer fallen, wo das andere als unwiderruflich getrennt von einem selbst und für gefährlich gehalten wird. Hält man zu locker, kann man selbstbezogen und anderen gegenüber gleichgültig werden und so in den Abgrund von zynischer und leerer Konsumsucht abrutschen. Wenn man „nicht zu fest und nicht zu locker" hält, lassen sich die Beziehungsempathie und die paradoxe Logik der Liebe als Fertigkeit kultivieren.

Natürlich kann man sich zwischen diesen unterschiedlichen Beziehungsansätzen hin- und herbewegen. Fundamentalismus mag an einer Stelle vorherrschen und Konsumideologie an einer anderen. Wenn man sich mit einem dieser Stile identifiziert, dann können sich leicht Probleme einstellen. Im Folgenden geht es darum, genauer darzulegen, wie der Ansatz der Selbstbeziehung zum Lösen solcher Probleme beitragen kann.

3. Das Beziehungsselbst
Identität, Problemkonstellation und Problemlösung

Wie ist die Welt entstanden? Für die jüdischen Mystiker ist die Welt aus einem Akt des Rückzugs entstanden. Gott machte *tzimtzum*. Gott kontrahierte das Selbst Gottes, um Platz für die Welt zu schaffen. Zuvor war Gott überall gewesen, er erfüllte jeden Raum und jede Dimension. Nach diesem *tzimtzum* – diesem Rückzug – kam eine göttliche Energie in die entstehende Welt, aber dieses göttliche Licht, diese göttliche Energie war zu stark, stärker als die Welten, die sie zu umfassen suchten, und das Universum explodierte mit einem kosmischen Knall. Überall im Universum waren Scherben von göttlichem Licht, von Heiligkeit verstreut. Die Funken der Heiligkeit sind oft tief im kosmischen Abfall des Universums vergraben, sie sind schwer festzuhalten, und doch sind sie überall, in jedem Menschen, in jeder Situation. Sie sind das Leben und der Sinn des Universums.

Wir leben in dieser Welt der Erschütterung. In unserem Körper und in unserer Seele spüren wir die Gebrochenheit der Welt, manchmal spüren wir in uns selbst auch den Widerhall jener ersten kosmischen Erschütterung. Unsere Körper, wie jene ursprüngliche Welt, versuchen, das göttliche Licht und die göttliche Energie, die um uns und in uns fließen, festzuhalten, statt sie in uns aufzunehmen. Aber wie beim Ursprung der Welt sind unsere Körper zu zerbrechlich und werden im Laufe der Zeit nur zerbrechlicher, und so entweicht unser göttliches Bild bzw. unsere göttliche Energie allmählich. Vielleicht ist also Krankheit letztlich das Undichtwerden unserer Seele. In dieser Welt zerschlagener Hoffnungen und Erwartungen suchen wir nach Ganzheit.

Moses zerschlug, wie man weiß, die ersten Gesetzestafeln, die ersten Tafeln der Zehn Gebote. Und dann hatte er neue Tafeln zu schreiben. Als der Kreis für das Heiligtum gezogen wurde, so berichten die Rabbis, wurden nicht nur die neuen Tafeln im heiligen Kreis aufgestellt, sondern auch die Scherben der ersten.

Ganzheit resultiert nicht aus dem Ignorieren der Bruchstücke oder aus der Hoffnung, sie magisch wieder zusammenzukleben.

Die Scherben existieren gemeinsam mit dem Ganzen, das Göttliche findet sich mitten in den dunkelsten Tiefen und dem größten Abfall des Universums.

Jeder Augenblick trägt die Möglichkeit zu Erlösung und Ganzheit in sich. Unsere Gebrochenheit eröffnet uns diese Vision sowie die Möglichkeit, zu einigen der in der Welt zerstreuten Funken zurückzukehren.

Eine Version von *Kavanah*
(eine jüdische Lesart von Intentionalität)
von Rabbi Michael Strassfeld

Dieses Kapitel betrachtet das Beziehungsselbst als eine gleichzeitige Erfahrung von Ganzheit und ihren Teilen. Der erste Abschnitt beschreibt die drei Grundaspekte des Beziehungsselbst: (1) ein Zentrum des Bewußtseins im somatischen Selbst, (2) eine psychische Beziehung im kognitiven Selbst und (3) ein Feld der Bewußtheit im Beziehungsselbst. Wir werden sehen, wie diese Unterscheidungen den drei Prinzipien des Daseins, der Bezogenheit und der Zugehörigkeit entsprechen und wie andauernde „Brüche" auf diesen Ebenen des Selbst der Hintergrund symptomatischen Verhaltens sind. Der zweite Abschnitt stellt ein genaueres Modell dar, wie dies passiert, und schlägt drei Interventionsprinzipien zur Heilung der Beziehungs-„Brüche" vor.

Eine Identitätsfrage: Wer bist du?

Als kleiner Junge, der in einer irisch-katholischen Alkoholikerfamilie aufwuchs, bekam ich manchmal ganz schön Ärger. Häufig kulminierte das Ganze darin, daß mein Vater mich in die Enge trieb und in heftigem Zorn (und oft unter Alkoholeinfluß) fragte: „Wer zum Teufel, glaubst du, bist du überhaupt?!" Diese Frage ist mir all die Jahre im Sinn geblieben, und eine Vielfalt von Antworten sind mir dazu eingefallen – ebenso wie unterschiedliche Ansätze, wie man diese Frage stellen kann.

Die Frage nach der Identität steht im Mittelpunkt jeder Psychotherapie. Die Klientinnen beantworten sie in einer Weise, die den äußeren Herausforderungen nicht entspricht oder die keine innere

Resonanz findet, und daraus entsteht chronisches Leiden. Wenn beispielsweise eine Person meint, ihre Identität sei „Ich bin meine Depression", wird es für sie schwer sein, einen Bezug zu Erfahrungen außerhalb dieser Beschreibung zu haben. Als Therapeutinnen wollen wir vor allem wissen, wie ein Mensch auf neue und hilfreiche Art die Frage nach der Identität stellen und beantworten kann.

Prinzip von:	Erlebt als:	Selbstbeziehungsbegriff:
Dasein	gespürte Mitte im Körper	somatisches Selbst
Zugehörigkeit	erweitertes Gefühl davon, dem Feld zuzugehören	Beziehungsselbst
Bezogenheit	Verbindung, Interaktion, mentale Unterschiede	kognitives Selbst

Tab. 3.1: Prinzipien des Beziehungsselbst

Von einem Beziehungsstandpunkt aus gesehen, läßt sich Identität nicht auf ein Bild fixieren oder reduzieren. Es ist eine kontextuelle Erfahrung, die sich ständig ändert. So gesehen ist das „Selbst" nicht eine statische Form, sondern ein Erleben dreier sich voneinander unterscheidender Prinzipien. Tabelle 3.1 stellt diese Prinzipien und wie sie gewöhnlich erlebt werden, dar, und wir werden sie nun nacheinander erörtern.

1. Das Selbst als Zentrum des Bewußtseins: Das Prinzip des Daseins

Gott ist in mir oder nirgends.

Wallace Stevens

Diese erste Prämisse soll eine Alternative zu den drei wesentlichen Kausalmetaphern in der Psychotherapie darstellen, nämlich (1) du bist deine Vergangenheit (persönliche Geschichte), (2) du bist deine Biologie oder (3) du bist dein sozialer Kontext (ethnische

Zugehörigkeit, Geschlecht, Familie usw.). Die Psychotherapie der Selbstbeziehung berücksichtigt, daß dies enorm wichtige Faktoren sind, welche die Erfahrung prägen, und daß man sich mit jedem davon arrangieren muß. Es ist wie mit Geld in der heutigen Zeit, wenn man es ignoriert, ist dies der Kuß des Todes. Wenn man aber einem dieser Faktoren höhere Priorität als den anderen einräumt, geht es auch bergab. Während im Ansatz der Selbstbeziehung also anerkannt wird, wie wichtig die persönliche Geschichte, die Biologie und der soziale Ort sind, besagt er, daß der Mensch mehr ist als dies: ein einzigartiges, mit Bewußtsein ausgestattetes Wesen.

---

1. Das Dasein des Lebens ist in jedem Menschen deutlich präsent.
2. Wird die unmittelbare Erfahrung des Daseins ignoriert, verleugnet oder verflucht, kann der betreffende Mensch leicht Symptome entwickeln.
3. Um Symptome zu lindern und vom Leiden zu erlösen, sollte in diesem Menschen die Bewußtheit für das grundlegende Gutsein des Seins geweckt werden.

Tab. 3.2: Prämissen des Daseinsprinzips

Dies läßt sich mit dem *Prinzip des Daseins* zum Ausdruck bringen. Abbildung 3.1 stellt dessen Form durch einen einfachen Kreis dar, um eine Existenz anzudeuten. Das eigentlich Wichtige ist hier, daß du tatsächlich als menschliches Wesen existierst. Du hast eine Mitte, ein Kernwesen, das gesegnet ist. Dies zu vergessen oder zu übersehen führt zu großem Leiden.

Dies mag ein wenig esoterisch klingen, so daß ich ein paar einfache Beispiele anführen möchte. Wenn Sie meiner kleinen Tochter Zoe begegnen würden, könnte ich zu Ihnen sagen: „Dies ist Zoe-Bewußtsein!", und Sie wüßten, was ich meine. Sie würden verstehen, daß sie keine Geschichte ist, keine Beschreibung – sie ist das Bewußtsein selbst, sie ist echt!

Oder wenn Ihnen je die Ehre zuteil geworden ist, bei einem sterbenden Menschen zu sitzen, ist Ihnen sicher zutiefst bewußt gewesen, wie er oder sie allmählich loszulassen vermochte. Eine Klientin von mir sprach kürzlich davon, wie sie sich bemühte, sich

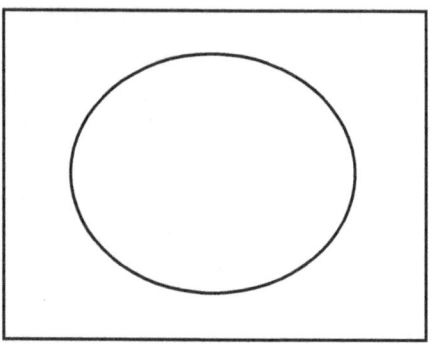

Abb. 3.1 Der Begriff des Seins im Bewußtsein

mit ihrem sterbenden Vater zu versöhnen. Er hatte sie ihr ganzes Leben lang schrecklich ausgenutzt und sie in vielerlei Hinsicht verletzt. Sie brach für viele Jahre den Kontakt zu ihm ab, aber als sie hörte, daß er krebskrank im Sterben lag, besuchte sie ihn. Als sie ihn auf seinem Totenbett sah, war sie ganz schockiert, als sie sah, daß sich seine Maske von Haß und Gewalt aufgelöst hatte und ein sanfter, einsamer Mensch dalag. Sie beschrieb es wie die Szene am Ende von *Die Rückkehr der Jedi-Ritter*, wo hinter *Darth Vaders* („Dunkler Vater") Maske sein ausgezehrtes menschliches Gesicht zum Vorschein kommt. Ihr Herz öffnete sich, aber ihr Körper und ihr Verhalten waren noch immer gelähmt von dem, was sich all die Jahre abgespielt hatte. In der Therapiesitzung versuchte sie, das Bild des Vaters, das sie ein Leben lang gehabt hatte, und ihr ganz neues Gefühl für das Bewußtsein hinter dem Bild in Einklang zu bringen.

In ähnlicher Weise verfangen wir uns alle in starren Bildern oder statischen Geschichten., welche die alles durchpulsende dynamische Lebenskraft verdecken und verleugnen. Man läßt sich leicht verführen, dem Bild verhaftet zu bleiben, und es ist viel schwieriger, durch das Bild hindurch das Selbst als Bewußtsein zu spüren. Aber ich glaube, daß das Bewußtsein zu spüren und wieder mit sich selber zu verbinden eben eine der Herausforderungen für uns als Therapeutinnen darstellt.

Die Erfahrung von Dasein kann man durch die Bewußtheit für eine Mitte innerhalb des somatischen Selbst kultivieren. Die Vorstellung von einer Mitte kennt man in vielen Kulturen. Malidoma Somé, ein afrikanischer Dagara, der von den Jesuiten entführt und als Priester erzogen wurde, entkam seinen Entführern in der späten Adoleszenz und kehrte zu seinem Volk zurück. Im Dorf war man sehr besorgt, weil er dem in seiner Kultur so wesentlichen Ritus des Erwachsenwerdens nicht beigewohnt hatte. Schließlich wurde entschieden, daß er dem Ritual zusammen mit den Jüngeren beiwohnen könne. Später (1996) beschreibt Somé die Anweisungen, die zu Anfang des Rituals von dem Ältesten gegeben wurden:

> Irgendwie klangen seine Worte vertraut, sowohl mir als auch – wie ich später herausfand – allen anderen. Es war, wie wenn er etwas, was wir alle schon wußten, nur in Worte faßte, etwas, was uns niemals bewußt geworden war und was wir niemals verbalisiert hatten.
>
> Und er sagte folgendes: Der Platz, an dem er stand, war der Mittelpunkt. Jeder von uns besaß einen Mittelpunkt, von dem er sich seit seiner Geburt mehr und mehr entfernt hatte. Geboren zu werden bedeutete, den Kontakt mit seinem Mittelpunkt zu verlieren, und aus einem Kind ein Erwachsener zu werden hieß, sich immer weiter davon zu entfernen.
>
> „Der Mittelpunkt ist sowohl innen als auch außen. Er ist überall. Aber wir müssen uns seiner bewußt werden, müssen ihn finden und bei ihm bleiben. Denn ohne den Mittelpunkt können wir nicht sagen, wer wir sind, woher wir kommen und wohin wir gehen."
>
> Er erklärte weiter, das Ziel Baors (des Einweihungsprozesses) sei, daß wir unseren Mittelpunkt fänden. Dieser Unterricht habe nur den Zweck, all das Unglück wieder in Ordnung zu bringen, das sich im Lauf von dreizehn Regenzeiten in unserem Leben angesammelt hatte. Ich war jetzt zwanzig. Wäre ich immer zu Hause gewesen, hätte ich dies alles schon vor sieben Jahren erleben können. War es nicht vielleicht schon zu spät dafür? Aber dann dachte ich doch, besser spät als niemals.
>
> „Kein Mittelpunkt eines Menschen deckt sich mit dem eines anderen. Findet also euren eigenen Mittelpunkt, nicht den Mittelpunkt eures Nächsten, nicht den Mittelpunkt eures Vaters, eurer Mutter, eurer Familie oder eures Vorfahren, sondern den Mittelpunkt, der euch und nur euch gehört." (S. 266 f.)

Das Erleben einer Mitte wird zuerst durch Rituale oder durch Segnung von besonderen Menschen erweckt. Die meisten Menschen können sich an jemanden in ihrem Leben erinnern – ein Familienmitglied, einen Lehrer oder Freund –, der sie wirklich als besonders und einzigartig gesehen hat. Dies sind keine intellektuellen Ereignisse: Es geht darum, den Menschen tatsächlich zu sehen und den

Geist des Lebens anzusprechen, der diesen Menschen durchdringt. Segen sind ganz wesentlich, um für sich und die Welt wach zu werden. Ohne sie sind Liebe und anderes menschliches Handeln nicht möglich.

Das Gegenteil von Segen ist Fluch. Flüche spielen bei den meisten traumatischen Ereignissen, die ja vielen Symptomen vorausgehen, eine wichtige Rolle. Typischerweise gehört zu einem Trauma nicht nur eine physische Verletzung, sondern auch ein Fluch, wo der Täter dem Opfer lebensverneinende Ideen wie „Du existierst nur, um mir zu dienen", „Du bist dumm", „Du hast es verdient, bestraft zu werden", „Du bist nicht liebenswert" usw. aufdrängt und einprägt. Im Ansatz der Selbstbeziehung werden solche Ereignisse Akte negativer Mentorschaft genannt, mit denen einem Menschen fremde Ideen eingepflanzt werden. Diese entfremdenden Ideen stellen eine Autoimmunerkrankung des „psychischen Immunsystems" dar, welches dazu da ist, das „Ich" von dem, was mir „fremd" ist, zu unterscheiden. Mit anderen Worten, Gewalt reißt die „Schutzschicht", die einen Menschen umgibt, weg, und durch den Riß dringen die *Aliens* ein.[1] Wenn derartige Gewalt nicht erkannt und geheilt wird, beginnt die Person, fälschlicherweise sich selber mit diesen entfremdenden Gedanken zu identifizieren und sich entsprechend zu verhalten. Der Ansatz der Selbstbeziehung versucht, entfremdende Gedanken von aufbauenden zu unterscheiden, und bietet Methoden, mit denen der Mensch diese *Aliens* „externalisiert" und wieder in Kontakt mit Beschreibungen kommt, die innerlich eine Resonanz finden (vgl. White u. Epston 1998).

Kinder sind anfangs ausschließlich auf den Segen von anderen angewiesen, um ihr Dasein zu erkennen. Aber mit zunehmender Reife entwickeln wir die Fähigkeit, unser Dasein selber zu kultivieren. Im Ansatz der Selbstbeziehung werden solche Methoden Praktiken der Selbstmentorschaft genannt, und das Interesse geht dahin, für jeden einzelnen passende Praktiken herauszufinden. Ein

---

1 Die Schutzschicht, die jedes Wesen umgibt, wird äußerlich in der Reaktion von kleinen Kindern auf Fremde oder unbekannte Situationen erkennbar. Eine Dreijährige kann quicklebendig und völlig offen sein, wenn sie zu Hause mit ihren Freundinnen oder der Familie spielt, aber schüchtern werden und sich hinter dem beschützenden Körper eines Elternteils verstecken, wenn ein Fremder auftaucht. Weil die Schutzschicht eines Kindes so empfindlich ist, sind die Eltern verantwortlich dafür, das Kind vor Ereignissen zu beschützen, die sie zerreißen könnten. Dies meine ich mit „ein Riß in der Schutzschicht".

Beispiel für Selbstmentorschaft sind Übungen zum Zentrieren – wie Gehen, Meditieren, mit einer Freundin sprechen, Kunst –, die den Menschen in Kontakt mit einer ruhigen, nichtintellektuellen Mitte des Seins bringen. Sie berühren die zarte, weiche Stelle, und neues Vertrauen und tiefere Bezogenheit können entstehen. Mit einer Kombination von Segnungen und Zentrierungsübungen kann der Mensch dem Fluch der Entfremdung widerstehen und den Primat des Daseins wiederentdecken.

Ein weiteres Beispiel für Selbstmentorschaft stellt die Beziehung zum eigenen Leiden dar. Der Ansatz der Selbstbeziehung geht davon aus, daß Leiden ganz wesentlich ist, um zum Leben zu erwachen. Etwas möchte wach werden, aber es bedarf menschlicher Präsenz und Mentorschaft, um erkannt zu werden. Unglücklicherweise betonen die meisten kulturellen Praktiken das Vermeiden oder Betäuben von Leiden aufgrund der Meinung, daß es sich nicht transformieren läßt und daß alles nur noch schlimmer wird, wenn man daran rührt. Der Ansatz der Selbstbeziehung betont, daß vielleicht das größte Geschenk des menschlichen Bewußtseins die Fähigkeit ist, Erfahrung zu transformieren. Wir versuchen daher, Symptome als Geschenke anzunehmen und zu achten, wenngleich es „schreckliche Geschenke" sind, die wir unserem schlimmsten Feind nicht wünschen würden. Wir üben, solche Geschenke als Möglichkeiten anzunehmen, tieferes Verständnis und eine tiefere Verbindung mit uns selbst und mit der Welt aufzubauen.

2. Das Selbst als Beziehungsfeld: Das Prinzip der Zugehörigkeit

Die Einheit soll sichtbar werden: danach alle Unterschiede. Das ist die Aufgabe des Dichters.

R. H. Blyth (1991)

In dieser neuen Physik ist kein Platz für das Feld und die Materie, denn das Feld ist die einzige Wirklichkeit.

Albert Einstein (s. Capek 1961, S. 319)

Die offensichtliche Getrenntheit in der Welt ist sekundär. Jenseits der Welt der Gegensätze ist in jedem von uns eine unsichtbare, aber erfahrbare Einheit und Identität.

Joseph Campbell (s. Osbon 1991, S. 25)

In Kapitel 1 haben wir herausgestellt, daß es eine Intelligenz gibt, die größer ist als der einzelne. In der Psychotherapie der Selbstbeziehung betonen wir, daß dies als nichtlokales Beziehungsselbst erlebt wird. Solch ein Erleben ist den meisten Menschen leicht zugänglich, auch wenn normalerweise nicht viel darüber geredet wird, insbesondere im Hinblick darauf, wie es in herausfordernden Situationen genutzt werden kann. Um ein Gefühl dafür zu bekommen, wo ein Mensch ein Beziehungsselbst spürt, kann man fragen:

1. Wann haben Sie am meisten das Gefühl, Sie selbst zu sein?
2. Wenn Sie wieder mit sich selbst in Kontakt kommen möchten, was tun Sie dann?
3. Wann ist das Leben für Sie problemlos?

Zu den typischen Antworten gehört etwa Musik spielen oder hören, spazierengehen, in der Natur sein, mit guten Freunden reden, lesen, meditieren, bewußt atmen, stricken, künstlerisch auftreten, tanzen, Zeit mit der Familie verbringen und so weiter. Diese Tätigkeiten kann man als gewöhnliche Erfahrungen von Selbsttranszendenz auffassen. Sie ermöglichen im Alltag, Verbindung mit einer Präsenz aufzunehmen, die größer ist als man selber, und erlauben zugleich, eine Verbindung mit der eigenen Mitte zu halten und sogar zu vertiefen. Auf die Frage, was für existentielle oder phänomenologische Veränderungen sich in solchen Erlebnissen ereignen, berichten die meisten Menschen, daß ihr innerer Dialog weniger wird, daß sie ein Gefühl von Zeitlosigkeit haben und daß sich ihr Gefühl, wie sie sich selber spüren, erweitert. Der Mensch fühlt sich in diesem Zustand zuversichtlicher und sicherer und legt weniger Wert darauf, die Dinge „unter Kontrolle" zu haben. Fragt man, wo das Selbstgefühl bei solchen Erfahrungen aufhört, schauen einen die Leute fragend an, weil es keine scharfen Grenzen gibt. *Dieses erweiterte Selbstgefühl jenseits der Grenzen der eigenen Haut und der Entweder-oder-Ideologie, bei dem eine Mitte bestehenbleibt, ist die Erfahrung des Selbst als eines Beziehungsfeldes.* Es verbindet die Person mit sich selbst und mit anderen, und es ermöglicht Verbindungen auf einer inneren, auf einer zwischenmenschlichen und (oft) auf einer transpersonalen Ebene.

Die Erfahrung eines Beziehungsfeldes wird mit dem *Prinzip der Zugehörigkeit* beschrieben. Abbildung 3.2 stellt diese Beziehung mit

1. Der Mensch gehört zu (oder ist Teil von) einem größeren Beziehungsfeld.
2. Wenn der Mensch auf die Dauer einen „Bruch im Gefühl der Zugehörigkeit" zum Beziehungsfeld erlebt, entwickeln sich leicht Symptome.
3. Um von Leiden zu erlösen und symptomatische Konflikte zu versöhnen, sollte eine Bewußtheit für die Intelligenz des Beziehungsfeldes geweckt werden.

Tab. 3.3: Prämissen des Prinzips der Zugehörigkeit

dem traditionellen Vordergrund-Hintergrund-Diagramm dar. Das Beziehungsfeld kann als spirituell erlebt werden (ich gehöre einer höheren Macht zu, und er/sie/es strömt durch mich hindurch); organismisch (ich fühle mich der Natur zugehörig, und sie strömt durch mich); oder sozial (ich gehöre zu meiner Ehe/Familie/Kultur/Gemeinschaft, und diese durchdringt und trägt mein Bewußtsein); oder psychologisch (meine Erfahrung/Perspektive ist in ein größeres Feld von Erfahrung/Erinnerung/Archetypen eingebettet, und sie führen/informieren mich). Für jeden einzelnen Menschen kann es vielfältige Erfahrungen und sogar vielfältige Ebenen des Beziehungsselbst geben. Das Beziehungsselbst ist an keinen Ort gebunden; es ist kein „Ding", das in irgendeiner physischen Person, an einem Ort oder in einem anderen Ding lokalisiert ist. Es ist das Feld, das Menschen, Orte und Dinge in lebendiger gegenseitiger

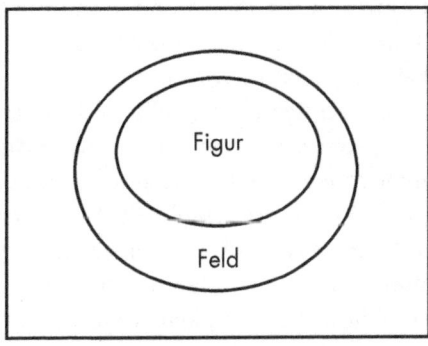

Abb. 3.2: Jede Unterscheidung des Bewußtseins gehört zu einem größeren Feld

Verbundenheit hält. Dieses Feld kann man auf vielfältige Weise spüren, verstehen und nutzen.

Die für unsere Zwecke wichtige Beobachtung ist, daß die selbsttranszendente Erfahrung des Beziehungsfeldes sich dann einstellt, wenn das Leben für einen Menschen gut läuft, wenn das Leben nicht als Problem definiert oder wahrgenommen wird. Umgekehrt hat eine Person, die sich mit einem Symptom auseinandersetzt, einen „Bruch im Zugehörigkeitsgefühl" erlebt; sie fühlt keine Verbindung zu oder Verschmelzen mit einer Macht oder Präsenz, die größer als sie selber ist. Die Selbsterfahrung ist kontrahiert und gespalten, und das Gefühl für das vereinigte Feld, welches das Selbst und andere trägt, ist verlorengegangen. Dieses Abgeschnittensein vom Kontext führt zur Identifikation mit dem Intellekt und seinen von Angst getriebenen Strategien von Kontrolle und Dominanz (und dem Gefühl, die Kontrolle verloren zu haben und bloß zu reagieren) anstatt zu Neugier und Verbundenheit. Ich wiederhole: Dies ist die Grundlage für Fundamentalismus und andere Formen von Entfremdung und Gewalt.

Die Verbindung mit dem Beziehungsfeld geht auf unterschiedliche Weise verloren, und zwar meistens unfreiwillig. Manchmal ist dies ein gesunder erster Schritt zur Individuation, beispielsweise wenn Teenager gegen ihre Familie rebellieren. Brüche im Zugehörigkeitsgefühl sind also nicht notwendigerweise schlecht: Sie sind unvermeidliche Schritte der Trennung, auf die hoffentlich eine Wiedervereinigung mit dem Feld folgt, und zwar in einem Sinne, der für die Person gesünder ist. Manche Erfahrungen aber – so wie ein Trauma – lassen solch eine erneute Verbindung nicht zu. Bleiben die Bedingungen von Gewalt oder Trauma bestehen, wird der Bruch, durch den die Person oder die Erfahrung vom größeren Beziehungsfeld abgespalten ist, chronisch.

Der Bezug zu einem Beziehungsfeld stärkt normalerweise die Persönlichkeit, obgleich dies eben nicht immer der Fall ist. Wie Wilber (1997) einleuchtend darstellt, können sich in der Beziehung zwischen dem lokalen (individuellen) Selbst und dem nichtlokalen (Beziehungsfeld-)Selbst zwei Probleme einstellen. Erstens kann eine Person den Kontakt mit dem größeren Feld verlieren und sich in „Unabhängigkeit ohne Gemeinsamkeit" (oder isolierter Dominanz) festfahren, wo sie meint, sie habe letztlich die Macht oder Intelligenz. Dies ist ein einsamer, machtloser Ort, wo man bestenfalls auf

Kontrolle und Dominanz hoffen kann. Zweitens kann eine Person mit dem Feld verschmelzen und „Gemeinsamkeit ohne Unabhängigkeit" (oder Ko-Abhängigkeit) entwickeln, wobei ihre individuelle Mitte verlorengeht. Auch dies ist ein einsamer Ort, wo der Mensch hofft, von anderen gerettet oder geheilt zu werden.

In dem gesunden Sinn von „Unabhängigkeit in Gemeinsamkeit" spürt eine Person sowohl ihre Mitte als auch eine Beziehung zu ihrem Beziehungsfeld. Sie sind einander ergänzende Quellen der Führung und Intelligenz auf beiden Seiten des kognitiven Selbst; das heißt, der Verstand steht genau zwischen der inneren Mitte und dem äußeren Feld. Eine seiner Hauptfunktionen ist, zu garantieren, daß die Gemeinsamkeit mit dem Beziehungsfeld nicht die eigene Mitte auflöst, sondern mit zusätzlichen Perspektiven und Ressourcen verbindet.

Der Durst nach einer Verbindung mit dem Beziehungsfeld ist unstillbar (Fromm 1978). Aus dieser Sicht sind eine ganze Reihe von Symptomen eher erfolglose Versuche, zum Feld zurückzukehren. Eine Person mag versuchen, sich mit dem Feld wiederzuvereinigen, indem sie sich selbst ignoriert oder selbstzerstörerisch verhält. Sucht beispielsweise – ob Drogen oder Alkohol, Essen, Sex, schlechte Beziehungen – ist anfangs von der Hoffnung getragen, sich an eine „höhere Macht" zu verlieren. Das Suchtmittel – Drogen, der Mensch, der Guru – ist eine Art falscher Mentor, der die Erfahrungen eines Beziehungsfeldes verspricht. Der Preis jedoch, den der Mensch dafür zahlt, sind ein Mangel an Selbstachtung und selbstzerstörerisches Verhalten. An diesem Punkt stellen sich Leere, Depression und Selbsthaß ein. Weil das Bedürfnis stark ist und weil das ursprüngliche Versprechen und die Erfahrung so verführerisch waren, meint die Person, vielleicht habe sie nicht genug gegeben, genommen oder getan. Dies setzt eine Abwärtsspirale weiterer selbstzerstörerischer Aktivitäten in Gang, aus denen nur immer noch mehr Leere resultiert.

So gesehen ist das Symptom zum Teil der Versuch, zum Beziehungsselbst zurückzukehren, zum anderen Teil ist es die Wiederbelebung der selbstzerstörerischen Gewalt, die einen überhaupt erst von dem größeren Selbst verbannte. Zum Beispiel möchte eine Person, die Drogen nimmt, erreichen, daß ihre Isolation und ihre Angst vergehen, während sie dadurch eigentlich nur schlimmer werden. Der Mangel an Liebe in der falschen Mentorschaft der Drogen entspricht dem Mangel an Liebe in ihren früheren menschlichen Mentoren.

Im wesentlichen geht es in der Psychotherapie der Selbstbeziehung also darum, dem Menschen bei dem Versuch, ins Feld zurückzukehren, zu helfen, aber durch Selbstliebe anstatt durch Selbstzerstörung. Wie wir im nächsten Kapitel sehen werden, umfaßt dies besonders auch nonverbale, Körper und Geist verbindende Praktiken. Bei jeder Performancekunst – beispielsweise Tanz, Musik, Schauspiel, Aikido, darstellender Kunst, Schreiben – wird man von der jeweiligen Künstlerin hören, wie wichtig „Entspannung" und das Gefühl von Rhythmus sind. Dies ist ein disziplinierter Prozeß, der eine tiefere Verbindung mit dem Beziehungsfeld erlaubt, aus welchem neue Möglichkeiten entstehen. In der Psychotherapie bieten wir den Klientinnen mit verschiedenen Methoden dabei Hilfestellung; wir gehen etwa auf ihre Erfahrung ein und würdigen sie, wir lassen uns auf die Rhythmen einer Klientin ein, wir ermutigen sie, sich zu zentrieren und ihre Erfahrung gefühlsmäßig zu spüren, usw. Auch Disziplinen wie Gebet und Meditation, Gottesdienst und andere Praktiken der Achtsamkeit können für manche Klientinnen hilfreich sein.

Wenn wir explorieren, wie ein Beziehungsfeld erlebt wird, denken wir daran, daß es viele verschiedene Möglichkeiten hierzu gibt. Jeder Mensch hat ein ganz eigenes Gefühl von einer „höheren Macht". Für die eine mag es die Erfahrung sein, am Meer zu sein, für eine andere mag es sein, sich in einer Meditationsgemeinschaft zu engagieren, und wieder eine andere findet sie in politischem Aktivismus. Zugleich gilt, daß das Feld selber sich nicht auf irgendeine Beschreibung reduzieren läßt. Wenn also eine Person auf ihre eigene Art und Weise das Beziehungsfeld aktiviert, kann sie daraus lernen, diese Arbeit innerhalb des Feldes zu generalisieren.

Zum Beispiel hatte die Seniorpartnerin einer Rechtsanwaltskanzlei Schwierigkeiten an ihrem Arbeitsplatz. Jedesmal, wenn sie an einem Meeting mit ihren Partnern teilnahm, entstand ein Streit, bei dem sie ihre Gelassenheit verlor. Dies kann man so verstehen, daß Streß die Aufmerksamkeit kontrahiert und zu einem „Bruch im Gefühl der Zugehörigkeit" zum Beziehungsfeld führt, das sonst einen Halt geben würde. Um das Beziehungsfeld wiederherzustellen, kann man jegliche Erfahrung, in der ein Mensch es gespürt hat, nutzen. Die Juristin spürte das Beziehungsfeld, wenn sie zu Hause Opernarien sang. Als wir diese Erfahrung genauer ansahen, beschrieb sie eine Beziehung zu einer lebendigen, schönen Energie, die sie beim Singen umgab. Als wir dem weiter nachgingen, wurde klar, daß dies nicht an irgendeinen Inhalt des musikalischen Erlebens gebunden war. Vielmehr war es eine lebendige Präsenz, die das musikalische Erlebnis durchdrang und umgab und ihr Stärkung, Kraft, intuitive Richtung und Zentriertheit vermittelte. Wir explorierten, wie sie diese „Feldpräsenz" im Büro spüren könnte, wie sie sie spüren könnte, während sie über das Problem sprach, und wie sie es evozieren könnte, wenn sie in ihren Meetings war. Wie die Klientin später berichtete, veränderte ihre Fähigkeit, Kontakt mit dem Beziehungsfeld aufzunehmen und zu halten, ganz entschieden, wie sie die nächsten Meetings durchstand. Es führte dazu, daß sie die Beziehungsdynamik der Seniorpartner effektiv ansprechen konnte, so daß sich beträchtliche Veränderungen ergaben. Das Erleben eines Beziehungsfeldes wird demnach durch gewisse Erfahrungen zugänglich, läßt sich aber unter jedweden Umständen nutzen.

3. Das Selbst als Beziehungsdifferenz: Das Prinzip der Bezogenheit

Wir haben also gesehen, daß es zwei verschiedene nichtkognitive Möglichkeiten gibt, Erfahrungen mit sich selbst und dem Leben zu machen: einerseits die dynamische Mitte und den *felt sense* von einem Dasein im Kern der Person und andererseits das expansive Gefühl von Gemeinsamkeit mit einem Feld und einer Intelligenz, die über einen selbst hinausgeht. Dies impliziert nun zwei Puffer für das kognitive Selbst: die Mitte und das Feld. *Für das Beziehungsselbst ist es ganz wesentlich, alle drei zu erleben.*

Wie wir bereits erwähnten, sind es die beiden ersten Ziele von Mentorschaft, ein Selbstgefühl zu wecken und ein Gefühl für die Welt zu wecken. Das dritte Prinzip der Mentorschaft soll Praktiken einführen, mit denen der Mensch zwischen diesen beiden Bereichen navigieren kann, um zu erkennen, daß das Selbst in der Welt lebt und die Welt im Selbst. (Wie Christus betonte, ist das Reich Gottes in uns.) *Dies sind die Hauptfunktionen des kognitiven Selbst: Erfahrung zu unterstützen und Beziehungen zwischen unterschiedlichen Selbsten zu entwickeln.*

Das *kognitive Selbst* ist das grundlegende, alltägliche Selbstgefühl, das die meisten Leute dann empfinden, wenn das Leben problemlos ist. Es entwickelt sich im sozialen Kontext, es ist abhängig vom jeweiligen Alter und der sozialen Identität der Person, und sein Zentrum ist im Kopf. Zu ihm gehören Kompetenzen und Fertigkeiten, Ressourcen, Umgang mit anderen Menschen und vielfältige Perspektiven. Das kognitive Selbst verwendet Bezugsrahmen und Modelle, um Sinn zu finden, zu planen, zu bewerten und überhaupt mit der Welt der Erfahrung umzugehen. Bei einem Symptom geht dieses Selbstgefühl verloren, kontrahiert sich, wird dissoziiert oder auf sonstige Weise vernichtet. Manche Klientinnen sprechen davon, daß sie nur zu diesem „normalen" Selbst zurückfinden möchten.

Das kognitive Selbst ist außerdem das Medium zwischen Selbst und Welt. Seine Sprache ist im wesentlichen die der Unterschiede: unterschiedlicher Standpunkte, unterschiedlicher Wahrheiten, unterschiedlicher Menschen, unterschiedlicher Zeitpunkte oder Orte, unterschiedlicher Werte usw. Anders als eine Mitte und anders als das Feld ist es stets mit Unterschieden konfrontiert und mit der Aufgabe, wie sich diese Unterschiede zueinander in Beziehung setzen lassen, damit eine funktionierende Gemeinschaft entsteht. Wie Bateson (1982) wiederholt betont: *Geist ist Beziehung, und Unterschied ist die Grundeinheit des Geistes.*

Die Herausforderung, die sich dem kognitiven Selbst stellt, läßt sich demnach mit dem Prinzip der Bezogenheit beschreiben, dessen Form sich mit den beiden miteinander verbundenen Kreisen in Abbildung 3.3 darstellen läßt. Unter dem Aspekt der Identität läßt sich das Prinzip der Bezogenheit als eine Subjekt-Objekt-Beziehung beschreiben, in der sich die Person mit einem Standpunkt identifiziert – mit dem Subjekt oder dem, was man den „Ich"-Standpunkt nennen könnte –, während sie ihre Aufmerksamkeit auf einen anderen Standpunkt richtet: auf das Objekt oder das, was wir den

---

1. Der Mensch erkennt sich selbst durch Kommunikation von Beziehungsunterschieden.
2. Wenn ein „Bruch in der Bezogenheit" bestehenbleibt, geht die Erfahrung des eigenen Selbst verloren, das fundamentalistische Verstandesego regiert, und Symptome können entstehen.
3. Um Leiden zu lindern und Symptome zu versöhnen, gilt es, die Kommunikation zwischen unterschiedlichen Standpunkten der Identität wieder in Gang zu setzen.

Tab. 3.4: Die Prämissen des Prinzips der Bezogenheit

„Nicht-Ich"-Standpunkt nennen könnten. Das kognitive Selbst ist demnach ein innerhalb eines Beziehungsfeldes entstehendes Muster von Ich-/Nicht-Ich-Verbindungen.

Diese Ich-/Nicht-Ich-Beziehung kommt in fast jedem Gegensatzpaar zum Ausdruck. Folgende Gegensatzpaare sind etwa für die Psychotherapie relevant:

> Selbst (ich, wir)/anderer (du, sie, es)
> gut/schlecht
> Macht/Liebe
> innen/außen
> maskulin/feminin
> Feld/Mitte
> Individuum/Kollektiv
> gesund/krank
> Problem/Lösung
> Therapeutin/Klientin
> Leben/Tod
> Denken/Gefühl
> Geist/Körper
> bewußt/unbewußt

Was man nun mit diesen Gegensätzen anfangen soll, stellt die eigentliche Herausforderung dar. Ist das eine ewig „besser" oder wichtiger als das andere? Können sie sich gegenseitig berühren und transformieren? Ist jede Kategorie eigentlich in ihrem Gegenteil enthalten, so daß der Feind man selbst ist? Gibt es ein vereinendes Feld, das diese Dualitäten halten kann? Können Unterschiede gewürdigt werden, selbst wenn man die Gemeinsamkeit erkannt hat? Dies sind nur einige wenige der wesentlichen Fragen im Hinblick auf das kognitive Selbst und die universalen Unterschiede, mit denen es konfrontiert ist.

Der Ansatz der Selbstbeziehung propagiert, daß sich diese Unterschiede in gesunden Situationen als kommunikative Verbundenheit artikulieren, eine Art „Ich-Du"-Beziehung, wie sie Martin Buber beschreibt (1997). In einer intimen Beziehung werden ein „Ich", ein „Du" und das „Wir" erfahren, welches dann empfunden wird, wenn sowohl das „Ich" als auch das „Du" gewürdigt wird. In einer therapeutischen Trance (Gilligan 1995) wird das Verhältnis zwischen dem

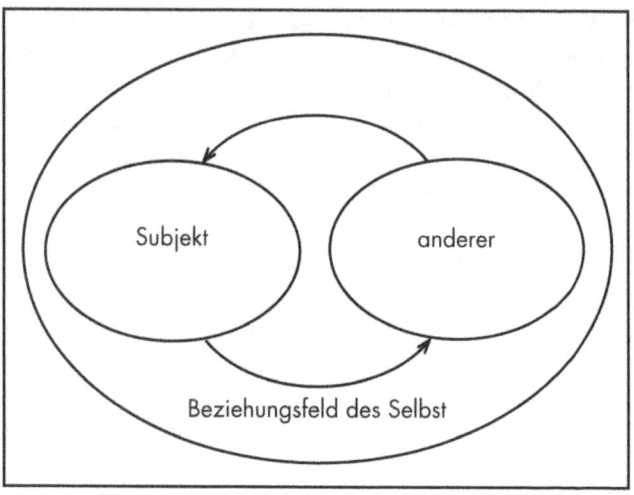

Abb. 3.3: Das Beziehungsselbst als Muster, das die Unterschiede verbindet

„Selbst" und dem (anderen) Selbst ganz ähnlich erlebt. Die fiktiven bzw. konstruierten Begriffe „bewußt" und „unbewußt" werden eingeführt, es werden Instruktionen gegeben, etwas zu tun, während man es einfach geschehen läßt („Deine Hand kann sich unfreiwillig heben"); die entsprechende Erfahrung von „Es geschieht, aber ich tue nichts dazu" (z. B. meine Hand hebt sich, aber es ist Herr oder Frau *Nicht-Ich*, der/die sie hebt!) steht im Mittelpunkt eines jeden hypnotischen Erlebens.

Ein außergewöhnliches Beispiel dafür, wie eine solche Beziehung sich in der Kunst entwickelt, stammt von der chilenischen Autorin Isabel Allende. In einem Interview mit Michael Toms (1994) beschreibt sie, wie die Personen in ihren Romanen zuerst als „Wesen in ihrem Bauch" auftauchen. Monatelang geht sie mit diesen Wesen schwanger. Am Geburtstag ihrer Mutter dann (ihrer Mutter zu Ehren, die auch ihre Lektorin ist!) folgt sie einem rituellen Zeremoniell, in dem die Wesen aus ihrem Bauch ihr bewußt werden. Wenn sie auftauchen, befolgt sie drei Regeln: Verliebe dich in sie, so wie sie sind, beschreibe sie ganz genau (wie sie daherkommen, nicht wie die Autorin diese Wesen gerne hätte) und beschreibe die Beziehungen zwischen ihnen. (Wie sehr hört sich dies nach Erziehung im besten Sinne an!) Im ersten Stadium des Prozesses bestimmen diese Wesen im Bauch die Geschichte; im zweiten Stadium des Lektorierens sind das Ohr und die Kunstfertigkeit der Autorin aktiver. *In beiden Stadien entsteht das kreative Beziehungsselbst aus der Kommunikation zwischen den unterschiedlichen Selbsten: dem archetypischen Prozeß des somatischen Selbst und den Mentorfähigkeiten des kognitiven Selbst.*

Die obigen Beispiele legen nahe, daß das Verhältnis zwischen Unterschieden in unterschiedlichen Bereichen eine Rolle spielt. Beziehungsunterschiede brauchen ein Beziehungsfeld als Gefäß oder, wie C. G. Jung es nennt, ein *Temenos*.[2] Das Gefäß für mentale Differenzen kann innerpsychisch oder zwischenmenschlich sein; oder es kann der einzelne, die Ehe, die Familie oder eine größere Gemeinschaft sein. Ohne die Stabilität eines solchen Gefäßes werden die Unterschiede sich nicht integrieren lassen. Demnach ist es ganz essentiell, ein Beziehungsfeld zu entwickeln, um Konflikte zu lösen.

Für Therapiezwecke wird im Ansatz der Selbstbeziehung im allgemeinen auf drei Beziehungsverbindungen Wert gelegt, die zum Lernen und für die Entwicklung notwendig sind. Die erste ist die *zwischenmenschliche*, also das „Ich" und das „Du" (Buber 1997). Wenn die Verbindungen zwischen dem Selbst und dem anderen polarisiert oder isoliert werden – ich versus du, wir gegen sie –, verschlimmern sich die Probleme, und Gewalt wird leichter möglich. Die zweite ist das *verkörperte Innerpsychische*, ein *felt sense* von vertikaler Bezogenheit zwischen dem kognitiven/sozialen Selbst im „Kopf" und dem emotionalen/archetypischen Selbst im „Bauch". Die dritte Beziehung ist wiederum innerpsychisch, es ist eine horizontale *interhemisphärische Bezogenheit*, die notwendig ist, um Erfahrung zu verarbeiten und zu integrieren (s. Rossi 1977; Shapiro 1997). Der Ansatz der Selbstbeziehung postuliert, daß ein andauernder „Bruch in der Bezogenheit" in jedem dieser Bereiche zu einem „in der Zeit eingefrorenen" Bewußtsein führt, das unfähig zu lernen ist und somit zu Symptomen führt.

---

2 Im antiken Griechenland war ein *Temenos* ein Altar oder ein Ruheplatz, wo ein Mensch spirituelle Erneuerung und Führung finden konnte. Später gebrauchten die Alchimisten den Begriff, um das Gefäß zu beschreiben, das unterschiedliche Metalle enthielt, die in alchimistisches Gold verwandelt werden sollten. Das Gefäß mußte stabil genug sein, um die enorme Hitze auszuhalten. Jung gebraucht den Begriff im letzteren Sinne, wenn er meint, daß Beziehungen wie Ehe und Therapie Temenos-Felder seien, in denen sich die unterschiedlichen Elemente der Seele erhitzen und verwandeln könnten.

In Problemsituationen wird der Zusammenhang zwischen unterschiedlichen Standpunkten geleugnet oder ignoriert. (Wie Krishnamurti zu sagen pflegte, die ganze Misere der Menschheit liegt in der Kluft zwischen Subjekt und Objekt.) Ein zwischenmenschliches „Du" wird zu einem verdinglichten „Es", und die „Wesen im Bauch" werden zu einem unmenschlichen anderen (z. B. Depression oder Angst) reduziert, das es mit allen möglichen Mitteln zu beseitigen gilt.

Das Leben strömt durch uns hindurch, wie wir durch das Leben strömen. Im kognitiven Selbst stellt sich dies in einer Abfolge von aufeinander aufbauenden Erfahrungen dar.[3] Das Wichtigste ist, Wege zu finden, um jede Erfahrung in ihren ständig sich wandelnden Formen anzunehmen und zu würdigen. Dies ist ein schwieriger Prozeß, und jeder, der je in einer intimen Beziehung war, wird dem beipflichten. Es erfordert, in sich selbst zu ruhen, Offenheit für das Beziehungsfeld zu haben und die Bereitschaft und Fähigkeit zum Dialog. Wie Bill Wilson (1967), der Gründer der Anonymen Alkoholiker, sagt:

> Dies ist keine Erfolgsgeschichte im gewöhnlichen Sinne des Wortes. Es ist eine Geschichte von Leiden, das durch Gnade umgewandelt wurde zu einem allmählichen spirituellen Fortschritt. (S. 35)

Finden wir zur Bezogenheit zurück, kann sich unsere Selbsterfahrung als Dialog entwickeln. Die Spannung zwischen Unterschieden zu halten nährt eine tiefere Harmonie und Fähigkeit, aus Liebe und Integrität zu handeln. Wenn wir dem Gespräch treu bleiben, ereignet sich an einem bestimmten Punkt das, was C. G. Jung (1916/1995) die „transzendente Funktion" nennt: Die Gegensätze integrieren sich zu einer einheitlichen Form, wo eine konflikthafte Widersprüchlichkeit sich in eine wunderbare Integration verwandelt. Die Unterschiede werden nun als notwendige Ergänzung

---

[3] Dies ist keine lineare Entwicklung: Es ist eher eine sich fortsetzende Spirale von Entwicklungszyklen. Jeder Zyklus hat einen Anfang, eine Mitte und ein Ende. Eine lange Ehe beispielsweise kann im Laufe der Zeit vier oder fünf Entwicklungszyklen haben. Jeder Zyklus bringt einzigartige Erfahrungen und Herausforderungen mit sich. Außerdem hat jeder Teil des Zyklus seine eigenen Erfahrungen; z. B. stehen am Ende eines Zyklus oft Verlusterfahrungen und das Gefühl kognitiver Unfähigkeit. Dies ist oft der Moment, in dem Klientinnen die Therapeutin aufsuchen.

angesehen, und ein tieferes Gefühl von Einheit wird spürbar. Jung beschreibt diesen Prozeß, in dem Unterschiede von einem Konflikt zu gegenseitiger Unterstützung werden, als den eigentlichen Weg des persönlichen Wachstums. Was diese bemerkenswerte Transformation geschehen läßt, ist natürlich der Mut zu lieben.

DAS SELBSTBEZIEHUNGSMODELL DER ENTWICKLUNG VON SYMPTOMEN

Die drei Prinzipien von Dasein, Zugehörigkeit und Bezogenheit und ihre korrespondierende Erfahrung einer Mitte im somatischen Selbst, eines Feldes im Beziehungsselbst und eines Beziehungsunterschiedes im kognitiven Selbst legen bestimmte Fragen nahe, die helfen können, präsent und empfänglich zu bleiben:

1. Spüren Sie Ihre Mitte?
2. Spüren Sie eine Verbindung mit einer Präsenz, die größer ist als Sie?
3. Können Sie die Spannung der Gegensätze halten und spüren, wie eine Kommunikation zwischen den Differenzen stattfindet?

Umgekehrt beinhalten die Prinzipien auch, daß Symptome drei Arten chronischer Brüche widerspiegeln: einen „Bruch im Dasein" (der Güte, der Geschenke und der Lebendigkeit des Selbst), einen „Bruch im Gefühl der Zugehörigkeit" zur (spirituellen, organischen, sozialen oder psychischen) Welt und einen „Bruch in der Bezogenheit" zu dem „anderen" Selbst.

Von diesen Prämissen ausgehend, können wir ein Arbeitsmodell für die Psychotherapie der Selbstbeziehung entwickeln. Abbildung 3.4a stellt eine gesunde Lernsituation dar, zu der drei Aspekte des Beziehungsselbst gehören: (1) das somatische Selbst, (2) das kognitive Selbst und (3) positive Mentoren. Was auch immer wir erleben, das Leben strömt mit seinen Fressen-Energien durch das somatische Selbst. Um den menschlichen Wert dieser Energien zu erkennen, müssen sie unterstützt und in Essen-Formen umgewandelt werden. Wie Abbildung 3.4a veranschaulicht, kommt diese Mentorschaft aus zwei Quellen: aus dem kognitiven Selbst und von externen Mentoren. Ganz früh im Leben ist das kognitive Selbst noch kaum

a) Gesundes Beziehungsfeld

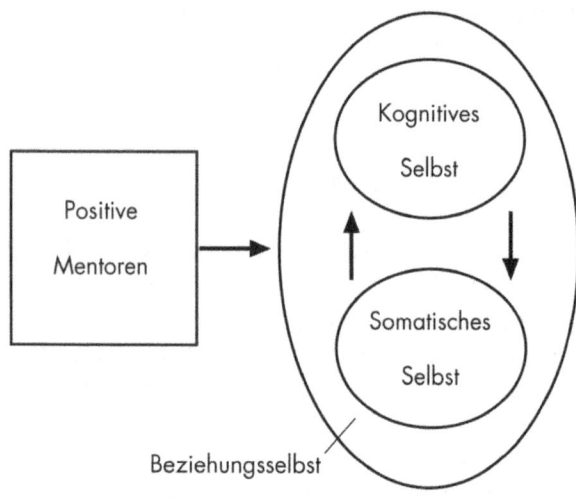

b) Ungesundes Beziehungsfeld

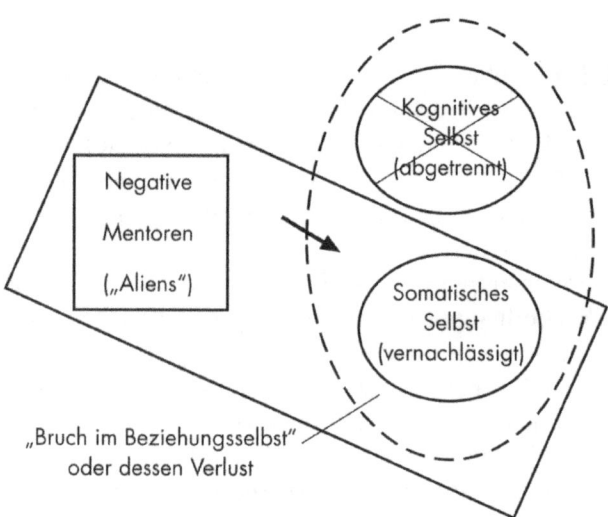

Abb. 3.4: Beziehungsraum des kognitiven Selbst, des somatischen Selbst und externer Mentoren

entwickelt, so daß es ganz entscheidend ist, externe Mentoren zu haben. Mit Hilfe ihres Segens und ihrer Unterstützung kann sich eine echte Persönlichkeit entwickeln. Wir haben nach wie vor das Bedürfnis, von anderen gesehen und geliebt zu werden, aber allmählich entwickeln wir auch selbst die Fähigkeit, dies uns und anderen zu geben.

Unglücklicherweise kann dieser Entwicklungsprozeß auf vielerlei Weise unterbrochen werden. Externe Mentoren können den Menschen vernachlässigen oder mißbrauchen. Dann lautet die grundlegende Botschaft, welche die Körper-Geist-Einheit zutiefst verletzt und die zarte, weiche Stelle angreift, daß der Mensch nicht liebenswert ist. Wie Abbildung 3.4b veranschaulicht, kommt ein Fluch über den Menschen und verursacht einen Bruch in der Beziehung zwischen dem kognitiven und dem somatischen Selbst sowie einen Bruch in der Zugehörigkeit zum Beziehungsfeld. Es kann passieren, daß dieser Bruch nicht verarbeitet wird, weder sozial (im Gespräch mit anderen) noch somatisch (s. Shapiro 1997). Oder er wird verleugnet, auf ein Minimum reduziert, wiederholt, rationalisiert oder sonstwie entwertet. Dies verstärkt den Fluch, und die „fremden Ideen" werden als eigene internalisiert.

Wir sehen dies in der Therapie, wenn eine Klientin etwa sagt: „Ich mach mich wirklich selber fertig." Die Therapeutin mag fragen: „Woher nehmen Sie, daß dies Ihre eigenen Stimmen sind?" Die Therapeutin kann dann ihren Eindruck vermitteln, daß, wenn negative Einflüsse (z. B. gehässige Selbstkritik) aufkommen, man selber offenbar „verschwinden" muß. Dies geschieht behutsam und voller Sympathie, so daß die Klientin wieder Zugang bekommt zu ihrer Erfahrung von Verlassenheit und dem damit verbundenen Gefühl. Sodann kann die Therapeutin die Klientin anregen, darauf zu achten, was mit ihrem Selbstgefühl passiert, wenn sie „unter dem Einfluß" solcher Gedanken steht. Die meisten Klientinnen spüren unmittelbar, daß sie sich kontrahieren, dissoziieren oder sich sonstwie kleiner machen. An dieser Stelle kann man dann auf den Grundgedanken in gewissen Praktiken wie Meditation und Hypnose hinweisen, daß nicht alle Vorstellungen, die einem durch den Kopf gehen, zu einem selbst gehören. Manchmal sage ich mit einem irischen Augenzwinkern, daß die Person „von *Aliens* besessen" zu sein scheint. Ich sage dann, daß meiner Meinung nach mehr Präsenz und nicht etwa weniger entsteht, wenn man auf die eigene Stimme hört. Dies eröffnet dann die ganze Diskussion darüber, wie sich die eigenen Stimmen und Visionen von fremden, von denen der *Aliens*, welche die Lebensenergie und Selbstliebe eines Menschen aussaugen, unterscheiden lassen. Einige Methoden dazu werden in den Kapiteln 5 und 6 dargestellt.

Während ein problemdefiniertes Selbst sich mit negativen Mentoren mißidentifiziert, disidentifiziert es sich auch fälschlicherweise vom somatischen Selbst. Der Ansatz der Selbstbeziehung besagt, daß das somatische Selbst auf ein „vernachlässigtes Selbst" reduziert wird. Seine Inhalte – Gefühle, Bilder, Symbole – werden abgelehnt, und seine Präsenz macht angst. *Bei einem Symptom identifiziert sich der Mensch demnach mit den fremden Präsenzen als eigenen und lehnt das eigene grundlegende Selbst als fremd und nicht vertrauenswürdig ab.* Darüber hinaus führt die fremde Präsenz zu einer Kontraktion des kognitiven Selbst.

Man kann demnach sagen, daß ein problemdefiniertes Selbst in dreifacher Weise leidet (vgl. Herman 1994). Zuerst zieht sich das kognitive Selbst zusammen, wird dissoziiert, fragmentiert oder sonstwie unzugänglich. Wenn sich das Problem einstellt, verschwindet das kognitive Selbst. Zweitens wird das somatische Selbst in einem Zustand der „neuromuskulären Blockierung" lahmgelegt, es gefriert in einem Angstzustand, der sich durch unkontrollierte Gefühle, Überwachheit, Übererregtheit, Somatisierung und Regression auszeichnet. Drittens kann die Person die eindringlichen Bilder und Stimmen der negativen Mentoren nicht ausblenden, die das Selbst für schlecht halten, für nicht liebenswert, für ein Selbst, das Gewalt verdient usw. In der Sprache der Psychotherapie der Selbstbeziehung spaltet sich das kognitive Selbst ab; und negative Mentoren klinken sich in die Flüche und selbstverneinenden Praktiken fremder Instanzen ein. Natürlich stehen diese drei Prozesse miteinander in Zusammenhang.

Daraus ergeben sich die drei miteinander zusammenhängenden Interventionsprinzipien in Tabelle 3.5. Zuerst einmal sollte die therapeutische Kommunikation die Kompetenzen, Ressourcen und Perspektiven des kognitiven Selbst ansprechen. Dies ist ein ganz wesentlicher und in der traditionellen Therapie übersehener Aspekt. Gewöhnlich geht die Therapie auf das vernachlässigte Selbst ein, und die Therapeutin übernimmt die Kompetenzen des kognitiven Selbst. In der Selbstbeziehungstherapie ist es wesentlich, daß die Therapeutin nicht vergißt, daß die Klientin viele Ressourcen

> 1. Die Aufmerksamkeit wieder auf die Kompetenzen und Ressourcen des kognitiven Selbst lenken.
> 2. Die vernachlässigten Erfahrungen des somatischen Selbst ansprechen und unterstützen.
> 3. Die Bewußtheit wieder mit ihrer Quelle im Beziehungsfeld verbinden.

Tab. 3.5: Drei Ziele in der Psychotherapie der Selbstbeziehung

und Kompetenzen hat, die nicht offensichtlich sind, wenn sie sich mit dem Problem identifiziert, die aber trotzdem zugänglich sind.

Zweitens muß das vernachlässigte (somatische) Selbst identifiziert, gewürdigt und unterstützt werden. Viele Äußerungen der Person offenbaren ihre zarte, weiche Stelle und verstecken sie dann wieder, so daß es manchmal schwer ist, sie genau zu spüren, sie zu benennen und sie allmählich in der angemessenen Weise zu fördern. Nochmals: Das vernachlässigte Selbst soll durch Mentorschaft unterstützt werden, damit ein Mittelweg gefunden werden kann zwischen den Extremen der Abspaltung (via Dissoziation, Nichtzuhören, Dominieren, Intellektualisierung, Verleugnung, Schutz usw.) und der Übertreibung (via Inflation, Identifikation, Ausagieren, Regression, Sentimentalität usw.). Was wir wollen, ist das Gleichgewicht zwischen Fressen-Energien und Essen-Disziplin, wie in der Beziehung einer Künstlerin zur Kunst oder guter Eltern zu ihrem Kind.

Drittens muß die Bewußtheit für das Beziehungsfeld wieder geweckt werden. Dies bedeutet, Entfremdendes zu identifizieren und zu beseitigen sowie die Erfahrungen des Beziehungsselbst wiederzubeleben. Wie wir in späteren Kapiteln noch sehen werden, ist es normalerweise kontraindiziert, die fremden Anteile zu bekämpfen oder ihnen unmittelbaren Widerstand entgegenzubringen. Begegnet man Gewalt mit Gewalt, wird man notwendigerweise in ihren Strudel gerissen und erhält das Leiden nur aufrecht. Wenn das kognitive Selbst das somatische Selbst berührt und fördert, ist der Durchbruch geschafft, und neue Reaktionsmöglichkeiten eröffnen sich. Gleichzeitig können ganz gewöhnliche Erfahrungen von Selbsttranszendenz (in der Natur spazierengehen, Liebe erfahren) helfen, sich mit einer Präsenz zu verbinden, die mächtiger ist als jegliche entfremdende Präsenz. Gute Beispiele dafür, wie man in die eigene Mitte kommen sowie Kontakt zu einem Beziehungsfeld aufnehmen und aufrechterhalten kann, sind in vielen Quellen zu finden; dazu gehört auch das eigene Leben der Klientin. Hierfür besonders relevant sind die Geschichten politischer Gefangener wie Nelson Mandela oder Nathan Sharansky (1988). Bei genauerer Betrachtung solcher Beispiele entdeckt die Person allmählich, daß Selbstliebe ein diszipliniertes Üben ist und das zuverlässigste Mittel gegen Verdrängung und Entfremdung.

Um gleichzeitig mit diesen drei Aspekten des Beziehungsselbst zu arbeiten, ist eine integrierte, zentrierte Aufmerksamkeit wichtig, die zuverlässig auf vielfältige Beziehungsebenen reagiert. Ebenso wichtig ist es, Mentorfähigkeiten zu entwickeln. Diesen beiden Themen wird sich unsere Erörterung im folgenden widmen.

ZUSAMMENFASSUNG

Das wichtigste Konzept im psychologischen Erleben ist die Frage nach der Identität. Wie eine Person diese Frage stellt und beantwortet, stellt die Basis für einen Großteil ihrer Erfahrung und ihres Verhaltens dar. Der Selbstbeziehungsansatz konzipiert Identität entsprechend den drei Prinzipien Dasein, Zugehörigkeit und Bezogenheit. Diese Prinzipien korrespondieren mit der Erfahrung eines somatischen Selbst und seiner gespürten Mitte, mit einem Beziehungsselbst und dem Erleben eines Feldes sowie mit einem kognitiven Selbst und der Erfahrung von Mentorschaft und der Integration von Differenzen. Das heißt, eine Person ist lebendig, spürt dies durch ein Gefühl von Verbundenheit mit etwas Größerem und erfährt ihre Lebendigkeit, indem sie Differenzen begegnet und diese am Ende integriert.

Unterwegs kann die Entwicklung durch drei Arten von „Brüchen" aufgehalten werden. Ein Bruch im Dasein bedeutet, daß die Person den *felt sense* von ihrer Mitte und somit ihr Gefühl von Vitalität, Gutsein und von einzigartigen Gaben verliert. Die Lichter sind zwar an, aber es scheint niemand zu Hause zu sein. Ein Bruch im Zugehörigkeitsgefühl bedeutet, daß die Gemeinsamkeit mit einer höheren Macht sozial, spirituell, ökologisch nicht gespürt wird und sich daraus Isolation und „Unabhängigkeit ohne Gemeinsamkeit" entwickeln. Ein Bruch in der Bezogenheit bedeutet, daß der Mensch sich mit einer Seite eines Konzepts identifiziert und sich weigert, das komplementäre Konzept zu akzeptieren. Dies führt immer wieder zu Konflikten oder zum Rückzug mit zunehmend schmerzlichen Folgen.

Eine kritische Variable ist die Beziehung zu der erwachenden zarten, weichen Stelle der eigenen Mitte. Während wir durchs Leben gehen, kommt das Leben mit den Fressen-Energien ebendieses somatischen Selbst durch uns hindurch. Der Segen und die Führung eines positiven Mentors ermöglichen, daß diese Energien zu den Essen-Formen des Beziehungsselbst kultiviert werden. Ebenso wichtig ist positive Mentorschaft, durch die sich die Fähigkeit entwickeln kann, für sich selbst als Mentor dazusein.

Angriffe oder Vernachlässigung durch einen negativen Mentor frieren die Fressen-Energie ein und spalten sie von den hilfreichen Essen-Formen ab. Es entsteht ein andauernder Bruch zwischen dem kognitiven und dem somatischen Selbst. Ein Symptom stellt einen wiederholten Versuch dar, diese mit einem Fluch belastete Fressen-Energie zu integrieren, aber jedesmal wird sie von neuem zurückgewiesen, meist aufgrund von Angst oder Unwissenheit des kognitiven Selbst oder aufgrund von Gewalt durch äußere Mentoren. Wenn ein Symptom sich einstellt, tendiert der Mensch dazu, den Kontakt mit dem Beziehungsfeld zu verlieren, sich von den Kompetenzen des kognitiven Selbst abzuspalten und sich fälschlicherweise mit den Flüchen und der Selbstverleugnung negativer Mentoren zu identifizieren. Wenn die Fressen-Energien an der Basis eines symptomatischen Erlebens wieder und wieder wach werden, entwertet der Mensch solches Erleben und erzeugt damit ein chronisches Symptom. Um die Person zu unterstützen und aus dem Symptom eine wertvolle Lernerfahrung zu machen, versucht die Selbstbeziehungstherapeutin, (1) die Kompetenzen des kognitiven Selbst zu reaktivieren, (2) das „vernachlässigte (somatische) Selbst" zu berühren und zu unterstützen sowie (3) die Verbundenheit der Person mit dem Beziehungsfeld wiederherzustellen.

Teil II: Praktiken

4. Rückkehr aus dem Exil
Praktiken zur Koordinierung von Geist und Natur

Ich zitiere jetzt einen von Bashos Jüngern, der aufschrieb, was Basho einmal zu einer Gruppe von Studierenden sagte. Er sagte: „Um über die Pinie zu lernen, geh zur Pinie. Um über den Bambus zu lernen, geh zum Bambus. Aber dieses *Lernen* ist nicht nur das, was ihr für Lernen haltet. Man lernt nur, indem man in dem, was man lernen will, völlig aufgeht ... Viele Menschen glauben, sie hätten etwas gelernt, und sie setzen voller Eifer ein Gedicht zusammen, das künstlich ausfällt und nicht ihrem behutsamen Eingehen in das Leben eines anderen Objekts entspringt."

Gary Snyder (1984, S. 57 f.)

Wenn der Therapeut versucht, einen Patienten anzunehmen, ihm Übungen aufzugeben, ihm verschiedene Arten von Propaganda zu bieten, wenn er ihn aus falschen Gründen in unsere Welt herüberziehen und ihn manipulieren möchte, dann entsteht ein Problem, nämlich die Versuchung, die Vorstellung von Manipulation mit der Vorstellung von Heilung zu verwechseln ...

Darum geht es meiner Meinung nach in diesen Meditationsdisziplinen ... es geht um das Problem, wie man dahin kommt ohne die manipulative Art, weil die manipulative Art niemals dahin führen kann.

Gregory Bateson (1975, S. 26)

Erleuchtung ist ein Zufall, aber Übung macht den Zufall wahrscheinlicher.

Richard Baker Roshi

Wenn wir im Wald spazierengehen oder den Atem und Herzschlag eines geliebten Menschen in unseren Armen spüren, fühlen wir uns mit einer tieferen Intelligenz und Harmonie verbunden. Aber wenn das Leben als Problem erlebt wird, gerät dieses natürliche Beziehungsfeld in Vergessenheit: Das Selbst und der mentale Prozeß werden als abgesondert von der Natur (einschließlich unseres Körpers) angesehen und erlebt. Die natürliche Welt ist „da draußen", der Verstand beobachtet von „innen" und wird dafür eingesetzt, die Welt zu dominieren oder zu kontrollieren. Aber wie Bateson (1982) beredt argumentiert, sind Geist und Natur sind notwendigerweise eine Einheit. Sie sind unterschiedliche Beschreibungen einer tieferen unterschwelligen Struktur.

Wenn Praktiken und Prinzipien Geist und Natur als voneinander getrennt auffassen, führt das zu nichts Gutem. Der Ansatz der Selbstbeziehung geht davon aus, daß Symptome dann entstehen, wenn die mentalen Prozesse eines Menschen von seinem *felt sense* einer Mitte und eines Feldes abgespalten werden. Tatsächlich ist ein Symptom zum Teil ein Versuch, die Brüche zwischen Geist und Natur zu reparieren. Wenn wir konzentriert auf das hören können, was das Symptom uns zu sagen hat, brauchen wir keine Angst mehr davor zu haben und nicht mehr (umsonst) zu versuchen, es gewaltsam zu zerstören.

Um auf dieses „andere" zu hören, hilft es zuerst, uns wieder mit dem vereinigten Feld zu verbinden, welches das Selbst und das andere hält. Wenn wir uns in diesem Beziehungsfeld geerdet und zentriert fühlen, können wir leichter die Aufmerksamkeit anderswohin lenken und dann entspannen, uns konzentrieren, uns öffnen, zentriert bleiben und entschieden handeln. Wir merken auch besser, wann wir abgespalten und isoliert sind, und können uns dann wieder mit einem Gefühl von Dasein, Zugehörigkeit und Bezogenheit verbinden.

Diese Fertigkeiten der Aufmerksamkeit müssen täglich geübt werden. Solche Praktiken helfen uns, unsere Aufmerksamkeit zu stabilisieren, so daß wir in jedem Augenblick wirklich auf das Leben eingehen können, statt nur zu reagieren. In diesem Kapitel werden wir vier generelle Methoden explorieren: (a) bewußtes Atmen und Muskelentspannung, (b) mit der Aufmerksamkeit nach innen und in die Mitte gehen, (c) die Aufmerksamkeit für das Feld öffnen und (d) die Tore der Wahrnehmung reinigen. Der Grundgedanke ist der, daß sich durch eine Koordination von Körper und Geist ideologische und rigide Vorstellungen verlieren. Essen- und Fressen-Energie werden integriert, die neuromuskuläre Blockade im Kern symptomatischen Verhaltens lockert sich, und Heilung und eine Erleichterung des Leidens können sich einstellen. Der Mensch vermag aktiver zu antworten und weniger reaktiv zu sein, flexibler und weniger rigide, mehr eingestimmt und weniger abgespalten und isoliert.

Angesichts dessen, wie wertvoll diese Fertigkeiten sind, sollte der Therapeut sie für sich selber einsetzen, während er mit Klienten arbeitet. Die Techniken des Zentrierens, Entspannens, Erdens oder der Empfänglichkeit lassen sich jederzeit in einer Therapiesitzung anwenden, wann immer dies von Nutzen ist.

Bewusstes Atmen und Muskelentspannung

Bewußtes Atmen

Bewußtes Atmen ist wohl die wichtigste Methode, um die Aufmerksamkeit zu entspannen. Vielleicht beeinflußt nichts das Bewußtsein so sehr wie das Atmen. Einfach gesagt: Ohne Atem kein Leben. Das wertvolle Geschenk des Lebens wird mit Einatmen geboren oder mit jeder Einatmung von neuem „inspiriert" und stirbt oder „erlischt" mit jeder Ausatmung. In Streßsituationen sind wir uns unseres Atems nicht mehr bewußt. Er wird angespannt und unregelmäßig, und so können wir das Erleben nicht verarbeiten (z. B. das Leben „hindurchfließen" lassen). Unser Bewußtsein ist nicht mehr auf den Atem konzentriert und entsteht nicht mehr aus Atem, vielmehr ist es auf die Muskulatur konzentriert und einengend. Denken mit angespannter Muskulatur ist zutiefst konservativ: Es dämmt den Strom des Lebens durch das somatische Selbst ein und hinterläßt den Menschen isoliert in den festgefahrenen Meinungen und Denkstrukturen des kognitiven Selbst. Dadurch stellen sich die Muster von „Tun und Zuschauen" ein. Dies ist vor allem bei symptomatischem Verhalten besorgniserregend, wo vorhersehbar ist, daß die herkömmlichen Reaktionsmuster zu unbefriedigenden Folgen führen. Eine wesentliche Maßnahme zur Verhaltensänderung ist es, die Aufmerksamkeit wieder auf das Atmen zu kohzentrieren.

Viele Praktiken sind in dieser Hinsicht hilfreich. Eine einfache Meditationstechnik besteht darin, das Einatmen und das Ausatmen zu zählen. Der Therapeut kann dies für sich selber tun bzw. den

Klienten dazu anregen; beiden kann es guttun. Der erste Schritt ist, eine bequeme, entspannte Sitzhaltung mit geradem Rücken und nicht überkreuzten Händen einzunehmen. Dann kann man einige tiefe Atemzüge nehmen, um die Muskelspannung zu lösen. Die Augen können sanft auf die Nasenspitze oder auf einen Punkt auf dem Boden etwa eineinhalb Meter entfernt fokussieren. (Oder die Aufmerksamkeit kann auf die Bauchmuskulatur gerichtet werden und registrieren, wie sich die Bauchdecke mit jedem Atemzug hebt und senkt.) Statt einzuatmen, lassen wir den Atem kommen. (Eine Metapher ist Gott, wie er im Schöpfungsmythos Atem in Adams Nasenlöcher bläst.) Wenn der Atem durch die Nasenlöcher einströmt und das untere Zwerchfell auffüllt, sagen Sie leise: „Einatmen, eins." Wenn der Atem ausströmt, sagen Sie leise: „Ausatmen, eins." Beim nächsten Atemzug wird die Einatmung mit „Einatmen, zwei", die Ausatmung mit „Ausatmen, zwei" bezeichnet und so weiter bei jedem Atemzug.

Beim Üben dieser Fertigkeit kommen einem viele Ablenkungen dazwischen. Jedesmal, wenn man merkt, daß man die Mitte verloren hat, kommt man einfach sanft zurück, indem man von vorne beginnt oder weitermacht, wo man aufgehört hat. Jeder Atemzug verscheucht die Bilder und Gedanken, die sich im Bewußtsein verfangen haben. Wichtig ist, wirklich bewußt zu sein – ohne Kontrolle oder Analyse und mit dem zunehmenden Gefühl von Frische, Leichtigkeit und Festigkeit.

Bewußtes Atmen zu üben scheint so einfach, und doch stellt es eine Herausforderung dar und ist bemerkenswert hilfreich, um unerwünschte Gedanken und Verhaltensweisen loszulassen. Der Grundgedanke ist, daß, wenn wir den Atem des Lebens zum Schweigen bringen, es ein leichtes für negative Mentoren ist, uns in Besitz zu nehmen oder in den Griff zu bekommen. Da dies derart chronisch und unbewußt geschieht, sind wir uns selten dessen bewußt, wenn wir es tun und was für negative Folgen dies hat. Indem wir beginnen, auf die Beziehung zwischen unserem Atmen und der Qualität unserer Erfahrung zu achten, können wir immer wieder von den bewußten Atemübungen profitieren. Deren Ziel ist es, jede Erfahrung und jeden Gedanken durch das Bewußtsein ziehen zu lassen, so daß sich die Identifikation damit löst.

Eine einfache therapeutische Anwendung dieser Übung ist, nach einem antagonistischen Bild, Gedanken oder Gefühl zu fragen:

Spüren Sie es „innerhalb" oder „außerhalb" Ihres Atems? Wenn man sich auf den Atem konzentriert und dann damit experimentiert, das unangenehme Bild, den unangenehmen Gedanken oder das Gefühl in den Atem zu bringen, ändert sich oft die Beziehung zu diesem „antagonistischen anderen" ganz merklich. Wir werden auf diesen Gedanken im nächsten Kapitel bei der Erörterung der tibetischen Tonglen-Übung genauer eingehen.

Muskelentspannung

Kapitel 1 führte das Prinzip ein, daß der Strom des Lebens durch den Menschen fließt, außer wenn dies nicht geschieht. Wenn also die Erfahrung durch den Menschen strömt, führt die Unwilligkeit oder Unfähigkeit, bei einer jeweiligen Erfahrung zu bleiben, zu einer neuromuskulären Blockierung – einer Flucht- oder Kampfreaktion, die verhindert, daß dieses Erleben verarbeitet werden kann, und die die Empfänglichkeit für neues Erleben einschränkt. Wird diese neuromuskuläre Anspannung chronisch, entsteht daraus eine Gewohnheit – das heißt, der Mensch ist angespannt und blockiert, ohne sich dessen überhaupt bewußt zu sein, und unverarbeitete Erlebnisse bleiben in einem fegefeuerartigen Niemandsland im somatischen Selbst (vgl. Shapiro 1997; van der Kolk 1994). *Dies ist das „vernachlässigte Selbst" des Ansatzes der Selbstbeziehung.* Eine wesentliche Fertigkeit des Therapeuten ist es demnach, im Verlauf des therapeutischen Gesprächs Muskelblockaden zu entdecken und zu lockern. Zusätzlich zu bewußtem Atmen gibt es weitere Ansätze, die gut zur Muskelentspannung sind, wie entspannte Konzentration, „Gewicht auf der Unterseite" und die „Aufweichung" von Erregung.

1. Entspannte Konzentration

Entsprechend dem in Kapitel 2 erwähnten Errol-Flynn-Prinzip soll in der Psychotherapie der Selbstbeziehung ein „nicht zu festes und nicht zu lockeres" Erleben von Entspannung entwickelt werden. Wichtig ist, im Fühlen und Reagieren nicht passiv, groggy oder in Trance zu sein, sondern frisch, gefestigt und frei. Dies kann geschehen, indem man sich in die verspannten Bereiche hineinentspannt, statt zu versuchen, die Spannung „loszuwerden".

Die klassische Methode dafür ist die progressive Muskelentspannung, in der die Person aufgefordert wird, nacheinander einen Körperbereich nach dem anderen anzuspannen und dann zu entspannen. Die Person wird also z. B. gebeten, sich auf die Füße zu konzentrieren, alle Muskeln in dem Bereich anzuspannen und dann mit dem Ausatmen die Spannung loszulassen. Der gleiche Prozeß wird für die Fußgelenke, die Unterschenkel wiederholt und so weiter bis zum Kopf und zur Schädeldecke. Der Therapeut kann dieses Verfahren auch jederzeit während der Therapiestunde anwenden und wird sich dadurch empfänglicher und geerdeter fühlen.

Dieselbe Übung läßt sich auch weniger methodisch einsetzen. Man kann die Person bitten, den Körper durchzuspüren und mit der Aufmerksamkeit in alle Bereiche besonderer Anspannung hineinzugehen und dann den Prozeß „Konzentrieren und Entspannen" anzuwenden. Eine Klientin klagte z. B. darüber, daß sich immer, wenn sie mit ihrem Freund sprach, eine starke Spannung in ihrem Bauch entwickelte. Der Freund ermutigte sie, sie solle heiter sein und loslassen, sich dem Fluß der Dinge hingeben. Ihr Bauch fühlte sich dann immer zunehmend verspannt an. Ich schlug ihr vor, sie solle noch mehr auf ihr Gefühl im Bauch hören und mehr dabeisein, dies aber ohne allzuviel Muskelanspannung. Dies war anfangs ein wenig schwierig, aber als sie mit diesem Prozeß der Konzentration und Entspannung weitermachte, fühlte sie sich zentrierter und für sich selbst und ihren Freund aufmerksamer. Sie lernte, auf zentrierte, direkte Weise sicher aufzutreten, und fühlte sich dabei sowohl stärker als auch sich selbst gegenüber freundlicher. Das Wichtige war, ihr „Gefühl im Bauch" nicht zu vernachlässigen, sondern vielmehr die Fähigkeit zu entwickeln, sich noch mehr, aber mit weniger Anspannung darauf zu konzentrieren. Diese Fähigkeit zu tiefer Konzentration ohne muskuläre Anspannung ist ein wesentliches Merkmal von Hypnose und Meditation sowie ein Kennzeichen für ein geübtes, reifes Bewußtsein. Es spiegelt die Fähigkeit wider, sich auf mentale Prozesse einzulassen, ohne sich von der Natur abzuspalten, so daß beide Welten – Beschreibung und Erfahrung – kooperativ miteinander umgehen können.

Das Ziel kann auch ein äußerer Fokus sein. Der Therapeut kann diese Technik beispielsweise diskret anwenden, während er mit seinen Klienten spricht. Er kann die Aufmerksamkeit auf den Klienten konzentrieren, dann alles um den Fokus herum entspannen und zugleich die Konzentration beibehalten. Dies kann so lange wiederholt werden, bis sich ein Gefühl von entspannter Konzentration eingestellt hat.[1] Dieser Zustand zeichnet sich allgemein durch eine erweiterte Bewußtheit des Beziehungsfeldes aus, das den Beobachter und den Beobachteten hält, sowie durch weniger analytisches Geschwätz. Man fühlt sich geerdet, während Empfindungen und Bilder durch das Bewußtsein „hindurchströmen". Dies ist für den Therapeuten besonders hilfreich, wenn die Darstellung des Klienten schwer nachvollziehbar oder anderweitig ablenkend ist. Es ist ähnlich, wie ein Tänzer mit seiner Partnerin oder wie man beim Basketball oder in der Kampfkunst mit dem Gegner umgeht: Man entwickelt eine weiche und doch gezielte Konzentration, welche die Reaktionsbereitschaft auf die „Täuschungsmanöver" reduziert, während der Bezug zur Mitte der Person unmittelbarer wird. Dem Therapeuten erlaubt es, auf den Klienten eingestimmt zu bleiben, unabhängig davon, in welche Richtung die Geschichte des Klienten führt. Der Klient mag in mentale Phantasien abheben, aber der Therapeut bleibt mit einem *felt sense* für das vernachlässigte Selbst geerdet. Dies hilft dem Therapeuten, mit der Aufmerksamkeit behutsam zur Realität des gegenwärtigen Augenblicks zurückzukehren.

In der Psychotherapie der Selbstbeziehung wird dieses prozeßhafte Gleiten in mentale Phantasien *touch and go* („Berühren und Weitergehen") genannt. Das heißt, wenn das therapeutische Gespräch die zarte, weiche Stelle des Klienten berührt, lenkt der Klient oft automatisch die Aufmerksamkeit – sowohl die eigene wie die des Therapeuten – von dieser empfindlichen Stelle des vernachlässigten Selbst ab. Wenn die Aufmerksamkeit des Therapeuten nicht in einer guten, entspannten Konzentration gefestigt ist, kann er sich ablenken lassen und den kritischen Punkt in der Therapie aus dem Auge verlieren, nämlich daß das vernachlässigte Selbst wieder ins Bewußtsein zurückkommt.

---

1 Die Erfahrung und der Wert konzentrierter Entspannung, die einen äußeren Fokus einbezieht, ist von dem Psychiater Arthur Deikman (1963; 1966) hervorgehoben worden. Indem er von seinem Konzept der „entautomatisierten Erfahrung" spricht, in der ein Mensch die „Schale automatischer Wahrnehmung, von automatischen affektiven und kognitiven Kontrollen (abwirft), um tiefer in die Realität einzudringen" (in: Tart 1969, S. 222), betont Deikman, daß dieser Zustand durch einen intensiven äußeren Fokus entwickelt wurde, während zugleich das übliche analytische Denken und Wahrnehmen losgelassen wurde.

2. Gewicht auf der Unterseite

Des weiteren kann man zur Entspannung der Muskulatur auch dazu auffordern, die Aufmerksamkeit auf die „Unterseite" aller Muskelgruppen zu lenken – auf die Fußsohlen, die Rückseite von Beinen und Armen, die Spitzen der Ohrläppchen usw. (Tohei 1996). Dabei soll gespürt werden, wie die Schwerkraft einen sanft beruhigt und wie sich ein Gefühl von Erdung und Zentrierung entwickelt.

Damit im Zusammenhang steht die Technik, auf die Empfindungen in den Rundungen des Körpers zu achten – zum Beispiel in den sanften Rundungen des Handgelenks, in der Biegung an der Innenseite des Daumens hinauf zum Zeigefinger, im Bogen des Halses, wo er hinunter in die Schulter übergeht, oder in der Innenbeuge des Ellenbogens. Durch diese einfache Aufmerksamkeitsübung entsteht auf eine behutsame Weise Achtsamkeit für den Körper, die das innere Geschwätz reduziert und die Offenheit für den gegenwärtigen Augenblick erhöht.

3. Erregung aufweichen

In dem gewohnten Zustand neuromuskulärer Blockade kommen unser Erleben, unser Denken und Handeln größtenteils aus einem unterschwelligen Erregungszustand (Angst, Wut oder Begehren). Eine einfache Übung zum Abbau der Erregung ist eine behutsame Selbsthypnose: „Weicher Geist ... weicher Körper ... weiche Augen ... weiches Herz ... weiche Seele." (Für angespannte Bereiche wie das Kinn, die Stirn und die Schultern kann man weitere Instruktionen aufnehmen.) Der Grundgedanke ist einfach, mit der Achtsamkeit in jeden Bereich zu gehen, so daß sich die muskuläre Anspannung lösen kann.

Um z. B. den Geist weicher werden zu lassen, kann es helfen, den buddhistischen Standpunkt einzunehmen, daß der Geist Raum ist und daß Raum Himmel ist. Das Feld, in dem sich die Gedanken bewegen, wird als „volle Leere" oder „Offenheit" empfunden. Zusammen mit der Vorstellung oder Instruktion „Weicher Geist" wird zu einer empfänglichen Einstellung eingeladen. Es kann helfen, den dichtesten Bereich, die geschäftigste „Innenstadt" des Geistes – für die meisten ist dies der Kopf –, zu spüren und dort zu beginnen. Mit gewisser Übung ist es möglich, eine Achtsamkeit zu entwickeln, die erfüllt ist von einem unmittelbaren *felt sense* von Bewußtheit, ohne den Versuch, die Dinge ändern zu wollen. Nochmals: Dies kann für den Therapeuten genau so hilfreich wie für den Klienten sein. Das Ziel ist nicht eine nachlässige oder geringere mentale Präsenz, sondern vielmehr eine größere Klarheit ohne Erregung.

Ist man erregt, fällt es sehr schwer, sich körperlich zu entspannen, und umgekehrt. Daher ist es gut, durch die verschiedenen Bereiche zu zirkulieren. Das Wichtige ist – auch für viele Arten der Kampfkunst wesentlich –, daß wahrer Elan, Kraft und Mut entstehen, wenn die Erregung weicher wird. Dies ist etwas anderes als die herrschende Vorstellung „Je härter, desto besser". Wir ziehen die „hartnäckige" Einstellung einer „weichen" vor, werfen anderen finstere Blicke zu, wenn sie zu weich sind, und fordern, daß wir uns „dahinterklemmen" und an die Arbeit gehen. Mit dieser Voreingenommenheit ist es kein Wunder, daß wir meinen, ein „weiches Herz" bedeute, matschig im Kopf oder verträumt zu werden. Das Gegenteil ist der Fall, es bedeutet bessere Konzentration, bessere Reaktionsfähigkeit und bessere Wahrnehmungsgenauigkeit. Bei jeder Performancekunst ist entspannte Wachheit wesentlich. Dieser Zustand erfordert eine weiche Flexibilität, die grundlegend ist für präzise und flexible Leistung. Ebendiesen komplementären Zustand von sanfter Präzision möchten wir mit den Methoden dieses Kapitels entwickeln.

AUFMERKSAMKEIT ZENTRIEREN

Von fünf jüdischen Denkern, die Gutes taten, war Moses der erste; er wies auf den Kopf und sprach: „Konzentriert euch auf die Gebote, auf den Logos. Wenn ihr euch darauf konzentriert, sie im Kopf zu behalten, könnt ihr nichts falsch machen." Als nächstes kam Jesus; er wies auf das Herz und betonte, wenn man die Aufmerksamkeit darauf konzentriere, könne nur Gutes geschehen. Als drittes hatte Karl Marx seinen Auftritt und berührte das Sonnengeflecht, wenn er von Brüderlichkeit und Mut sprach. Freud zeigte beim Theoretisieren über die wichtigen Bewußtseinszentren natürlich tiefer. Schließlich kam Albert Einstein daher und rückte die Perspektive wieder zurecht, indem er meinte: „Alles ist relativ."

Anonymer Witz

Wenn ein Mensch sich festgefahren oder isoliert fühlt, ist die Aufmerksamkeit oftmals auf den Kopf konzentriert oder vom Körper weg projiziert. Ein einfaches Prinzip zur Wiederherstellung des Gleichgewichts ist es, sich zu zentrieren und die Aufmerksamkeit tiefer in den Körper, in seine unterschiedlichen Bewußtseinszentren und in die Erde, die den Körper trägt, fallen zu lassen. Dieses Prinzip ist in jeder Kampfkunst (ebenso wie in anderen Arten der Performancekunst) ganz wesentlich. Es spiegelt sich auch in der allgemeinen hypnotischen Instruktion, sich in die Trance „fallen zu lassen" und „tiefer zu gehen", ebenso wie in der beherzten, ermutigenden Redewendung, „wieder auf den Boden zu kommen."

Herz-Zentrieren

Mit dem Herzen zu denken ist genau so wichtig, wie mit dem Kopf zu denken. Wie Pascal schrieb, hat das Herz seine Gründe, von denen die Vernunft nichts weiß. (Es ist interessant, daß Herzerkrankungen in Amerika an erster Stelle stehen.) Wir könnten sagen, daß die Sprache (und der Geist) dann kraftvoll, evokativ und kreativ ist, wenn sie mit dem Herzschlag synchronisiert ist. In der Hypnose und in der Lyrik versuchen wir jedenfalls, diese beiden Seinsweisen zu koordinieren. Wenn geistige Vorgänge mit dem biologischen Trommelschlag des Körpers verbunden sind – so der Grundgedanke –, gelingt die Körper-Geist-Koordination, und das kreative Potential wird aktiviert. Ebenso wichtig ist, daß sich Ruhe und Erdung einstellen, wenn die Bewußtheit sich auf den Herzschlag einstellt. Das mentale Geschwätz wird leiser, und allmählich entwickelt sich eine mit dem Herzen empfundene Zentriertheit.

Ein simpler vierstufiger Herz-Zentrierungsprozeß geht folgendermaßen. Der erste Schritt heißt entspannen und sich öffnen. Dies kann geschehen, indem man in einer angenehmen Sitzhaltung einige tiefe Atemzüge nimmt, mit der Aufmerksamkeit in den Atem geht und die Kontrolle losläßt.

Im zweiten Schritt fühlt man die physische Präsenz des Herzschlags. Dies mag eine Weile dauern, und es kann helfen, die Herzgegend sanft mit ein oder zwei Fingern zu berühren, um die Aufmerksamkeit dorthin zu lenken. Das Ziel ist, sich einfach auf den *felt sense* des Herzschlags einzustimmen und dabei vielleicht zu merken, was sich zu ändern beginnt (z. B. einkehrende Ruhe, weniger innerer Dialog).

Im dritten Schritt spürt man einen zweiten Herzschlag innerhalb des ersten Herzschlags. Dies mag etwas Geduld erfordern und daß

> 1. Möge ich friedlich, glücklich und leicht im Körper und im Geist sein.
> 2. Möge ich frei von Verletzung sein. Möge ich in Sicherheit leben.
> 3. Möge ich frei von Erschütterung, Angst und Sorge sein.
> 4. Möge ich lernen, mich selber mit den Augen des Verständnisses und der Liebe anzuschauen.
> 5. Möge ich fähig sein, die Samen der Freude und des Glücks in meinem Leben zu erkennen und zu berühren.
> 6. Möge ich lernen, die Quellen von Angst, Gier und Täuschung in mir zu erkennen und zu sehen.
> 7. Möge ich wissen, wie ich die Samen der Freude in mir jeden Tag nähren kann.
> 8. Möge ich fähig sein, frisch, gefestigt und frei zu leben.
> 9. Möge ich frei von Zuneigung und Abneigung, aber nicht gleichgültig sein.

Tab. 4.1: Die neun Gebete[2]

man behutsam auf das Erleben hört. Man kann diese zweite Präsenz ganz unterschiedlich bezeichnen – Geist, das innere Selbst, das Unbewußte – oder überhaupt keinen Namen nennen. Wichtig ist, darauf zu achten, wie sich die Bewußtheit ganz von selbst zentriert und öffnet, wenn man einen zweiten Herzschlag spürt.

Im letzten Schritt wiederholt man ein Wort, eine Wendung oder einen Satz. Dies kann man sich als Gebet denken, als Mantra, als Vorsatz, als hypnotische Instruktion oder was auch immer der Person sinnvoll erscheint. Als Beispiel hierfür sind in Tabelle 4.1 neun Gebete aufgelistet, die von dem vietnamesischen buddhistischen Mönch Thich Nhat Hanh stammen. Der Betreffende kann sich aus

---

[2] Aus *The Mindfulness Bell: Newsletter of the Order of Interbeing* (Heft 15, Winter 1995/96). Wie Thich Nhat Hanh hinzufügt: „Wenn man ‚Möge ich ...' geübt hat, kann man fortfahren mit ‚Möge er (oder sie) ...' und sich dabei einen Menschen visualisieren, den man mag, dann denjenigen, den man am meisten liebt, dann jemanden, dem gegenüber man neutral ist, und schließlich den Menschen, an den zu denken einem das meiste Leid verursacht. Dann kann man üben: ‚Mögen sie ...' beginnend mit der Gruppe, den Menschen, der Nation oder der Spezies, die man mag, dann der, die man liebt, dann der, der gegenüber man neutral ist, und schließlich der, an die zu denken einem am meisten Leid verursacht."

der Liste aussuchen, was ihm am hilfreichsten oder passendsten vorkommt. Mit diesem Satz soll sich das Herz öffnen als ein Ort, an dem Zentrieren und Denken tatsächlich erfahrbar werden.

Natürlich können auch andere Worte, Wendungen oder Sätze gebraucht werden. Solche Worte könnten etwa „Offenheit", „Zärtlichkeit", „Sicherheit", „Akzeptanz" und „Zentrieren" sein. Oder Wendungen wie „Es wird schon gutgehen", „Auch dies geht vorüber", „Laß es los" und ähnliches.

Jeder der vier Schritte – entspannen und öffnen, auf den Herzschlag hören, den zweiten Herzschlag spüren und ein Gebet oder einen Vorsatz hinzufügen – ist von dem bzw. den vorhergehenden abhängig. Zum Beispiel den Herzschlag angenehm zu spüren wird schwierig sein, wenn nicht im Körper etwas weicher geworden ist. Wenn also irgendein Schritt schwierig wird, kann man einfach zu einem früheren zurückgehen, ehe man fortfährt.

Die Abspaltung vom Herzzentrum steht mit verschiedenen schwierigen Situationen im Zusammenhang. Beobachtet man sich einmal selbst, wird man merken, daß das Herzzentrum sich immer dann verschließt, wenn ein Problem auftaucht. Indem die empfänglichen und intuitiven Fähigkeiten abnehmen, nehmen Kontrollstrategien überhand. Die Gefühle in der Herzgegend sind eine andere Form der Fressen-Energie des natürlichen Selbst. Wenn das kognitive Selbst sie nicht unterstützt, werden sie sich wie ein antagonistisches Symptom (Angst oder Schmerz) anfühlen, das keinerlei Wert für den Menschen hat und vermieden oder betäubt werden sollte. Indem man wieder mit der Aufmerksamkeit zu dem zurückgeht, was sich in der Herzgegend abspielt, übt man Achtsamkeit, und dadurch kann das Herzzentrum seinen Wert für den Menschen und sein hilfreiches Wesen zeigen.

Man kann dies beispielsweise tun, indem man die Frage stellt: „Womit sollte ich jetzt in diesem Augenblick Frieden schließen?" (Der Therapeut kann in der Therapiesitzung diese Frage für sich stellen oder den Klienten bitten, die Frage für sich zu beantworten.) Die Frage sollte nicht so sehr intellektuell als vielmehr aus einem *felt sense* heraus beantwortet werden. Zum Beispiel merkt der Klient vielleicht, daß er, wenn er an seine Arbeit denkt, ein Gefühl von Wut und Anspannung im Herzen hat. Mit der vierstufigen Methode zum Herz-Zentrieren kann er explorieren, wie er an seine Arbeit denkt, *während* er sein Herz weicher und offener werden läßt; er kann seine

Gedanken tatsächlich in den Raum des Herzens bringen. Schmerzempfinden im Herzen kann Angst auslösen, teilweise aufgrund der generellen Meinung, daß wir es nicht ertragen, wenn uns das Herz „bricht". Wir laufen also oft vor solchen Gefühlen davon, indem wir uns für sie verschließen und unsere Mentorschaft zurücknehmen. Wenn wir würdigen können, daß solche Gefühle ein Zeichen dafür sind, wie sich das Herz für eine tiefere, eigentliche Zärtlichkeit öffnet, dann kehrt die Mentorschaft zurück, und positive Erfahrungen können sich einstellen. Wir entwickeln allmählich ein „rationales Herz", einen Wahrnehmungsort empfindsamer Besonnenheit, wo der Mensch in der Realität des Augenblicks bleiben kann, ohne sich zu verschließen.

Mit dem Herzen zuzuhören heißt nicht, die analytischen Abläufe im Kopf zu vernachlässigen. Vielmehr heißt es, Denken und Fühlen zu vereinbaren. Insbesondere heißt es, den mentalen Prozeß wieder mit seiner Natur, mit der Natur zu verbinden, wie ein Sänger, der mit der Musik statt ihr gegenüber singt. Kapitel 6 untersucht im einzelnen, wie sich damit problematische Erfahrungen lösen lassen. An dieser Stelle liegt die Betonung einfach darauf zu merken, daß im somatischen Selbst vielfältige Bewußtseinszentren existieren und daß es sowohl dem Therapeuten wie dem Klienten hilft, sich auf sie einzustimmen.

Bauch-Zentrieren

Im Herzen zu zentrieren mag nicht immer der beste Ort sein. Im Umgang mit Wut oder Angst z. B. kann es hilfreicher sein, die Aufmerksamkeit tiefer, in den Bauch, einige Zentimeter unter den Bauchnabel, fallen zu lassen. Viele östliche Traditionen nehmen an, daß der Geist im Bauch lokalisiert ist: Wie D. T. Suzuki (1988) bemerkt, ist es der wesentliche Zweck der Koan-Methode im Zen-Buddhismus, die Aufmerksamkeit vom Geist im Kopf zum Geist im Bauch zu verlagern. Auch in der Kampfkunst liegt die Betonung stark darauf, daß sowohl die Wahrnehmung wie die Reaktionsfähigkeit im Bauch entstehen und dort auch zentriert sein sollten.

Neuere Forschungsstudien im Westen haben für diese Vorstellung faszinierende naturwissenschaftliche Bestätigung gefunden. Das neue Forschungsgebiet der Neurogastroenterologie basiert darauf, daß man im Magen-Darm-Trakt ein komplexes, verstecktes Gehirn entdeckt hat, das fähig ist, zu lernen, zu handeln, zu erinnern und zu „denken" – unabhängig vom eigentlichen Gehirn (Blakeslee 1996). Das enterale Nervensystem, wie man es nennt, wird für ein ehemaliges Gehirn gehalten, das sich entwickelte, als wir noch tubuläre Tiere waren, die an Felsen und Steinen klebten und auf Nahrung warteten. (Viele von uns können sich noch an diese Ära in den 60er Jahren erinnern!) M. D. Gershon (s. Gershon, Kirchgessner a. Wade 1994) berichtet, daß das enterale Nervensystem ein komplexes Netzwerk von Neuronen, Neurotransmittern und Proteinen enthält, das unabhängig vom eigentlichen Gehirn funktioniert. Es verursacht „Gefühle im Bauch", die, wenn man auf sie achtet, das Handeln eines Menschen lenken und leiten können. Wenn man nicht dafür aufmerksam ist, nehmen sie die Form von Geschwüren, „Reizkolon" oder chronischer Angst an.

Ich kann mich in diesem Zusammenhang noch lebhaft an ein Erlebnis mit meiner Tochter Zoe erinnern. Als sie gerade vier geworden war, fuhr ich mit ihr und einigen ihrer Freundinnen an den Strand. Die Mädchen kletterten auf etwa einen Meter hohe Felsen und sprangen in den Sand hinunter. Als Zoe sich auf eine höhere Erhebung wagte, rief sie allen aufgeregt zu, sie sollten „diesen echt hohen Sprung angucken". Sie bat mich, zu zählen und die Spannung zu steigern, und bezog ihre Stellung auf dem Felsen. Als sie kurz davor war abzuspringen, flatterten ihre Augenlider beim Hinunterschauen, sie berührte ihren Bauch und sagte: „Oh, mein Bäuchlein hat Angst!" Ich schlug ihr vor, sie sollte zu einem tieferen Absprungspunkt hinuntersteigen, aber sie bestand auf ihrem gegenwärtigen Standort. Die Situation wiederholte sich drei- oder viermal, ehe sie gnädig ein paar Ermutigungen und einige einfache Ratschläge annahm (zu atmen und die Augen nach draußen zu fokussieren), die schließlich halfen, und es gelang ihr zu springen. Seither sprechen wir oft darüber, was ihr „Bäuchlein" ihr zu sagen hat.

Der zentrale Gedanke im Ansatz der Selbstbeziehung, den wir dem Vermächtnis Milton Ericksons verdanken, lautet: Wenn wir einer Erfahrung zuhören und bei ihr bleiben, kann ihr menschlicher Wert sich zeigen. *Liebe ist ein transformativer Akt, der viel Mut und Geschick erfordert.* Statt die Gefühle im Bauch zu verdrängen, zu dissoziieren oder uns mit ihnen zu identifizieren können wir mit ihnen in Kontakt treten, so daß unsere gesamte Beziehung zu ihnen und zu uns selber sich vollkommen verändert. Das Bauchzentrum stellt einen „Raum" dar, der Erfahrung aufnimmt, so daß sie gefördert und transformiert werden kann. Im nächsten Kapitel werden wir sehen, wie dies mit der tibetischen Übung des Tonglen geschehen kann.

Vertikale Bezogenheit: vielfältige Zentren verbinden

Man kennt noch weitere Body-Mind-Zentren. In der Hindu-Tradition unterscheidet man sieben „Chakren", den Scheitelpunkt, das „dritte Auge", den Hals, das Herz, das Sonnengeflecht, den Punkt direkt unter dem Nabel und das Wurzelchakra (im Perineum). Ob man sich diesen Vorstellungen anschließt oder nicht, sie stellen eine Möglichkeit dar, das Verhältnis zwischen Geist und Körper wiederzuvereinen und die Tyrannei und Isolation des abgespaltenen kognitiven Selbst aufzulösen.

Eine einfache Übung nennt sich „Chakren reinigen". Die Person nimmt eine entspannte, offene Haltung ein und beginnt dann z. B. mit dem Herzchakra. Während sie die Aufmerksamkeit auf das Herz lenkt, stellt sie sich ein Juwel in der Herzmitte vor und schaut sich seine Form und Farbe an und was an ihm besonders ist. Weiter wird darauf geachtet, ob sich Schmutz angesammelt hat oder sonst etwas das Funkeln des Juwels beeinträchtigt. Dann stellt sich die Person vor, sie reinige das Juwel sanft, und dabei spürt sie, wie es allmählich zu strahlen beginnt und immer schöner wird. Derselbe Prozeß wird mit einem anderen Chakra wiederholt. Jedesmal wenn ein „Juwel" gereinigt ist, kann es mit den bereits strahlenden Juwelen verbunden werden, so daß eine länger werdende Kette von glänzenden Juwelen entsteht, jedes mit seinen besonderen Merkmalen und alle durch eine energetische Bindung gehalten. Diese Übung kann eine tiefere Entspannung, größere Offenheit und eine stärkere Verbindung zwischen Körper und Geist schaffen. Sie läßt sich auf vielerlei Art und Weise verfeinern und abändern.

Eine klinische Anwendung des Zentrierens

Zentrieren ist in vielfacher Weise hilfreich. In Streßsituationen verlieren sich die Menschen oft an einen äußeren Auslöser oder eine äußere Ursache von Streß. Indem man wieder zur eigenen Mitte findet, kann man sich selbst wiederfinden und von bloßem Reagieren dahin kommen, kreativ auf die Situation einzugehen. Um zu spüren, wohin das Selbst projiziert ist, kann man die Frage stellen: „Wem gilt deine primäre Aufmerksamkeit?" Primäre Aufmerksamkeit kann man sich wie den Cursor auf einem Computerbildschirm vorstellen; er läßt sich beliebig überall herumbewegen. Angenommen beispielsweise, ein Ehepaar streitet sich. Sie zeigt mit ihrem Finger und hebt ihre Stimme. Als Reaktion darauf fixieren sich die Augen des anderen aus Angst oder Wut auf den Partner, sein Körper ist angespannt und steif. Beide Partner widmen ihre primäre Aufmerksamkeit dem anderen, der dann das Gefühl hat, das Verhalten und das Erleben zu „verursachen". Ebendies ist mit „sich selbst verlieren" gemeint.

Die Alternative dazu ist, mit der primären Aufmerksamkeit in die eigene Mitte zurückzukehren. Die Person kann einen tiefen Atemzug nehmen, die Aufmerksamkeit für das Beziehungsfeld öffnen, die Aufmerksamkeit in den Bauch fallen lassen und aus dem *felt sense* von der eigenen Mitte antworten. *Dies ist eine erlernte Fertigkeit und keine automatische Reaktion.* Es gehört diszipliniertes Üben dazu, eine Alternative zur „Kampf-und-Flucht"-Reaktion, bei der man die eigene Mitte verliert, zu erlernen: Diese dritte Art wird im Aikido „Flow" genannt.

Diesen Verlust der Mitte kann man auch sehen, wenn ein Klient Zugang zu emotionalem Erleben bekommt. Während ihm unmittelbar die Tränen kommen, verschränkt er vielleicht die Arme über dem Magen und schaut nach oben an die Decke. (Dies ist ein weiteres Beispiel für den *touch-and-go*-Effekt.) Der Klient projiziert sich hier (imaginär) aus seinem Körper heraus und an die Wand. (Wenn wir die Augen des Betreffenden beobachten, sehen wir oft, wohin die primäre Aufmerksamkeit verlorengeht.) Wenn sein kognitives Selbst vom Körper wegprojiziert wird (eine übliche Strategie von Überlebenden eines Traumas), ist der Mensch nicht zentriert und fühlt sich durch das Erleben überwältigt und „exponiert". *Der „Stressor" wird zum einflußreichen anderen oder zur „höheren Macht", welche die Identität bestimmt.* Mit anderen Worten, wenn man sich mit der primären Aufmerksamkeit von der eigenen Mitte entfernt, ist man offen dafür, unter dem Einfluß von *Aliens* oder anderen negativen Mentoren zu leben. *Das Mittel gegen diese Art Entfremdung ist, in die eigene Mitte zurückzukehren.* Den ersten Anspruch hat der Mensch immer auf seine zarte, weiche Stelle; nur wenn er seine Mitte verläßt, können fremde Mentoren die Regie übernehmen. Wie Nathan Sharansky (1988) als sein Hauptprinzip in den Jahren seiner

Gefangenschaft als sowjetischer Dissident hervorhob: „Niemand außer mir kann mich demütigen."

Zentrierungsübungen sind eine Möglichkeit, dieses außerordentliche Lebensprinzip aus der eigenen Mitte zu spüren. Im Aikido gehört zu diesem Training, die Augen weich werden zu lassen und die Aufmerksamkeit zu einem Mittelpunkt einige Zentimeter unter dem Nabel fallen zu lassen. Es kann helfen, wenn man mit den Fingern diese Stelle des Körpers berührt und sie sanft dort ruhen läßt, bis man eine Übereinstimmung mit dem Atem spürt. Dies kann eine Weile dauern und behutsames Coaching erfordern, so daß Geduld und Zärtlichkeit hier besonders hilfreich sind.

Der Therapeut kann lernen, sich in den „Bauch-Verstand" fallen zu lassen, wenn er sich gestreßt fühlt, und kann auch den Klienten dabei helfen, dies zu lernen. Der Grundgedanke besteht darin, daß man empfänglicher wird und besser auf sich selber und andere eingehen kann, wenn die „primäre Aufmerksamkeit" in der eigenen Mitte ruht. Empfänglich zu sein heißt nicht, sich von jemandem überfahren zu lassen. Wenn man sich mit der eigenen Mitte verbindet, wie in einer Kampfkunstübung, geht es darum, mehr Freiheit zu haben, sich sicher zu fühlen und aus einem tiefen Gefühl der Liebe heraus ohne Gewalt zu antworten.[3]

Die dahinter stehende Prämisse ist hier, daß die Beziehung zur eigenen Mitte (oder was manche ihre Seele oder Besonnenheit oder ihren Dämon nennen) die primäre Verpflichtung ist. Sie ist wichtiger als jede andere Beziehung im Leben – zu den Kindern, zum Partner, zur Arbeit –, denn ohne sie kann man nicht wirklich präsent sein. Dieser Gedanke des Primats der Selbstliebe ist für viele neu, so daß es wichtig ist, narzißtische Selbstbezogenheit von verantwortlicher Selbstliebe zu unterscheiden. Beim Narzißmus

---

[3] Gandhi pflegte zu sagen, wenn die einzige Alternative zu passiver Unterwerfung unter Unrecht gewaltsamer Widerstand wäre, würde er in fast jedem Fall zu gewaltsamem Widerstand raten, denn niemand habe verdient, ungerecht behandelt zu werden. Aber er hob die dritte Möglichkeit von *Satyagraha* hervor, die wir zuvor „Festigkeit der Seele" oder „Kraft der Liebe" genannt haben. Gandhi wies darauf hin, wie diese gewaltlose Kraft wirksam eingesetzt werden könnte, um der Kraft der Gewalt zu begegnen und sie zu transformieren. Aikido wendet dasselbe Prinzip an, und die Psychotherapie der Selbstbeziehung ebenfalls. Sie alle erfordern als Basis die Geschicklichkeit der Zentrierungsübungen, um dieses außerordentliche Prinzip zu verwirklichen.

entfernt man sich von der Welt und flüchtet in die eigenen mentalen Projektionen; beim Zentrieren in die Selbstliebe ist man vollkommen in der Realität eines jeden Augenblicks, verbunden mit dem eigenen Selbst und der Welt um einen herum. Die einfache Vorstellung, die sich praktisch testen läßt, ist, daß man, wenn man die eigene Mitte verläßt, mit nichts und niemandem wirklich Kontakt aufrechterhalten kann. Man bringt alles durcheinander, egal, was für eine Absicht man hat. Das Zentrieren erlaubt einem, das Leben durch sich hindurchströmen zu lassen, und ermöglicht somit, daß die Bewußtheit die engen Belange des kognitiven Selbst aufnimmt, aber auch überschreitet.

Erden

In der Kampfkunst, wie in anderen Performancekünsten (etwa dem Tanz), gilt die Aufmerksamkeit auch dem Boden. Der Grundgedanke ist, daß die Energie des Menschen in Streßsituationen nicht fest im Boden verwurzelt ist und er somit leicht aus dem Gleichgewicht geraten und „herumgeschubst" werden kann. Wenn man sich umgekehrt im Kontakt mit der Erde fühlt, erlaubt dies ein Gefühl von Festigkeit und Präsenz.

Das Prinzip des Erdens kann für Menschen hilfreich sein, die mit Streßsituationen fertig werden müssen. Gewöhnlich ruht die Aufmerksamkeit in solchen Augenblicken auf einem selbst oder auf dem anderen. Die Aufmerksamkeit gilt ausschließlich den kognitiven Prozessen und nicht dem körperlichen Zentrieren und dem (im wörtlichen Sinne) gemeinsamen Boden, auf dem die betroffenen Personen stehen. Übungen zum Erden bringen den Menschen wieder mit dem somatischen Selbst in Kontakt und fördern eine größere Reaktionsfähigkeit und Flexibilität. Erden kann insbesondere auch für den Therapeuten hilfreich sein, der in der Lage sein muß, einer ganzen Reihe von schmerzlichen Geschichten zuzuhören und dabei doch offenzubleiben und darauf einzugehen.

Eine Art des Erdens ist einfach, die Augen weich werden zu lassen, einen Atemzug zu nehmen und die Aufmerksamkeit in den Boden „fallen zu lassen". Daraus kann sich ein Gefühl von räumlicher Weite entwickeln und das Gefühl, von einer unendlich gekrümmten Erde getragen zu sein. Statt sich also auf engem Raum Zeh an Zeh oder Kopf an Kopf mit einem Menschen zu fühlen, kann man einen großen, offenen Raum spüren, in dem die Beziehung entsteht. Dies ist nicht ein verträumter veränderter Bewußtseinszustand, sondern ein erweiterter Zustand von entspannter Wachheit, wo der Raum zwischen Therapeut und Klient weicher und offener wird. Es kann auch helfen, in das Gefühl hineinzugehen, wie die Mitte des Bauches sich sanft hinunter in die Erde drückt, vielleicht sogar, wie sie ganz bis in die Erdmitte vordringt. Zudem kann es helfen zu spüren, wie sich eine sanfte Energie durch die Fußballen drückt, und dabei gleichzeitig zu spüren, wie Energie aus der Erde durch die Fersen heraufkommt. Dies sind – wie schon erwähnt – Grundübungen, die aus der Kampfkunst stammen und dazu angetan sind, daß man sich frisch, gefestigt und frei fühlt, um kreativ auf den anderen eingehen zu können. Sie können auch in anderen Beziehungssituationen wie eben in der Psychotherapie ihren Wert haben.

Die Aufmerksamkeit öffnen

Das komplementäre Prinzip zum Fallenlassen der Aufmerksamkeit in die eigene Mitte ist das Öffnen der Aufmerksamkeit für das Beziehungsfeld. Dies basiert auf der einfachen Beobachtung, daß sich beim Symptomverhalten die Aufmerksamkeit insgesamt zusammenzieht, oftmals rigide auf die Gestalt des Stressors fixiert und vom Feld darum herum zurückzieht. Ein in diesem Zusammenhang relevantes Aikido-Prinzip lautet: *Fixiere deinen Blick niemals auf den Angriff*. Wie Morihei Ueshiba (s. Stephens 1992), der Gründer des Aikido, schreibt:

> Starre nicht in die Augen deines Gegners:
> > Er könnte dich verzaubern.
> Fixiere deinen Blick nicht auf sein Schwert:
> > Es könnte dich einschüchtern.
> Fokussiere keinesfalls den Blick auf deinen Gegner:
> > Er könnte dir die Energie rauben.
> Das Wesen des Trainings ist, deinen Gegner in
> > deine Sphäre zu bringen.
> Dann kannst du stehen, wo du willst.

Im folgenden stellen wir vier Techniken dar, wie sich die Aufmerksamkeit für das Feld öffnen läßt.

Gleichschwebende Aufmerksamkeit

Die Aufmerksamkeit zu öffnen ist Freuds Konzept von der „gleichschwebenden Aufmerksamkeit" ganz ähnlich, die er als wesentlich für den Bewußtseinszustand des Therapeuten beschreibt:

> Vorläufig lassen wir unser Urteil in der Schwebe und nehmen alles zu Beobachtende mit gleicher Aufmerksamkeit hin. (Freud 1909, S. 26)

> Indes ist diese Technik eine sehr einfache. Sie lehnt alle Hilfsmittel, wie wir hören werden, selbst das Niederschreiben ab und besteht einfach darin, sich nichts besonders merken zu wollen und allem, was man zu hören bekommt, die nämliche „gleichschwebende Aufmerksamkeit", wie ich es schon einmal genannt habe, entgegenzubringen ... Sowie man nämlich seine Aufmerksamkeit absichtlich bis zu einer gewissen Höhe anspannt, beginnt man auch unter dem dargebotenen Materiale auszuwählen; man fixiert das eine Stück besonders scharf, eliminert dafür ein anderes und folgt bei dieser Auswahl seinen Erwartungen oder seinen Neigungen. Gerade dies darf man aber nicht; folgt man bei der Auswahl seinen Erwartungen, so ist man in Gefahr, niemals etwas anderes zu finden, als was man bereits weiß; folgt man seinen Neigungen, so wird man sicherlich die mögliche Wahrnehmung fälschen. Man darf nicht darauf vergessen, daß man ja zumeist Dinge zu hören bekommt, deren Bedeutung erst nachträglich erkannt wird. (Freud 1912, S. 377)

Diese gleichschwebende Aufmerksamkeit wird entwickelt, indem die Aufmerksamkeit weicher wird und man sie durch das Beziehungsfeld gleiten läßt. Dies ähnelt dem Rat, den Don Juan in *Der Ring der Kraft* (Castaneda 1978) Carlos Castaneda gab, als er riet, Carlos solle lernen, beim Gehen die Augen so weit aufzumachen, daß sein peripherer Blick 180 Grad umfaßte, er den Horizont auf beiden Seiten beobachten und dabei seine Hände an den Seiten spüren könne. (Don Juan fügte dann den noch ernüchternderen Vorschlag hinzu, er solle spüren, wie der Tod ihm immer über die linke Schulter starre!) Wir könnten dies Hintergrundwahrnehmung nennen statt Figurwahrnehmung (welches der traditionellere Ausdruck ist). Es ist eine Art „Jongleurbewußtsein", das einem erlaubt, mit dem Beziehungsfeld im Kontakt zu sein und unterschiedliche Figuren (Wahrheiten, Menschen, Standpunkte usw.) zu halten, ohne an einer einzelnen festzuhaften.

Drei-Punkte-Aufmerksamkeit

Eine einfache Art, die Aufmerksamkeit auf das Feld zu konzentrieren, ist etwas, das ich Drei-Punkte-Aufmerksamkeit nenne. Manchmal stelle ich dies meinen Klienten als eine „Anti-Angst-Technik" vor und betone, daß man, um sich Sorgen zu machen, die Augen verspannen und in arhythmischen Mustern herumbewegen muß. (Deshalb bittet man in einer traditionellen hypnotischen Induktion die Person, sich zu entspannen und einen Punkt zu fixieren: Dies unterbricht die Orientierungsreaktion, die durch die Augenbewegungen ausgelöst wird, und läßt dadurch die Hypnose entstehen. Ich glaube außerdem, daß dies ein Hauptgrund für den Erfolg der EMDR[4]-Therapie ist, bei der die Klienten gebeten werden, mit ihren Augenbewegungen rhythmisch dem Finger des Therapeuten zu folgen, während sie traumatische Erinnerungen verarbeiten.) Dann schlage ich ein einfaches Experiment vor, nämlich daß der Klient sich entspannt und einen Punkt der primären Aufmerksamkeit im Bauch (oder im Herzen, in den Händen, was eben am angenehmsten ist) entstehen läßt. Dann schlage ich vor, er solle zwei andere, externe Punkte wählen, auf die er fokussieren kann, am besten einen auf jeder Seite von mir. Wir arbeiten ein wenig an der Entspannung und daran, die Aufmerksamkeit sanft zu verteilen, bis alle drei Punkte gleichmäßig im Fokus sind. Ich schlage dann vor, der Klient möge das Aufmerksamkeitsfeld ein wenig weicher werden lassen und dabei ganz wach bleiben. Dadurch entwickelt die Person eine gleichmäßig auf das Feld verteilte Aufmerksamkeit mit einem weichen Fokus und dem Gefühl, geerdet zu sein.

Angenehm ist diese Technik auch unter dem Gesichtspunkt, daß der Therapeut leicht beobachten kann, wie es der Person geht. Wenn sich der Blick verändert, kann man behutsame Anweisungen geben, sich zu entspannen und neu zu fokussieren. Dies ist eine ganz klare Strategie, um einen entspannten und wachen Fokus zu entwickeln. (Wie schon erwähnt, kann der Therapeut dies parallel mit dem Klienten tun.) Die therapeutische Arbeit, insbesondere bei Angstproblematik, kann beginnen, wenn der Klient in diesem Zustand ist. Er hält ihn davon ab, hier mit Kontrolle oder Angst auf irgendein früheres Erlebnis zu reagieren, und erlaubt ihm somit, präsent zu bleiben.

---

4 Eye Movement Desensitization and Reprocessing

Man kann den Klienten dazu ermutigen, vor oder in Streßsituationen diese Zentrierungsübung zu machen. Sie hilft auch, wenn jemand Einschlafstörungen hat. Normalerweise hat der Betreffende die Augen zu und dreht und wendet sich im Bett herum. Bei der Drei-Punkte-Aufmerksamkeit soll auf dem Rücken mit den Armen an der Seite liegen. Die Augen sollen offenbleiben, und er soll versuchen, nicht zu zwinkern. Die Drei-Punkte-Aufmerksamkeit stellt sich ein, während die Person an die Decke schaut. (In einem abgedunkelten Zimmer werden die Punkte mit offenen Augen in den Raum projiziert.) Der Klient wird merken, wie die Augen überallhin gehen wollen, aber durch sanftes Neufokussieren kann das Drei-Punkte-Feld das somatische Selbst entspannen und insgesamt Entspannung mit sich bringen und dem Betreffenden den Schlaf.

Aufmerksamkeit auf die Beziehung lenken

Eine Abwandlung dieser Übung ist das, was man Schaltkreise des „Beziehungsgeistes" nennen könnte. Dies ist eine quasihypnotische Erfahrung, die dazu angetan ist, die Aufmerksamkeit auf einen anderen Menschen zu lenken. Ich setze diesen Prozeß in der Arbeit mit Paaren ein, als Trainingsübung für Therapeuten und gelegentlich mit Klienten. Manchmal setze ich ihn unauffällig während eines Interviews ein, um ein Gefühl von Verbundenheit mit dem Klienten zu vertiefen.

Um diese Verbindung herzustellen, entwickelt die Person das Gefühl von sanft pulsierenden Energieringen, die in elliptischen Umlaufbahnen durch sie und ihren Partner kreisen und die beiden verbinden. Eine Person mag zum Beispiel zuerst eine sanfte Energie hinter den Augen spüren, ein entspannendes Gefühl, das sich wie ein pulsierender Ring aus Energiefrequenzen anfühlt. Dieser gebogene Ring kann durch die eigenen Schläfen in eine Umlaufbahn weitergehen und weiter durch die Schläfen und hinter die Augen des Partners. Ähnliche Umlaufbahnen können durch die Ohren, die Fingerspitzen und die Zehen entwickelt werden. Die Partner lassen ihre Aufmerksamkeit innerhalb des Feldes ruhen und achten darauf, was für Bewußtseinsströme durch diese Beziehungskreise ausgesendet und empfangen werden.

Dieser Prozeß mag sich merkwürdig anhören, aber er stellt eine einfache Art dar, ein intimes Muster zu spüren, das einen mit einem anderen Menschen verbindet. Er erleichtert die Erfahrung, daß zwischen Menschen eher ein Beziehungsfeld als ein statischer Standpunkt im Kopf einer Person entscheidend ist. Je mehr man von der im eigenen Kopf eingesperrten Isolation in das gemeinsame Beziehungsfeld mit anderen kommen kann, desto weniger wird das Leben als Problem erfahren.

Selbsttranszendenzerfahrungen erinnern

Wir haben oben angemerkt, daß praktisch alle Menschen Erfahrungen von Gemeinsamkeit haben, in denen sie eine Verbindung mit etwas jenseits ihres individuellen Selbst spüren. Diese Erfahrungen macht man bei ganz einfachen Tätigkeiten, wie etwa mit Kindern spielen, stricken, schwimmen, lesen, beten, sich sportlich oder künstlerisch betätigen oder am Strand spazierengehen. Einen Menschen zu bitten, sich an solche Erfahrungen zu erinnern und sie wieder lebendig werden zu lassen, ist eine weitere Art, die Aufmerksamkeit zu öffnen. Wie wir in Kapitel 3 erörtert haben, kann man das Beziehungsfeld zugänglich machen, um einen Kontext für die Arbeit mit schwierigen Erlebnissen zu schaffen.

DIE TORE DER WAHRNEHMUNG REINIGEN

Eine letzte Gruppe von Übungen hat damit zu tun, den „Staub des Alltagslebens" abzuwaschen, der die Klarheit verdeckt.

Hypnotische Phänomene ausradieren

Das ganze Reden über Weichheit und Entspannung wird notwendigerweise bei manchen dazu führen, daß sie in Trance gehen; also muß wiederholt werden, daß dies gewöhnlich eben nicht das Ziel ist, wenn man diesen Prinzipien folgt. Ein Hauptziel ist vielmehr, den Betreffenden zu helfen, aus wenig wachen Zuständen von tranceartiger Aufmerksamkeit aufzuwachen. Einige übliche Nebeneffekte von Hypnose sind Abgeschlagenheit, Verzerrung der Realitätswahrnehmung und vermindertes Reaktionsvermögen, die von der therapeutischen Präsenz ebenso wie von effektivem Reaktionsvermögen in herausfordernden Situationen ablenken können. Daher ist es hilfreich, einige Möglichkeiten zu haben, aus ihnen herauszuführen. Das heißt, es ist eine wichtige Fähigkeit, die Aufmerksamkeit in das Beziehungsfeld zu erweitern, ohne in Trance abzugleiten. In dieser Hinsicht kann man eine ganz einfache Frage stellen: „Wie merken Sie, daß Sie in Trance gehen?"

Gewöhnlich wird darauf mit Trancephänomenen geantwortet. Das heißt, man merkt, daß sich eine Trance entwickelt, weil das Phänomen (oder die Erscheinung) der subjektiven Erfahrung sich deutlich verändert. Diese Veränderungen können sich im visuellen, somatischen, auditiven oder kognitiven Repräsentationssystem ereignen. Sie können manchmal eine narkoseartige Wirkung haben, wodurch sich die Erfahrung verzerrt und der Mensch sich noch weiter aus dem gegenwärtigen Augenblick entfernt. Dies kann in manchen Situationen hilfreich und interessant sein – in anderen Situationen aber ablenkend und gar nicht hilfreich –, z. B. wenn der Therapeut sich auf den Klienten einstimmen sollte oder wenn ein Mensch in einer Beziehung den Kontakt aufrechterhalten möchte.

Also ist es nützlich, die Wahl zu haben, ob man hypnotische Phänomene entwickelt oder ausradiert. Um das letztere zu erreichen, sei hier ein einfaches Experiment vorgestellt. Man finde eine angenehme Haltung und nehme sich ein paar Augenblicke Zeit, um offen und empfänglich zu sein. Indem man sich auf die visuelle Aufmerksamkeit einstimmt, frage man: „Was ist das erste (kleine) Anzeichen, daß sich eine Trance entwickelt?" Dies kann ein Tunnelblick sein oder eine bestimmte Art von Bildern oder eine Veränderung im Detail. Indem man auf alles achtet, ganz gleich, was es sein mag, nehme man einen imaginären „sanften, mentalen Radiergummi" und radiere dieses Phänomen vorsichtig aus. Dann spüre man, was dahinter liegt (nicht im Sinne von einer versteckten Bedeutung oder einem versteckten Symbol, sondern von dem Erfahrungsraum – häufig Offenheit –, der gespürt wird.) Wenn man empfindet, was dahinter liegt, lasse man sich tiefer in eine „Trance" gehen (ohne das Trancephänomen).

Als nächstes geht man mit der Aufmerksamkeit durch den Körper und stellt dieselbe Frage: „Was ist das erste kleine Anzeichen dafür, daß eine Trance entsteht?" Dies kann eine Schwere im Körper sein, ein Kribbeln in den Händen oder ein Gefühl von Dissoziation. Man nehme den mentalen Radiergummi und radiere die Verzerrung aus. Man spüre, was dahinter liegt und gehe daraufhin tiefer in die Trance. Dasselbe wiederholt man für den kognitiven Bereich und kann dann beliebig oft durch jede Modalität zirkulieren.

Diese Übung kann helfen, einen Ort in sich zu erfahren, der weder die diktatorische Kontrolle der Ego-Identität ist noch die Verträumtheit der hypnotischen Realität. Sie kann helfen, eine verfeinerte Bewußtheit für den Mittelweg zwischen den Extremen zu entwickeln. Hier ist das Leben kein Problem: Es „ist" einfach. Dadurch kann man unmittelbarer mit dem Leben umgehen, so wie das Leben es fordert.

Kognitive Phänomene ausradieren

Wir können leicht von einem Extrem ins andere fallen, entweder verlieren wir uns an die Verführung von Phantasie und Bilderwelt oder an die Denkformen und Konstrukte des kognitiven Selbst. Wir werden süchtig danach, zu denken, auswendig gelernte Strukturen stur anzuwenden. Wir meinen, daß wir das Denken denken, statt daß, wie Nietzsche betonte, das Denken uns denkt.

Wenn das Denken nicht mehr hilfreich ist – das heißt, wenn ein Mensch sich festgefahren, überfordert, angespannt fühlt –, lassen sich dieselben „Experimente im Bewußtsein", die mit hypnotischen Phänomenen durchgeführt wurden, auf analytische Inhalte anwenden. Nachdem sich also der Betreffende zentriert und die Aufmerksamkeit geöffnet hat, Geist, Körper, Herz usw. hat weich werden lassen und hypnotische Phänomene ausradiert hat, kann er sich die Frage stellen: „Wessen bin ich mir sonst noch bewußt?" Indem jeder Gedanke, jedes Bild oder jede Wahrnehmung bemerkt wird, kann der „sanfte mentale Radiergummi" dies weicher machen oder ganz ausradieren, so daß sich ein *felt sense* von dem zarten Raum dahinter einstellen kann. Auch der Ort, von dem aus eine Person beobachtet, kann gespürt und sanft und vorsichtig ausradiert werden. Dadurch wird eine andere Art der geistigen Erfahrung als Beziehungsfeld zugänglich. Wie Milton Ericksons „in der Mitte von nirgendwo" oder Deepak Chopras (1990) „Feld aller Möglichkeiten" ist dies ein Raum, aus dem frisches Erleben entstehen kann. Es bedeutet auch Erleichterung von zwanghaftem Tun bzw. Denken und eine Rückkehr zu der grundlegenderen Erfahrung von Achtsamkeit. Dies ist ein Mittel gegen einen Geist, der im endlosen Zyklus von Leistung und Auftreten gefangen ist. Es kann sich eine Erfahrung von Frieden und Neugier einstellen, und die Selbstliebe kann sich erneuern.

Zusammenfassung

Andauernde oder wiederkehrende Probleme spiegeln normalerweise einen Bruch in der Bezogenheit zwischen dem somatischen Selbst und dem kognitiven Selbst sowie den daraus resultierenden Verlust sowohl der eigenen Mitte als auch einer Verbindung mit dem größeren Beziehungsfeld. Die Art, wie Aufmerksamkeit eingesetzt wird, ist besonders entscheidend, um solche Zustände aufrechtzuerhalten. Im Herzen eines jeden Symptoms liegt eine allgemeine Erregung oder eine neuromuskuläre Blockade, welche die Lebenskraft und ihre Ressourcen blockiert.[5] Demnach ist es wichtig, Fertigkeiten zu entwickeln, welche die neuromuskuläre Blockade identifizieren und lösen, so daß die Wiedervereinigung von Geist und Natur, von Denken und Fühlen geschehen kann. Die allgemeinen Methoden, die wir hier exploriert haben – Atmen und Muskelentspannung, Aufmerksamkeit fallen lassen und zentrieren, Aufmerksamkeit öffnen und die Tore der Wahrnehmung reinigen – sind einige Vorschläge, wie dieser Prozeß gelingen kann. Wenn dies geschieht, sind Achtsamkeit und Bezogenheit wieder möglich, und somit werden Heilung und Wachstum gefördert.

---

[5] Dieser Gedanke eines allgemeinen unterschwelligen Faktors von Erregung oder Störung bei allen psychologischen Symptomen bindet an Hans Selyes (1974) Konzept des Streßfaktors an. Selye beschreibt, wie er als junger Arzt im Krankenhaus Patienten untersuchte und überrascht war, wie krank sie alle aussahen – das heißt, unabhängig von der Diagnose schienen sie alle in gleicher Weise allgemein krank auszusehen. Dadurch kam er zu der Auffassung, daß bei jeder Krankheit Streß ein unterschwelliger Faktor sei. Die Vorstellungen von neuromuskulärer Blockierung und Erregung in der Psychotherapie der Selbstbeziehung werden in ähnlicher Weise eingesetzt.

5. Liebe als Fertigkeit
Die Praktiken der Mentorschaft

Psychoanalyse ist im wesentlichen eine Kur durch Liebe.

Sigmund Freud in einem Brief an C. G. Jung

Liebe ist die produktive Form der Beziehung zu anderen und zu sich selbst. Sie bedeutet Verantwortungsgefühl, Fürsorglichkeit, Achtung und Verständnis und den Wunsch, daß der andere Mensch wachsen und sich entfalten möge. Sie ist der Ausdruck von Vertrautheit zwischen zwei Menschen, mit der Voraussetzung, daß die Persönlichkeit beider unangetastet bleibt.

Erich Fromm (1954, S. 125)

Eine Grundprämisse der Psychotherapie der Selbstbeziehung ist, daß der Fluß des Lebens durch jeden von uns strömt und jede menschenmögliche Erfahrung mit sich bringt. In diesem Sinne ist das Leben hinter uns her und hilft uns, mehr und mehr zu Menschen zu werden. Das Leben läßt sich nicht täuschen: Wir können die Grunderfahrungen von Angst, Freude, Wut, Traurigkeit, Begeisterung, Neid usw. nicht vermeiden. Die Grundfrage ist unsere Beziehung zu diesem Fluß des Lebens. Wir können Angst vor ihm haben und ihn verfluchen, ihn ignorieren und ausnutzen, oder wir können ihn annehmen und damit arbeiten. Diese letztere Beziehungskunst ist es, die wir Liebe nennen.

Bei genauerer Betrachtung der Liebe als Mut und als Fertigkeit werden im Ansatz der Selbstbeziehung die Prinzipien und Praktiken der Mentorschaft betont. Demzufolge berührt die Instanz der Achtsamkeit etwas und läßt sich darauf ein, so daß dieses Erleben menschlichen Wert bekommt und transformiert wird. Dies impliziert zugleich, daß alles, was im menschlichen Erleben unveränderlich ist, nicht gefördert wird. Die Kunst der Mentorschaft unterstützt also den natürlichen Veränderungsprozeß. Mentorschaft ereignet sich in vielen unterschiedlichen Kontexten: Eltern mit ihrem Kind, ein Mensch mit den eigenen Erfahrungen, die Therapeutin mit ihrer Klientin, eine Künstlerin mit archetypischen oder künstlerischen Prozessen, eine Freundin mit einem Menschen, der sie braucht, ein Mensch in der Natur. In jeder Situation fließen die Fressen-Energien des Lebens, und Mentorschaft ist die Fähigkeit, solche Energien zu den vitalen Essen-Formen des Menschen zu kultivieren. Wie wir in diesem Kapitel sehen werden, gehören zu den Fähigkeiten einer Mentorin: aktiv zuhören, richtig benennen, genügend Raum geben, Ausdruck verleihen, segnen, verbinden, disziplinieren, schützen, ermutigen und herausfordern.

Wenn wir diese Prinzipien der Mentorschaft auf die Psychotherapie anwenden, werden wir von drei miteinander zusammenhängenden Prinzipien geleitet: (1) dem sich zeigenden Selbst begegnen und es unterstützen; (2) Zugang zum komplementären Selbst schaffen; und (3) ein Beziehungsselbst entwickeln, das die beiden verbindet. Um zu sehen, wie sich diese Prinzipien umsetzen lassen, erörtern wir zuerst eine Übung zum Benennen und Integrieren komplementärer Selbste. Vor diesem Hintergrund betrachten wir einige therapeutische Grundfertigkeiten von Mentorschaft. Schließlich wird eine abgeänderte Version des tibetischen Tonglen („Geben und Empfangen"), einer bemerkenswerten Methode zur Umwandlung negativer Erfahrung, erörtert.

Eine exemplarische Übung: Wer bist du?

Mit dieser Übung kann man in psychotherapeutischen Ausbildungsgruppen sehr gut die drei miteinander verbundenen Prinzipien von Begegnung, Ergänzung und Verbindung einführen. Abbildung 5.1 zeigt das inzwischen vertraute Diagramm, in dem komplementäre Selbste sich zu einem Beziehungsselbst ergänzen. Um daraus eine Übung zu machen, werden Dreiergruppen gebildet. Eine Person ist in der Position der Klientin; die zweite ist Therapeutin A; die dritte Therapeutin B. (Die Rollen werden rotierend getauscht, so daß jede in jeder Rolle an die Reihe kommt.) Jede nimmt sich zuerst ein paar Minuten Zeit, um zur Ruhe zu kommen und zu entspannen. (Die Aufmerksamkeitsübungen von Kapitel 4 sind dafür hilfreich.)

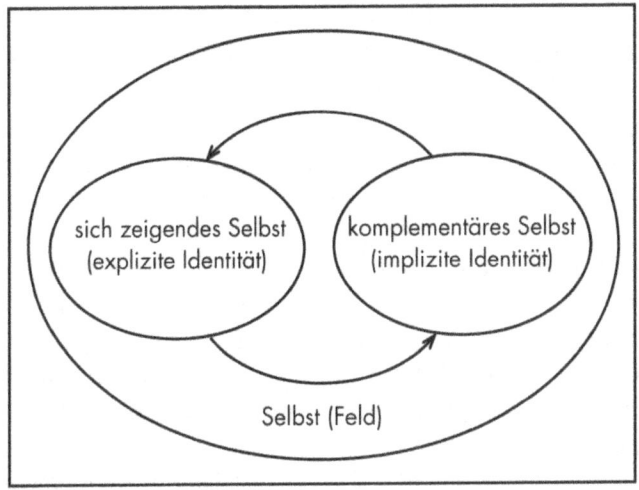

Abb. 5.1: Selbstidentität als Beziehungsgegensätze

Schritt 1: Der sich zeigenden Identität begegnen
Wenn Therapeutin A bereit ist, wendet sie sich der Klientin zu und nimmt nonverbal und mit offener Neugier den Kontakt auf und fragt dann: „Wer bist du?" Die Klientin läßt die Frage durch das somatische Selbst filtern, wie eine hypnotische Instruktion oder ein Gedicht, und achtet darauf, welche Reaktionen sich einstellen. (In der Regel bittet man die Klientinnen zuvor, ihre Antworten auf soziale Identitäten, die sie in ihrer persönlichen Geschichte erlebt haben, zu beschränken: Ich bin ein trauriges dreijährige Mädchen. Ich bin die Tochter meiner Mutter. Ich bin Therapeutin. Ich bin Zoes Mutter. Ich bin Ehefrau. Ich bin eine Leserin von Büchern. Usw.) Gleich welches die Antwort sein mag, die Klientin formuliert sie als einfache Aussage, z. B.: „Ich bin die Tochter meiner Mutter."

Therapeutin A nimmt diese Aussage auf und läßt sie ihr somatisches Selbst berühren und darin nachhallen. Nicht intellektuelles Verstehen ist beabsichtigt, sondern ein Sehen aus dem Erleben, wer die Klientin – beispielsweise als Tochter ihrer Mutter – ist. Die Therapeutin spürt die Identität in ihrer energetischen Resonanz ebenso wie durch andere nonverbale Elemente, wie Haltung, Ton, Intensität usw. Dies ist wesentlich: Sowohl die Klientin wie die Therapeutin wollen primär einen *felt sense* von der Identität empfinden. Die Identität „Tochter meiner Mutter" zum Beispiel ist auf einer kognitiven

Ebene sinnlos. Wenn wir fünf Töchter ihrer Mütter nebeneinander stellen würden, hätten wir fünf sehr unterschiedliche emotionale und psychologische Egos. Die Therapeutin fühlt durch die verbale Beschreibung hindurch, um das Erleben, das mit der Beschreibung verbunden ist, zu spüren. *Es ist die erlebte Erfahrung des somatischen Selbst, auf das sich die Therapeutin einzustimmen versucht und auf das sie sich einläßt.*

Wenn Therapeutin A die Identität wahrgenommen hat, möchte sie sie „halten", das heißt ihr in den Zentren ihres somatischen Selbst Raum geben. Dies ist eine der wichtigsten Fertigkeiten einer Selbstbeziehungstherapeutin. Es ist ähnlich, wie wenn man für Musik, für ein Gedicht oder für eine sonstige Kunstform offen ist oder dafür, ein Kind zu lieben, insbesondere wenn das Kind unter Streß steht. Wenn die Therapeutin die von der Klientin genannte Identität spürt, hat sie auch ein Gefühl dafür, wie sie dabeibleiben kann, wie sie energetisch damit in Kontakt treten kann, wie sie selber damit zusammenpaßt. Dies bedarf wenigstens einiger Augenblicke des Schweigens, damit die Intelligenz des somatischen Selbst die Identität aufnehmen und halten kann. Die Therapeutin kann die Identität in ihr Herzzentrum oder in ihr Bauchzentrum bringen. Ist dies geschehen, sagt die Therapeutin einfach: „Ja, ich sehe, daß du (die Tochter deiner Mutter) bist."[1]

Schritt 2: Eine komplementäre Identität zugänglich machen

Mittlerweile hat Therapeutin B schweigend teilgenommen und die von der Klientin benannte Identität aufgenommen und gehalten. Wenn Therapeutin A die genannte Identität würdigt, läßt Therapeutin B sie los und spürt einer entgegengesetzten oder komplementären Identität nach. Eine zu „Tochter der Mutter" komplementäre Identität könnte sein „Tochter des Vaters" oder „Mutter des Sohns" oder „du selber". Es gibt viele mögliche Ergänzungen. Um ein Gefühl für eine davon zu bekommen, geht die Therapeutin nicht in erster Linie intellektuell oder semantisch vor, sondern aufgrund ihrer Intuition. Wenn die erste Identität aufgenommen und in

---

1 Dieses „Sehen" ist mehr als die sinnliche Wahrnehmung eines Objektes, wie beispielsweise: „Ich sehe die Kugel auf dem Boden." Es ist das existentielle „Sehen" der Mentorschaft, das einen Segen spendet. Das heißt, in diesem Prozeß wird das Dasein des Menschen sinnlich wahrgenommen, berührt und geehrt.

einem Körperzentrum gehalten wird, löst die Frage nach dem Gefühl von einer entgegengesetzten Energie oder entgegengesetzten Seinsweise einen komplementären *felt sense* aus, und hinzu kommt dann eine verbale Beschreibung. Wenn Therapeutin B also die komplementäre Identität spürt, stimmt sie sich darauf ein und spricht sie an, indem sie etwa sagt: „Und ich sehe auch, daß du (die Mutter deines Sohnes) bist."

Wichtig ist nicht, eine wissenschaftliche Benennung zu finden, sondern poetisch etwas zu evozieren und zu ergänzen. Die Ergänzung kann gut passen oder nur teilweise oder überhaupt nicht. Jede Antwort ist nützlich, solange die Therapeutin für die Reaktion der Klientin sensibel bleibt.

Schritt 3: Beide Identitäten gleichzeitig erfahren

Nachdem Therapeutin B ihre Feststellung geäußert hat, halten die Therapeutinnen inne und sagen dann gleichzeitig: „Und wie gut zu wissen, daß du *beides* zugleich genießen kannst!"[2] Auch die stereophone Botschaft ist poetisch und hypnotisch ebenso wie spielerisch und fordert die Klientin dazu auf, die Präsenz beider Identitäten gleichzeitig zu spüren.

Ich möchte noch einmal darauf hinweisen: Die gleichzeitige Aktivierung unterschiedlicher Wahrheiten, Egos oder Identitäten im Nervensystem ist eine präzise Formel, um einen veränderten Bewußtseinszustand zu entwickeln. Die Person „verliert für einen Augenblick den Verstand", wenn Standpunkte ein sich überschneidendes Muster bilden (wie ein Hologramm). Was typischerweise übrigbleibt, ist ein Gefühl von Integration, Offenheit und Begeisterung. (Dies setzt natürlich einen unterstützenden Kontext voraus; fehlt ein solcher Kontext, ist der entstehende veränderte Zustand nur schmerzhaft und wird nicht integriert, da das vereinigende Feld

---

2 Manche haben das Wort „genießen" in der Formulierung in Frage gestellt. Die Übung wird teilweise mit einem Augenzwinkern oder etwas Vergleichbarem durchgeführt, so daß Vergnügen und Genießen Kernthema sind. Teilweise geht es auch darum zu betonen, daß ein positives Beziehungsgefühl als Reaktion auf eine negative Erfahrung möglich ist. Wenn ich mich also an ein früheres Ereignis erinnere, muß ich nicht von dem Gefühl dieses Ereignisses gefesselt werden. Bei solchen Erinnerungen ist die wichtige Qualität Selbstliebe oder Selbstverbundenheit. Natürlich kann man statt von „genießen" auch von „erfahren" oder „erleben" sprechen.

fehlt.) Die Identität geht von einer auf dem eigenen Standpunkt basierenden Kognition („Ich bin dies, oder ich bin das") zu einem auf dem Feld basierenden Erleben („Ich bin das Beziehungsfeld, das Beschreibungen hält"). Dadurch bekommt man eine Ahnung vom schöpferischen Bewußtsein des Beziehungsselbst.

Nachdem etwas Zeit gelassen wurde, damit sich die Reaktion herausbilden kann, übernimmt Therapeutin B die Führung, indem sie die Frage stellt: „Und wer bist du sonst noch?" Dies bringt eine weitere Runde der drei Schritte in Gang, in der eine Identität erfragt und gewürdigt, eine komplementäre Identität erspürt und angesprochen und stereophon ein beide Identitäten verbindendes Feld aktiviert wird. Gewöhnlich werden vier oder fünf Runden durchgespielt, in denen sich die Beteiligten zunehmend einlassen. Dann tauschen die Partnerinnen die Rollen und wiederholen die Übung.

Die Übung läßt sich auch mit nur einer Therapeutin durchführen. (In der Therapie wird sie normalerweise mit einer einzigen Therapeutin angewendet werden.) Wichtig ist, daß die Therapeutin versucht, mit der Identität, sozialen Rolle bzw. dem Ego-Zustand der Person Kontakt aufzunehmen und sie zu würdigen, egal was die Person zu sagen hat (z. B.: „Ich bin ein Problem. Ich bin ein Traumaüberlebender."). Sie erspürt dann eine komplementäre Identität im Erleben der Betreffenden, die sie anspricht (z. B.: „Ich bin ressourcenreich. Ich bin kompetent."), und arbeitet dann daran, die beiden zu einem Beziehungsselbst zu verbinden. In der klinischen Praxis kann das Timing enorm unterschiedlich sein. Die Therapeutin muß möglicherweise viel länger – bis zu mehreren Therapiesitzungen – bei der sich zeigenden (Problem-)Identität verweilen, ehe der *felt sense* gewürdigt und in der Beziehung gehalten wird. Es kann auch passieren, daß die Klientin den ressourcenreichen Zustand längst verloren hat, ehe er integriert ist. Der Prozeß unterscheidet sich nicht von der Arbeit mit Paaren, wo die Wahrheit beider Partner gewürdigt und gegeneinandergehalten werden muß, so daß eine tiefere Wahrheit des Beziehungsselbst aufkommen kann. Es erfordert demnach Erfahrung, die dieser Übung zugrundeliegenden Prinzipien in der klinischen Praxis anzuwenden.

Die Übung ist besonders hilfreich, wenn eine Klientin in einem vernachlässigten Selbst festgefahren ist. Eine berufstätige Frau Mitte Vierzig beispielsweise beschrieb eine Reihe von Beziehungen mit Männern, bei denen die Partner anfangs einander nahekamen, sie aber dann kritisch und distanziert wurde. Ihr Vater war Alkoholiker gewesen und hatte sie mißbraucht, und er hatte die Familie verlassen, als sie ein Teenager war. Der erste Teil der Therapie konzentrierte sich darauf, ihr Recht zu würdigen, sich frei zu entscheiden, nein zu sagen, ihre Grenzen zu spüren und zu respektieren und ihre Interessen zu artikulieren. Dies schien die Möglichkeit für eine größere Intimität zu eröffnen, die dann wiederum lähmende Angst auslöste.

Ich machte die Übung mit ihr. Jedesmal wenn sie von Angst sprach – z. B.: „Ich habe Angst, daß ich wieder verlassen werde" –, nahm ich dies auf, hielt es und gab es ihr zurück: „Ich sehe, daß Sie jemand sind, der Angst hat, verlassen zu werden." Nach einer Pause, in der sich dies setzen konnte, würdigte ich die Ergänzung: „Und ich sehe auch, daß Sie jemand sind, der gelernt hat, die eigene Unabhängigkeit zu genießen." Nach einer Pause, in der sich dies setzen konnte, würdigte ich dann beides: „Und wie gut zu wissen, *daß Sie beides zugleich genießen können.*" Dadurch entstand gewöhnlich ein starkes Gefühl einer tiefen Veränderung in ihrem somatischen Selbst. Ich fragte dann: „Und wovor haben Sie noch Angst?", und ein neuer Zyklus von sich integrierenden komplementären Identitäten begann. Nach fünf oder sechs Zyklen entwickelte sich ein Gefühl von tiefer Ruhe und empfindlicher Offenheit, wobei sie sich verletzlich und stark zugleich fühlte. Wir sprachen behutsam darüber, inwiefern dieses Gefühl anders war als damals, als sie ein Teenager war, und wie sie diesen neuen Kontext nutzen könnte, ihren Ängsten ebenso wie ihren Ressourcen Raum zu geben.

Abbildung 5.1 erinnert uns daran, daß jeder explizite Standpunkt, den die Klientin präsentiert, mit einem impliziten Standpunkt zusammenhängt. Therapie ist eine Kommunikation, welche die Bewußtheit in und zwischen diese Kreise lenkt, so daß für jede Wahrheit und für jeden Standpunkt Platz ist und keiner isoliert wird. Wenn das Selbst in Beziehung ist, wird der Geist des Lebens wieder spürbar.

Die Darstellung erinnert uns auch daran, daß wir an jedem der drei Orte beginnen können: Wir können der expliziten oder dominanten Position begegnen und sie würdigen (z. B. das problemdefinierte Selbst) oder unmittelbar die implizite Position (z. B. ein kompetentes oder ressourcenreiches Selbst) ansprechen oder zuerst ohne Bezugnahme auf die Positionen überlegen, wie ein Feld geschaffen werden kann.

Wenn die Therapie festgefahren ist, sind unseren Prinzipien entsprechend drei mögliche Ursachen naheliegend. Die erste ist, daß ein gegenwärtiger Identitätszustand nicht vollkommen unterstützt wurde. Normalerweise bedeutet dies, daß ein vernachlässigtes Selbst dominiert. Vielleicht ist es noch nicht einmal bemerkt worden; oder vielleicht ist es nicht richtig benannt, gespürt oder gewürdigt worden. Angesichts der Befürchtungen und anderer Ängste, die mit dem vernachlässigten Selbst zusammenhängen („Wenn ich dieses Gefühl zulasse, passiert etwas Schreckliches"), ist dies eher die Regel als die Ausnahme. Normalerweise sind hier die *touch-and-go-* Strategien am Werke, bei denen die Betreffende die zarte, weiche Stelle ihrer Erfahrungen berührt und dann irgendwo anders hinwendet. Einem vernachlässigten Selbst zu begegnen erfordert demnach beträchtliche Geduld und Erfahrung, will man damit in Kontakt bleiben und es fördern. Der wichtigste erste Schritt der Therapeutin ist, „nichts zu tun": loslassen, entspannen, zentrieren, sich öffnen, weicher werden, aufräumen und dann das vernachlässigte Selbst der anderen bewußt erleben.

Zweitens kann es sein, daß die Klientin sich nicht in der Lage fühlt, mit dem vernachlässigten Selbst in Beziehung zu bleiben. In diesem Fall kann die Therapeutin die Aufmerksamkeit auf ein kompetentes kognitives Selbst lenken. In der lösungsorientierten Therapie geschieht dies beispielsweise, indem nach den „Ausnahmen" gefragt wird oder danach, wann das Problem nicht auftaucht (de Shazer 1997). In der narrativen Therapie wird danach gefragt, wann es dem Klienten schon einmal gelungen ist, den entfremdenden Vorstellungen, die den Problemzustand auslösen, zu „widerstehen" (White a. Epston 1998). Wie wir im nächsten Kapitel sehen werden, stellen wir im Ansatz der Selbstbeziehung Fragen wie: „Was für Dinge tun Sie am liebsten?" und „Wann haben Sie am meisten das Gefühl, Sie selbst zu sein?"

Drittens kann es passieren, daß das Beziehungsfeld nicht gespürt wird, wodurch es schwierig wird, Unterschiede zu halten oder Transformationen zuzulassen. Die Therapeutin kann der Klientin dann eine Meditation oder einen hypnotischen Prozeß anbieten, damit sie offen wird für das Feld. Alle im letzten Kapitel beschriebenen Techniken eignen sich hierfür.

FERTIGKEITEN DER MENTORSCHAFT

Die Quelle der Liebe ist in unserer Tiefe, und wir können anderen Menschen helfen, eine Menge Glück zu erleben. Ein Wort, eine Handlung oder ein Gedanke können das Leiden der anderen verringern und ihnen Freude bringen. Ein Wort kann trösten und Vertrauen schaffen, Zweifel zerstreuen, jemandem helfen, daß er keinen Fehler macht, einen Streit schlichten oder die Tür zur Befreiung öffnen. Eine Handlung kann ein Menschenleben retten oder jemandem helfen, eine seltene Gelegenheit zu nutzen. Ein Gedanke kann dasselbe bewirken, weil Gedanken stets Worte und Taten im Gefolge haben. Wenn in unseren Herzen Liebe ist, können jeder Gedanke, jedes Wort und jede Handlung Wunder bewirken. Da das Verstehen die wahre Grundlage der Liebe ist, sind die Worte und Taten, die aus unserer Liebe hervorgehen, immer eine Hilfe.

Thich Nhat Hanh (1992, S. 105 f.)

Sollen die Übung „Komplementäres Selbst" und ihre Varianten gelingen, müssen Timing, Rhythmus und nonverbale Resonanz stimmen. Fehlt eine hypnotische oder poetische Basis, um das somatische Selbst zu aktivieren, ist die Übung oberflächliches, unin-

---

1. Verbindung mit dem Selbst aufnehmen
2. Verbindung mit dem/der anderen aufnehmen
3. Neugier
4. Aufnahmebereitschaft
5. Eine Erfahrungswahrheit berühren und halten
6. Richtiges Benennen
7. Loslassen
8. Ausnahmen, Unterschiede und andere komplementäre Wahrheiten bemerken
9. Selbstverneinende Prozesse identifizieren und in Frage stellen
10. Das Beziehungsfeld, das die unterschiedlichen Identitäten hält, spüren
11. Vielfältige Wahrheiten gleichzeitig halten
12. Vielfältige Wahrheiten gleichzeitig ansprechen
13. Wann und wie man die Reset-Taste bedient

Tab. 5.1: Fertigkeiten therapeutischer Mentorschaft

teressantes Psychogeplapper. Wenn aber die Worte des kognitiven Selbst aus dem somatischen Selbst kommen und damit verbunden bleiben, können die Ergebnisse wirklich kraftvoll sein. Dahinter steht der Gedanke, daß, wenn die Klienten ihr Problem darstellen, sich zeigt, daß das, was sie sagen oder tun, scheinbar nichts damit zu tun hat, wie sie in gewissen Situationen fühlen oder wie sie sein möchten. Dem Ansatz der Selbstbeziehung zufolge reflektiert dies eine Abspaltung des Sprechens und Denkens von den nonverbalen Zentren des Bewußtseins. Wir versuchen daher, das Gesagte mit dem Erleben zu verbinden. Wie Varela, Thompson und Rosch (1992) erhellen, ist diese Verbindung der Bereiche von Beschreibung und Erleben ein wesentlicher Aspekt jeder postmodernen humanistischen Wissenschaft.

Die Übung schlägt eine Reihe von Mentorschaft-Fertigkeiten vor, die diesen Prozeß der Wiederverbindung fördern. Tabelle 5.1 listet dreizehn solche Fähigkeiten auf, die besonders im Ansatz der Selbstbeziehung eingesetzt werden.

1. Verbindung mit dem Selbst aufnehmen

Im letzten Kapitel sahen wir, daß es zu diesem Prozeß gehört, sich zu zentrieren, zu erden und sich innerlich zu öffnen, auch über sich selbst hinaus. Fehlt eine solche Verbindung, besteht die Gefahr, daß ein Modell ideologisch und somit unterdrückend angewendet wird. *Daher ist man als Mentorin zuerst einmal sich selbst gegenüber verantwortlich.* Ohne eine Verbindung zu sich selber wird die Person dazu tendieren, bloß zu reagieren, statt auf die andere einzugehen, sich in Kampf- oder Fluchtmustern (Unterdrückung – Unterwerfung) statt im Rahmen einer echten Beziehung zu verhalten. Wird hingegen Selbstliebe kultiviert, kann die betreffende Person zu einem tieferen Vertrauen und zu Akzeptanz ihres inneren und äußeren Lebens gelangen. Die Fressen-Energien des Lebens fließen durch das Bewußtsein der Therapeutin und ermöglichen eine völlig andere Art von Führung, als das kognitive Selbst sie bieten könnte. Die Selbstbeziehungstherapeutin bemüht sich also darum, in der Therapiesitzung mit sich selber stabil in Beziehung zu sein. Wann immer diese Verbindung verlorengeht, ist es Priorität, diese wiederherzustellen (z. B. durch Übungen aus Kapitel 4).

2. Verbindung mit dem/der anderen aufnehmen

Ebenso wichtig ist die nonverbale Verbundenheit mit der Klientin, und dazu gehören ähnliche Methoden. Beziehungsübungen erfordern tiefes Zuhören, Schweigen und eine empfängliche Einstellung. Wie im Leben heutzutage zumeist auch, geht es in der Therapie zu häufig in erster Linie um Aktivität, so daß die primäre Frage von Klientin und Therapeutin lautet: „Was sollen wir tun?" Um effektiv etwas zu tun, müssen wir Nichtstun und Nichtwissen üben (Erickson u. Rossi 1997). Im aktuellen Kontext heißt dies, sich für eine empfängliche Einstellung zu öffnen, so daß die Erfahrung kommen und einen antreffen kann. Um diese Art Aufmerksamkeit zu entwickeln, folgt man dem Errol-Flynn-Prinzip des „nicht zu fest und nicht zu locker".

Entscheidend ist, einen *felt sense* vom somatischen Selbst der Klientin zu empfinden. Die Therapeutin kann zum Beispiel in ihr Atmen hinein entspannen, um den Atem der Klientin gegen ihren eigenen zu spüren. Sie kann ihre Augen entspannen, um die emotionalen Muster der Klientin als Bewegungen in einem Feld mit Textur und Farbe zu spüren. (Auf diese Art nehmen manche Musikerinnen Musik wahr, und vielleicht nehmen manche Therapeutinnen emotionale Muster so wahr.) Die Aufmerksamkeit kann erweitert werden, um das Beziehungsfeld zu spüren, in dem das Tun und Erleben der Klientin sich abspielen. All diese Beziehungsverbindungen erfordern ein Beziehungsselbst, welches das somatische Selbst mit dem kognitiven Selbst in Berührung bringt, während zugleich ein Gefühl für das Feld da ist, zu dem beide gehören. Wenn die Bewußtheit mit einer Mitte verbunden ist, kann eine Beziehung zwischen einem Selbst und der anderen entstehen – ebenso wie das Beziehungsfeld sowie reife und wirksame Liebe.

3. Neugier

Hat die Therapeutin die Beziehung aufgebaut, kann sie neugierig auf die verschiedenen Fragen nach der Identität werden, wie etwa: „Wer sind Sie?" „Haben Sie etwas Großes vor – worum geht es?" „In Ihnen erwacht etwas; was ist es?" Gewöhnlich behält die Therapeutin diese Fragen still bei sich, während sie den Kontakt mit der Klientin aufnimmt. Die Absicht ist, sich darauf zu konzentrieren, die Frage zu halten (nicht zu fest und nicht zu locker) und die Antworten kommen zu lassen.

Diese allgemeinen Fragen, welche die Therapeutin in ihrem Inneren hält, führen dann zu spezifischen Fragen, die an die Klientin gestellt werden: „Was ist los?" „Um was für ein Problem geht es?" „Inwiefern ist dies ein Problem?" „Was brauchen Sie Ihrer Meinung nach, um es loszuwerden?" „Wo in Ihrem Körper spüren Sie am meisten das Zentrum des Problems?" Wenn die Therapeutin solche Fragen stellt, ist es besonders wichtig, daß sie auf die Antworten der Klientin und auf ihre eigenen achtet. Zu oft ist allein die Klientin dafür verantwortlich, die Therapeutinnenfragen zu beantworten. In einem Beziehungsansatz sind die Antworten von Therapeutin und Klientin gleichermaßen wichtig. Wenn die Therapeutin also fragt: „Was brauchen Sie?", bedenkt sie die Antwort der Klientin auf die Frage ebenso wie ihre eigene Antwort. Erst wenn diese beiden Antworten gemeinsam gehalten werden, kann sich ein therapeutisches Gespräch ergeben, insbesondere wenn die Antworten sich voneinander unterscheiden. Beispielsweise sagt die Klientin vielleicht, sie müsse sich mehr anstrengen, während die Therapeutin eine unglaubliche Mattigkeit und ein Bedürfnis nach Ruhe bemerkt. *In einem Beziehungsansatz sind beide Antworten gleichwertig.* Wenn beides zugleich gehalten wird, können interessante Entwicklungen entstehen. Die Antworten der Klientin wieder mit anderen Perspektiven (z. B. im Gespräch) zu verbinden eröffnet erst eigentlich kreative Möglichkeiten.

4. Aufnahmebereitschaft

Die Fähigkeit, eine Frage zu halten, führt zu der Fähigkeit, eine Antwort zu bekommen. Das Wichtige ist, diszipliniert zuzuhören, behutsam, aber präzise. Oftmals kommt zuerst gar nichts; dann stellen sich in der Stille Gefühle, Bilder, Worte und andere Symbole ein. Wenn die Therapeutin nicht die Geduld und das Zutrauen kultiviert, schweigend dasitzen zu können, kann dieser Prozeß sich nicht ereignen. Wenn die Klientin die Therapeutin fragt, warum sie schweigt, kann die Therapeutin einfach ehrlich antworten, daß eine Frage sie neugierig gemacht hat und sie auf eine Antwort wartet. Dies kann zu einer Diskussion darüber führen, wie die Klientin von einer ähnlichen Übung profitieren könnte, in der sie sich selber zuhört.

Hier wollen wir tief berührt werden vom Erleben der Klientin, vor allem von den Fressen-Energien, die durch ihr somatisches Selbst kommen. R. D. Laing (1987) warnt vor einer Therapeuten-„Psychophobie", in der Therapeuten vor den psychischen Prozessen der Klienten Angst haben. Wir haben Angst, daß, wenn wir uns für das Erleben unserer Klienten öffnen, wir von dem, was ihnen weh tut, angesteckt oder überwältigt werden. Doch ein Grundprinzip des Heilens ist, daß es möglich ist, schmerzhafte Erfahrungen anzunehmen und umzuwandeln. Um Merton (1964) nochmals zu zitieren: Wenn wir meinen, negative Erfahrungen ließen sich nicht umwandeln, führt dies zu Tyrannei und Unterdrückung. Wir wenden uns aus Angst von ihnen ab und kommen dann mit Wut, Böswilligkeit und Gewalt wieder auf sie zurück. Wenn wir wirklich heilen wollen, müssen wir also Wege finden, uns für das Erleben der Klienten zu öffnen und für jeden Aspekt davon dazusein.

Damit dies gelingt, müssen Therapeutinnen vermeiden, sentimental und überidentifiziert zu sein oder unverbindlich und abgesondert. Es gibt einen Mittelweg, auf dem das Erleben durch das Nervensystem von Therapeutin und Klientin „hindurchgeht". Dies ist die Prämisse des Selbstbeziehungsansatzes: „Das Leben strömt hindurch", wo die Prinzipien von Achtsamkeit und Mentorschaft die Fressen-Energie in Essen-Formen umwandeln.

Die Bereitschaft, sich für das Leiden der Klientin zu öffnen, ist noch in einer anderen Hinsicht wichtig. Ein großes Mißverständnis, das hinter dem Leiden steckt, ist, daß der Schmerz, den ein Mensch erlebt, etwas ganz Persönliches ist. Das heißt, eine Person meint, die Traurigkeit, die sie spürt, habe mit Dingen zu tun, die geschehen sind oder die nicht geschehen sind, oder daß die Angst, die sie spürt, damit zu tun habe, daß ihr der Mut fehlt. Doch diese Gefühle gehören unvermeidlich zum Leben: Wenn man am Leben ist, wird Angst einen heimsuchen. Wenn man am Leben ist, wird Traurigkeit einen heimsuchen. Davor gibt es kein Entkommen, auch wenn es Wege hindurch gibt. Aber wenn wir meinen, darin komme nur unsere persönliche Verfassung zum Ausdruck und nicht auch ein universaler Aspekt der Conditio humana, isolieren wir uns und zerstören darüber hinaus unsere Bezogenheit auf den Rest der Welt.

Wenn die Therapeutin sich für den Schmerz der Klientin öffnet, erkennt und akzeptiert sie ihn als eine menschliche Bedingtheit, die sie auch teilt. Dieses „geteilte Leid" ist natürlich das Empfinden von Mitgefühl. Dadurch wird das Erleben von etwas Trennendem und Stigmatisierendem zu etwas Verbindendem, das uns zu Menschen macht. Die Therapeutin sowie die Klientin werden eine größere Freiheit und Offenheit spüren, wenn sie hilfreiche Wege finden, um mit der gemeinsamen Erfahrung in Beziehung zu sein. Dies schließt die Tatsache nicht aus, daß die Einzelheiten des Erlebens und die Bedeutung, die ihm beigemessen wird, persönlich sind und insofern für jeden Menschen einzigartig; vielmehr geht das Erleben darüber hinaus und schließt einen gemeinsamen Kontext ein, in dem das Persönliche sich verwandeln kann.

5. Eine Erfahrungswahrheit berühren und halten

Indem die Therapeutin aufmerksam für die Fressen-Energien der Klientin ist, wird sie merken, daß die Klientin nicht fähig oder nicht bereit ist, gewisse Erfahrungen, die Angst, Wut, Begehren oder andere Gefühle mit sich bringen, zu halten, zu würdigen oder sonstwie bei ihnen zu bleiben. Diese nicht unterstützten Erfahrungen konstituieren das vernachlässigte Selbst der Klientin. Da nicht unterstützte Erfahrungen (1) keinen menschlichen Wert zu haben scheinen und (2) sich wiederholen werden, bis sie gefördert werden, liegt einer der Hauptakzente der Therapie darauf, wie Mentorschaft für sie aufkommen kann. Ein Aspekt von Mentorschaft ist, dem Raum zu geben, daß menschliches Leben existieren und sich entwickeln kann. Für emotionale Gefühle bedeutet dies Raum im Körper-Geist des somatischen Selbst. Die Therapeutin kann dabei helfen, indem sie eine Mitte in ihrem somatischen Selbst öffnet, so daß das vernachlässigte Selbst berührt und gehalten werden kann.

Nehmen wir an, eine Klientin beschreibt z. B. ein Problem mit ihrem Mann. Sie spricht darüber, wie wütend sie oft ist und dann meint, explodieren zu müssen, oder daß sie sich in Schweigen zurückzieht. Das Problem ist nicht ihre Wut: Wut gehört, wie gesagt, unvermeidlich zum Fluß des Lebens, der durch jeden von uns strömt. Das Problem ist, daß, wenn die Wut kommt, sie als Person verschwindet. Die Wut agiert sich aus, ohne daß ihre menschliche Präsenz sie hält und lenkt, wie das Gefühl zum Ausdruck kommt. Die Lösung ist also, der Klientin zu helfen, daß sie die Wut so spüren und halten kann, daß diese zur Lösung beiträgt.

Die Therapeutin kann damit beginnen, daß sie die Klientin fragt, wo im Körper sie das Gefühl hat, daß das emotionale Erleben zentriert ist. (Die Therapeutin bemerkt vielleicht ihre eigene intuitive Reaktion darauf und kann sie mit der Antwort der Klientin vergleichen.) Angenommen, die Klientin zeigt auf ihren Bauch. Die Therapeutin öffnet dasselbe Zentrum bei sich und läßt das Wuterleben darin ruhen, während sie gleichzeitig die Klientin bittet, dasselbe in ihrem Zentrum zu tun. Die Therapeutin könnte die Klientin (und sich selber) auch ermutigen, die Wut mit dem Atem zu berühren und leise mit ihr zu sprechen, als spreche sie mit einem Kind oder einer Freundin. Vielleicht berühren zwei Finger den Bereich am Körper, damit die Aufmerksamkeit in diesem Zentrum bleibt.

Wie oben erwähnt, besteht das Problem darin, daß, wenn die Klientin das Problem erlebt, ihre Aufmerksamkeit destabilisiert ist und das vernachlässigte Selbst keinen „Ort" und kein „Zuhause" hat. Das Gefühl wird dann aus dem Körper heraus projiziert (z. B. auf eine andere Person) oder in Stücke zersplittert, oder es wird unterdrückt. Wenn ein Zentrum für das Gefühl kultiviert wird, kann man ihm zuhören, man kann es beruhigen und als Ressource kultivieren. *Um diesen Prozeß zu unterstützen, läßt die Therapeutin sich von dem vernachlässigten Selbst der Klientin berühren.* Spüren Sie, wo in Ihrem Körper-Geist es Sie berührt, und öffnen dann ein Zentrum, um ihm behutsam, aber entschieden Raum zu geben. Wenn die Klientin im Erleben nicht mehr richtig präsent ist, halten Sie es in der eigenen Mitte. Dies erleichtert es der Klientin, mit ihrer Aufmerksamkeit wieder in ihre Mitte zu kommen, und allmählich kann die außer Kontrolle geratene Erfahrung gefördert und integriert werden.

Faßt man die Körperzentren als „Orte" auf, an denen emotionales Erleben empfunden werden kann, muß man zwischen dem Gefühlszentrum und dem emotionalen Erleben, das in diesem Zentrum empfunden wird, unterscheiden. So kann ich also ein unangenehmes Gefühl von Traurigkeit in das sichere und angenehme Gefühl eines somatischen Zentrums bringen, genauso wie ruhige und liebevolle Eltern ein verängstigtes Kind in den Arm nehmen können. Dies ist, was Virginia Satir meinte, wenn sie einer Person zwei Fragen zu stellen pflegte: „Wie empfinden Sie das?" und „Und was empfinden Sie dabei, dies zu empfinden?" Die erste Frage bezieht sich auf das emotionale Erleben, die zweite auf das Körperzentrum, in dem es empfunden wird. Das zweite Gefühl ist ein Kontext, der die Bedeutung des ersten Gefühls und die Reaktionsbereitschaft ihm gegenüber bestimmt, so daß dies für Therapiezwecke wichtiger ist.

Wenn einer Erfahrung Raum gegeben wird, kann sie sich ändern. Dies ist ein Merkmal dessen, was Merton (1990) effektives Leiden nannte. Eine ängstliche Klientin kann also ein Erleben als „Knoten in der Brust" beschreiben. Wenn sie beginnt, dies zu unterstützen, kann es sich in die Erfahrung eines verängstigten achtjährigen Mädchens verwandeln. Wird dem weiter Aufmerksamkeit gewidmet, kann es zu einem neugierigen und glücklichen achtjährigen Mädchen werden, dann zu einem Bild von einer Blumenwiese, dann zu einer weisen alten Frau usw. Das somatische Selbst hat keine fixierte Identität; alle archetypischen Erfahrungen fließen durch es hindurch.

6. Richtiges Benennen

Der biblische Mythos ruft in Erinnerung: Am Anfang war das Wort. Bis eine Erfahrung richtig benannt ist, existiert sie nicht im Menschen. (Und wie die Existentialisten sagen, bis eine Person gesegnet und von einer anderen „gesehen" wird, existiert sie nicht.) Wir haben darauf hingewiesen, daß richtiges Benennen keine wissenschaftliche Klassifikation oder distanzierte Etikettierung ist. Zu richtigem Benennen gehört es, eine Erfahrung zu sehen, sie mit menschlicher Präsenz zu berühren, sie zu halten und ihr einen Segen zu geben. Ohne diese implizite Basis von Liebe und Respekt hat die benannte Erfahrung keinen menschlichen Wert.

Wir können die Bedeutung von richtigem Benennen an Kindern sehen. Anfangs wissen sie nicht, wie sie Grunderfahrungen wie Hunger, Müdigkeit, Wut und Einsamkeit benennen sollen. Wenn solche Zustände und die damit verbundenen Forderungen auftreten, reagieren sie mit purer Fressen-Energie: Sie schreien, maulen, jammern und vieles mehr. (Dies ist genau dieselbe nicht unterstützte Energie, die erwachsene Klientinnen in ihren Symptomzuständen zum Ausdruck bringen. Wie Erickson sagte, ist Neurose die Unfähigkeit, sich direkt zu äußern.) Wer für Kinder sorgt, muß auf diese Signale bei einem Kind achten, sie lesen und sich fragen: „Was für ein Zustand (Hunger, Müdigkeit) braucht jetzt Aufmerksamkeit?" Kinder lernen beim Heranwachsen, diese Zustände zu benennen und somit zu erkennen und ihnen Aufmerksamkeit zu schenken. Aber wenn sie irgendwie vernachlässigt werden, ein bestimmter Zustand abgelehnt oder sonstwie verflucht wird, kann das richtige Benennen nie stattfinden. Die Zustände treten immer noch auf, aber es wird ihnen keine menschliche Mentorschaft zuteil. In solchen Fällen kann die Fressen-Energie des Zustands den Menschen überwältigen, wie man es in jedem Symptomzustand sieht. Die Erfahrung scheint für den Menschen selbst und für andere keinen

Wert zu haben, also werden defensive oder gewaltsame Maßnahmen dagegen unternommen.

In dieser Hinsicht ist interessant, wie wichtig es bei den Anonymen Alkoholikern ist, daß Gefühle – Hunger, Wut, Einsamkeit, Müdigkeit – beim Namen genannt werden. Es wird davon ausgegangen, daß, wenn diese Zustände nicht richtig benannt und erkannt werden, wenn sie aufkommen – und sie kommen bei jedem von uns regelmäßig auf –, die Person anfälliger ist für Selbstmedikation durch Drogen und Alkohol. *Drogen, Alkohol und andere destruktive Mittel dienen als falsche Mentoren für das vernachlässigte Selbst.* Dasselbe ließe sich für jeden Problemzustand sagen – er stellt sich wieder ein, wenn ein Gefühl unbenannt und unbemerkt bleibt.

Wir können eine nicht richtig benannte Erfahrung – d. h. ein vernachlässigtes Selbst – spüren, wenn eine Klientin sich zurückzieht, ablenkt, ausagiert oder sonstwie die Beziehung unterbricht. Die Therapeutin kann auch merken, wann ein vernachlässigtes Selbst entsteht, wenn sie ihr eigenes somatisches Selbst genau beobachtet und darauf achtet, wann im Therapiegespräch sie beginnt, Erregung oder unangenehme Gefühle zu empfinden, oder wann sie den Eindruck hat, daß die Klientin festgefahren, verträumt oder verschlafen ist. Ein weiteres Anzeichen ist, daß die therapeutische Kommunikation sich immer wieder um dasselbe Muster dreht, ohne daß sich etwas ändert. Die Klientin mag sich z. B. über eine Beziehung beklagen, aber jedesmal, wenn die Therapeutin versucht, dies direkt anzusprechen, wird das Thema gewechselt, oder die Aufmerksamkeit wird sonstwie in eine andere Richtung gelenkt.

Unter solchen Umständen geschieht etwas, das nicht unmittelbar offensichtlich ist. In der Terminologie des Ansatzes der Selbstbeziehung könnte man sagen, im somatischen Selbst ist ein vernachlässigtes Selbst aktiv, aber es wird nicht vom kognitiven Selbst gefördert. *Dies ist in Therapiegesprächen die Regel und nicht die Ausnahme; es ist exakt der Grund, weshalb die Klientin mit der Therapeutin spricht.* Es stellt eine Herausforderung dar, das Problem, das keinen Namen hat, zu benennen und ihm dann menschlichen Segen und Mentorschaft zuteil werden zu lassen. Allein die Tatsache, daß es keinen Namen hat, bedeutet, daß das kognitive Selbst bei der Suche nicht die Führung übernehmen sollte; vielmehr sollte die Therapeutin dem vernachlässigten Selbst erlauben, zuerst sein eigenes somatisches Selbst zu finden und zu berühren. Dies ist ähnlich wie die im letzten Kapitel beschriebene „gleichschwebende Aufmerksamkeit" – die Therapeutin zentriert sich, öffnet ihre Aufmerksamkeit, entwickelt Empfänglichkeit und Neugier und geht somit zusammen mit der Klientin in das Beziehungsfeld hinein.

Ist sie erst einmal mit dem Beziehungsfeld (das sowohl die Therapeutin wie die Klientin einschließt) verbunden, kann die Therapeutin die Frage nach der Identität in Betracht ziehen: „Welche Erfahrung wird nicht gewürdigt?" (Dies geschieht normalerweise schweigend, obgleich die Therapeutin die Frage manchmal auch laut stellen kann.) Wenn Antworten kommen, kann die Therapeutin geerdet und offen „bei ihnen sein". Sie können dann direkt mit der Klientin ausgetauscht werden; z. B. kann die Therapeutin sagen: „Wenn ich Ihnen zuhöre, spüre ich da eine Angst bei Ihnen." Wenn dies für die Person zu bedrohlich scheint, kann es hilfreich sein, zuerst einmal ein komplementäres kompetentes Selbst zu würdigen („Ich habe das Gefühl, daß da ein sehr engagierter, mutiger Mensch in Ihnen steckt") oder weniger direkte Methoden wie etwa Geschichtenerzählen einzusetzen (s. Gilligan 1995).

Wenn ein vernachlässigtes Selbst richtig benannt ist, stellt sich normalerweise Ruhe ein. Das somatische Selbst ist berührt worden, und das Gefühl und die Integration des Erlebens vertiefen sich. Vielleicht kommen der Klientin die Tränen, und die Beziehung zur Therapeutin intensiviert sich. Oftmals dauert es nur Sekunden, ehe die Person sich wieder von dem vernachlässigten Selbst entfernt. (Dies ist das *touch-and-go*-Muster, in dem die zarte, weiche Stelle berührt und gleich wieder im Stich gelassen wird.) Wichtig dabei ist, daß die Therapeutin zentriert, offen und wachbleibt. *Wenn die Klientin ihr vernachlässigtes Selbst im Stich läßt, bleibt die Therapeutin dabei.* Sie hält es in ihrem eigenen somatischen Selbst und fragt sich, wie sie die Aufmerksamkeit behutsam darauf lenken kann. Das Erleben des vernachlässigten Selbst kann unmittelbar angesprochen werden, oder es wird zuerst der Kontakt zu einem komplementären kompetenten Selbst hergestellt, damit genügend Ressourcen zur Verfügung stehen.

7. Loslassen

Die Fertigkeit, eine Identität zu berühren und zu halten, wird ergänzt durch die Fertigkeit, sie in der eigenen Aufmerksamkeit loszulassen. Da es im Ansatz der Selbstbeziehung primär um die

Verbindung zwischen Differenzen geht, ist es wichtig, alle Perspektiven zu kennen, sich aber nicht ausschließlich mit einer davon zu identifizieren. Es ist wie beim Hören einer komplexen Symphonie, wo die Aufmerksamkeit einem Teil gilt, dann einem anderen, dann dem Ganzen. Ganz ähnlich ist die Therapeutin daran interessiert, bei einer Identität der Klientin zu sein, dann bei einer anderen, dann bei dem Feld, das beide Identitäten umfaßt. Dies erfordert das Wissen, wie und wann man eine jeweilige Identität losläßt.

Dies ist besonders offensichtlich, wenn man mit Paaren arbeitet. Die Therapeutin hört der Partnerin zu, würdigt ein bestimmtes Erleben und segnet es, z. B. Angst, im Stich gelassen zu werden. Dann läßt sie diese Erfahrung sanft los, wendet sich dem Partner zu und spürt, welches vernachlässigte Selbst hier benannt und unterstützt werden muß. Die Aufmerksamkeit kann dann dahin gehen, sehr wütende oder aggressive Teile beider Partner zu identifizieren ebenso wie liebevolle und aufbauende. Wenn das Ziel ist, herauszufinden, wie diese unterschiedlichen Selbste in Verbindung gebracht werden können – sowohl zwischenmenschlich als auch individuell –, ist die Fähigkeit wichtig, das eine loszulassen, um für das nächste offen zu sein. Man muß wissen, wann es Zeit zu gehen ist.

Dasselbe gilt natürlich auch, wenn man mit Einzelpersonen arbeitet. Eines der Probleme mit Problemen ist, daß sie sich verselbständigen: Gerät eine Person erst einmal in einen Zustand, kommt sie schwer wieder heraus. Loslassen zu lernen ist also sowohl für die Therapeutin wie für die Klientinnen wichtig. Die in Kapitel 4 erörterte Fähigkeit, die Aufmerksamkeit „nicht zu fest und nicht zu locker" zu halten, ist in dieser Hinsicht hilfreich.

8. Ausnahmen, Unterschiede und andere komplementäre Wahrheiten erkennen

In der traditionellen Psychotherapie dreht sich die Aufmerksamkeit gewöhnlich um die Problemidentität der Klientin. Die Mängel dieser Tradition haben in jüngster Zeit die Psychotherapie nach Milton Erickson, der lösungsorientierte Ansatz und die narrative Therapie (s. Gilligan a. Price 1993) ausgeglichen. Sie gehen davon aus, daß Probleme bestehenbleiben, wenn ein Mensch in einem vernachlässigten Selbst gefangen ist, und daß sich Lösungen ergeben, wenn die Kommunikation mit anderen Identitäten gelingt, einschließlich der Kompetenzen und Ressourcen des Betreffenden.

Ein großes Beispiel dafür findet sich in Milton Ericksons Fall der Usambaraveilchenkönigin von Milwaukee (vgl. Zeig 1985) Eine wohlhabende, alleinstehende 52jährige Frau lebte allein in ihrem großen Haus in Milwaukee. Sie war schrecklich isoliert und deprimiert und verließ das Haus nur, um jeden Tag in den Gottesdienst zu gehen. Ihre Depression verschlimmerte sich so, daß ihr Neffe, ein Arzt, der bei Erickson in Therapie war, befürchtete, sie könnte Selbstmord begehen. In der Hoffnung, Erickson könnte ihr irgendwie helfen, bat der Neffe ihn, die Frau bei einer anstehenden Reise nach Milwaukee zu besuchen.

Erickson arrangierte es so, daß er sie in ihrem Haus besuchte. Aus den Gesprächen mit ihr und nachdem er sich im Hause umgesehen hatte, fielen ihm drei unterschiedliche Identitäten auf. Erstens war sie tatsächlich depressiv und isoliert und neigte zu passivem Reagieren. Zweitens war sie tief religiös und fühlte sich ihrer Kirche verpflichtet (obgleich sie mit niemanden sprach). Und drittens züchtete sie wunderschöne Usambaraveilchen in ihrem Wintergarten.

Die erste Identität war die dominierende, die wir problemorientiert nennen könnten. Die traditionelle Therapie pflegte den Menschen primär aufgrund dieser Identität zu verstehen und damit zu kommunizieren. Aber Erickson erkannte auch die beiden anderen Identitäten – was sie tat, wenn sie nicht deprimiert war (oder wer sie – außer deprimiert zu sein – noch war). Es machte ihn dann neugierig, wie durch diese komplementären Identitäten neue Verhaltensmuster entstehen könnten. Er bekam die Frau dazu, mehr Usambaraveilchen zu züchten. Er bat sie dann, darauf zu achten, wann bei einem Menschen oder einer Familie in der Kirchengemeinde etwas Wichtiges im Leben passierte – Geburt, Tod, Heirat, Schul- oder Hochschulabschluß, Ruhestand usw. –, und diesem Menschen oder der Familie zu Ehren des Ereignisses ein Usambaraveilchen zu schenken.

Die Frau war bald zu beschäftigt, um noch deprimiert zu sein. Und die Leute wurden auf sie aufmerksam und begannen sie zu schätzen; keine Mühe war ihnen zu groß, um mit ihr zu sprechen. Sie wurde richtig aktiv und liebte die Gemeinde. Als sie zwanzig Jahre später starb, kamen Hunderte zu ihrer Beerdigung, um den Tod der Usambaraveilchenkönigin von Milwaukee zu betrauern.

Das Prinzip hier ist klar. Probleme kommen auf, wenn eine einzelne Identität von der Familie der Identitäten isoliert wird. Lösungen entstehen, wenn Bezogenheit zwischen vielfältigen Identitäten ins Spiel gebracht wird. Die Therapeutin möchte also immer wissen, wer die Klientin außer der sich zeigenden Identität noch ist.

Diese Orientierung auf komplementäre Wahrheiten kann noch durch eine einfache verbale Technik unterstützt werden, die mir ursprünglich von Bill O'Hanlon vorgeschlagen wurde. Zu jeder Beschreibung von Realität lautet die Antwort (voller Überzeugung): „Das stimmt immer", und man fügt dann den Vorbehalt hinzu: „... außer wenn es nicht stimmt." (Dabei ist ein irisches Augenzwinkern oder etwas ähnliches nützlich.) Die Klientin sagt also vielleicht: „Ich bin ein schrecklicher Mensch." Und die Therapeutin kann einfach hinzufügen, entweder in Gedanken oder laut: „... außer wenn das nicht zutrifft." Oder: „Diese Theorie stimmt ... außer wenn sie nicht stimmt"; „Meine Frau versteht mich nicht ... außer wenn sie mich versteht"; „Diese Klientin zeigt Widerstände ... außer wenn sie die nicht zeigt." Eingestreut in das Gespräch ist diese verbale Antwort eine humorvolle und doch ernste Art, den lähmenden Zauber des Fundamentalismus, der exklusive Wahrheiten postuliert, zu entkräften. Sie kann eine Wahrheit würdigen und zugleich Offenheit für deren Ergänzungen schaffen.

Meine Kollegin Tully Ruderman hat sich eine interessante Verfeinerung dieser Technik einfallen lassen. Person A sagt: „Ich bin immer so ... außer wenn ich nicht so bin." Sie wendet sich dann ihrer Partnerin zu und fügt hinzu: „Sie sind immer so", was Person B aufnimmt und dem hinzufügt: „... außer wenn ich nicht so bin." Person B sagt dann: „Ich bin immer (etwas anderes) ... außer wenn ich nicht so bin ... Sie sind immer (dieses etwas andere)", was Person A mit „... außer wenn ich nicht so bin" ergänzt, und so weiter. Zum Beispiel:

Person A: „Ich bin immer kritisch *(Pause, um dies sich setzen zu lassen),* außer wenn ich nicht kritisch bin *(Pause, um dies sich setzen zu lassen).* Sie sind immer kritisch ..."
Person B: „... außer wenn ich nicht kritisch bin *(Pause).* Ich habe immer recht *(Pause)* ... außer wenn ich nicht recht habe ... Sie haben immer recht ..."
A: „... außer wenn ich nicht recht habe ... Ich habe immer Bedürfnisse ... außer wenn ich keine habe ... Sie haben immer Bedürfnisse ..."
B: „... außer wenn ich keine habe ..." und so weiter.

Diese Übung kann man mit Paaren oder als Therapeutin mit der Klientin durchführen. Es ist ein faszinierender Prozeß, der zu einer gegenseitigen Anerkennung dessen führt, daß jeder Mensch komplementäre Identitäten hat. Er kann von fixierten Einstellungen und einschränkenden Meinungen über sich selbst und andere befreien.

9. Selbstverneinende Prozesse identifizieren und in Frage stellen

Angenommen, ein Mensch steht unter schädlichen Einflüssen – Flüchen, Drogen und Alkohol, Gewalt oder selbstzerstörerischen Prozessen. Eine gute Mentorin vermag solche Prozesse klar zu erkennen, davor zu beschützen, sie in Frage zu stellen und Immunität dagegen aufzubauen. In der Psychotherapie der Selbstbeziehung sind die beiden wichtigsten „negativen Mentoren" „Aliens" und „selbstvergiftende Hypnosen". Wie wir gesehen haben, gehört zu den entfremdenden Gedanken: „Du bist nicht liebenswert", „Du verkorkst immer alles" und „Du bist dumm." Wenn sie unhinterfragt bleiben, wirken sie wie das, was Robert Dilts (laut persönlicher Mitteilung) „Gedankenviren" nennt, die ein ganzes System durchdringen und schädigen.

Eng verbunden mit der Vorstellung von Aliens sind selbstvergiftende Hypnosen wie Selbstmitleid, Depression, Grandiosität, Jammern und Eifersucht. Wenn also eine Person eines der Grundgefühle empfindet – Traurigkeit, Angst, Liebe, Wut –, betäubt sie es mit diesen negativen hypnotischen Instruktionen. Dadurch entsteht das, was Buddhisten den „nahen Feind" einer Erfahrung nennen. Ein „naher Feind" sieht wie eine Erfahrung aus, ist aber tatsächlich das Gegenteil davon. Sentimentalität ist der nahe Feind der Liebe und Selbstmitleid der nahe Feind von Mitgefühl. Selbstvergiftende Instruktionen sind „Überlagerungen" eines Gefühls, durch die es toxisch und unverträglich wird. Eine gute Mentorin wird also solche negativen Instruktionen erkennen und entkräften. Dies ist, wie wir sehen werden, eine heikle Angelegenheit, die Erfahrung und Vertrauen erfordert, denn die negative Instruktion ist zutiefst mit Schmerzerleben verbunden.

Das nächste Kapitel geht dem mehr im einzelnen nach, wie die Therapeutin mit negativen Mentoren umgehen kann. An dieser Stelle mag ein kurzes Beispiel helfen. Ein Klient, der in einer Mißbrauchsfamilie aufgewachsen war, befand sich bereits viele Jahre in Therapie. Er fing gewöhnlich damit an, darüber zu klagen, daß er allein und ungeliebt sei. Dabei hörte er sich „jammervoll" an und sah in sich gekehrt aus. Während ich mich einige Minuten selbst zentrierte, hörte ich zu und sagte dann mit sanfter, aber ernster Stimme: „Sie jammern." Er sah erstaunt aus und fuhr auf dieselbe Art fort. Ich hielt inne und wiederholte: „Sie jammern." Er sah verwundert aus und versuchte, meine Absicht zu erkennen.

„Ich bin Ihnen nicht wichtig", feuerte er zurück.

„Natürlich sind Sie mir wichtig", antwortete ich, „... aber nicht Ihr Jammern." Er schaute gequält drein. „Gut, ich wünsche mir die Dinge in meinem Leben anders. Ich versuche ja bloß, Ihnen zu sagen, wie ich mich fühle."

„Ich verstehe. Sie fühlen sich schlecht. Sie wünschen sich die Dinge in Ihrem Leben anders. Und Sie jammern." Ich lächelte ein wenig und er auch.

„Also, was zum Teufel kann ich tun?"

„Also, Sie können über Ihre Erfahrung reden, ohne zu jammern."

Dies führte zu einer Diskussion darüber, wie man ohne zu jammern erlebt und kommuniziert. Die nonverbale Art, in der ein solches Gespräch geführt wird, ist selbstverständlich entscheidend. Wenn die Therapeutin sich kritisch oder wertend anhört, hilft das nicht weiter. Die Therapeutin muß würdigen, daß es in Ordnung ist, wenn die Klientin jammert, aber es hilft der Klientin wahrscheinlich nicht, ihre Ziele zu erreichen. Darauf kann man ganz direkt hinweisen.

Wenn man Klientinnen auf diese Weise herausfordert, kann es hilfreich sein, ein Gefühl dafür zu bekommen, wie die selbstvergiftenden Strategien – wenn auch noch so ineffektive – Möglichkeiten sind, mit denen das kognitive Selbst versucht, die zarte, weiche Stelle des somatischen Selbst vor weiterem Schaden zu bewahren. Während die Therapeutin den eigentlichen Schmerz, der aus dem somatischen Selbst kommt, spürt, muß sie auch spüren, wie dieser Schmerz durch veraltete Abwehrmechanismen perpetuiert wird. Indem in der Therapie solche Mechanismen in Frage gestellt werden, kann das Leiden, das einen Menschen überschattet hat, „wie eine Seifenblase zerplatzen". Kapitel 6 untersucht genauer, wie dies geschehen kann.

10. Das Beziehungsfeld, das die unterschiedlichen Identitäten hält, spüren

Wenn vielfältige Identitäten zum Vorschein kommen, ist es essentiell, das Beziehungsfeld, zu dem sie gehören und in dem sie alle einen Platz haben, zu spüren. Fehlt dieser *felt sense*, läßt sich das Beziehungsselbst, das die Verbindungen zwischen diesen Differenzen herstellt, nur schwer erkennen. Dieses Feld kann innerhalb des Körpers gespürt werden, innerhalb des Beziehungsraumes von Therapeutin und Klientin oder innerhalb eines größeren Feldes.

11. Vielfältige Wahrheiten gleichzeitig halten

Jeder Ego-Zustand, jede Identität einer Person ist wie ein von der Befindlichkeit abhängiges Gebilde von Emotionen und Vorstellungen mit seinen eigenen physischen, psychischen und verhaltensspezifischen Werten. Dies bedeutet, daß gewöhnlich nur jeweils eine Identität aktiv ist, was die Verbindungen zwischen den Identitäten so schwierig macht. Zu lernen, verschiedene Identitäten gleichzeitig zu halten, befreit von der Überidentifikation mit einer einzigen Position. *Ebendies ist das Wesen des Beziehungsselbst.* Unterschiedliche Identitäten in unterschiedlichen Bewußtseinszentren zu halten ist eine Möglichkeit dazu.

Dies ist besonders in der Erziehung hilfreich, wo man mit der zweifachen Herausforderung konfrontiert ist, (1) sein Kind bedingungslos zu lieben und (2) ihm zu helfen, ein soziales Wesen zu werden. (Der Gott, der diese widersprüchlichen Forderungen erschuf, hat bestimmt einen perversen Sinn für Humor.) Um ein Kind wirksam zu disziplinieren und nicht zu bestrafen, müssen die Eltern Liebe für es empfinden, selbst wenn sie betonen, daß sich sein Verhalten ändern muß. (Es ist wichtig, daß wir bei diesem Prinzip nach Fortschritt und nicht nach Perfektion streben.) Dies kann beispielsweise geschehen, indem ein *felt sense* dafür, „wie lieb dieses Kind ist", in einem psychosomatischen Zentrum (z. B. im Herzen) empfunden wird, während man einen anderen *felt sense*, „es muß sein Verhalten ändern", in einem anderen psychosomatischen Zentrum (z. B. im Bauch) empfindet. Mit einer gewissen Übung kann diese Beziehungsverbindung die erzieherischen Fähigkeiten verbessern.

Einen ähnlichen Prozeß kann man mit sich selber oder mit einer Klientin durchführen. Kommt Angst hoch, kann man sie in einem psychosomatischen Zentrum halten, während man Achtsamkeit und Respekt in einem anderen hält. Ebendiese Fähigkeit, beides gleichzeitig zu halten, ermöglicht Wachstum und emotionales Lernen. Das nächste Kapitel erklärt diese Methode detaillierter.

12. Vielfältige Wahrheiten gleichzeitig ansprechen

Hat die Therapeutin unterschiedliche Identitäten aktiviert, steht sie als Mentorin vor der nächsten Aufgabe, die Verbindung zwischen ihnen herzustellen. Dies ist wie in der Paartherapie: Wir bleiben neugierig darauf, wie die Perspektiven einander ergänzen, bis wir sehen, was jede einzelne zu einem größeren, vollkommeneren Bild beiträgt. Es ist wichtig, daß wir dabei mit den körperlichen Rhythmen in Verbindung bleiben.

Don zum Beispiel, 35 Jahre alt und ledig: Sein Therapieziel war, Frauen kennenzulernen und geselliger zu werden. Er beschrieb den Mißbrauch in seiner Kindheit, als sein Vater ihn regelmäßig vergewaltigte. Seine sich zeigende Persönlichkeit war ziemlich angespannt und laut, mit einer weichen und schüchternen Unterseite. Er beschrieb, wie er mit dem Vorsatz zu Single-Veranstaltungen ging, auf attraktive Frauen zuzugehen und „selbstbewußt und stark" aufzutreten. Zu seiner Bestürzung wechselte er immer von seiner eher übertriebenen Art in eine unterwürfige, selbstgehässige Haltung, manchmal sogar, ehe er überhaupt ein Wort gesagt hatte. Selbstkritik, Rückzug und Demut folgten darauf, und er schlich sich davon, um erneute Eide zu leisten, seine Ängste ein für allemal zu überwinden.

Diese Beschreibung legte nahe, daß es zwei Selbste gab, ein aggressives und ein anderes, ängstliches. Die mangelnde Beziehung zwischen den beiden machte sie jeweils wenig hilfreich. Die Selbstbeziehungstherapeutin versucht also, diese Kommunikation in Gang zu bringen. Ich las Don das Gedicht *Vier Wege der Weisheit* von Robert Bly (1986) vor, welches folgende Passage enthält:

Was tun ... um sie hinzuhalten.
Kämpfen oder fliehen –
Er wußte es nicht. Er wollte
Kämpfen *und* fliehen. (S. 164)

Wir fanden heraus, wo in seinem Körper er die Angst spürte und wo die Aggressivität. Durch das Coaching und unsere Gespräche lernte Don, beide Gefühle zugleich zu spüren, so daß sich die beiden Formen des Erlebens gegenseitig abmilderten und ein drittes Gefühl von einem vollständigen Selbst entstand, das empfindsam fokussiert war und in ihm verbunden blieb, wenn er Kontakte mit anderen knüpfte.

13. Wann und wie man die Reset-Taste bedient

Es ist wichtig, zu wissen, wann man aufhören sollte, mit diesen Fertigkeiten als Mentorin aufzutreten. Dies ist dann offensichtlich, wenn ein Prozeß beendigt ist. Oder wenn, weshalb auch immer, die Klientin (oder die Therapeutin) zu einem bestimmten Zeitpunkt nicht noch mehr verarbeiten kann. Dann kann eine Ruhepause angezeigt sein. Ein dritter häufiger Grund aufzuhören ist, wenn das, was geschieht, nicht hilfreich ist. Irgendwie liegen die Wahrnehmungen schief, die Beziehung ist nicht stark genug oder das Eigentliche wird verfehlt. In solchen Fällen ist es klug, vom „Tun" Abstand zu nehmen und wieder in der eigenen Mitte zu bleiben. Diese Fähigkeit, zu merken, wann das, was man tut, nicht weiterführt, ist ganz wesentlich. Zu entspannen und die „Reset-Taste" zu bedienen läßt wieder eine frische Aufnahmebereitschaft aufkommen, so daß neue Einsichten und Anwendungen des Prinzips Mentorschaft möglich werden.

Die Methoden der Mentorschaft, die wir hier angesprochen haben, sind nur einige wenige Möglichkeiten. Sie werden selber viele weitere herausfinden, die Ihnen und Ihren Klientinnen helfen. Wichtig ist die Erkenntnis, daß wir unsere menschliche Präsenz einbringen und Leiden in persönliches Wachstum und Selbstrespekt verwandeln können.

EINE ABGEWANDELTE TONGLEN-ÜBUNG

Der Strom des Lebens, der durch jeden von uns fließt, bringt uns jede menschenmögliche Erfahrung und mehr. Solange man am Leben ist, wird man immer wieder Glück, Traurigkeit, Angst, Interesse, Wut, Vergnügen usw. erleben. Dies ist nicht eine Funktion der Umstände, sondern des Lebens selber. Die Schlüsselvariable ist, was man mit diesen natürlichen Fressen-Energien tut, die durch einen branden. Der Ansatz der Selbstbeziehung geht davon aus, daß man diese alltäglichen Grunderfahrungen mit Hilfe von Mentorschaft zur Persönlichkeitsentwicklung nutzen kann.

Die Praxis der Mentorschaft läßt sich auf vielerlei Art anwenden. Ein Beispiel ist die alte tibetische Praxis *Tonglen*, was soviel bedeutet wie „Senden und Empfangen". Chögyam Trungpa (1993) und Pema Chödrön (1995) haben diese Methode als zentral für

1. Identifizieren der „negativen" Zielerfahrungen
2. Identifizieren der selbsttranszendierenden Erfahrungen
3. Mit dem Atem die Verbindung zum Beziehungsselbst aufbauen
4. Kreisprozeß: Einatmen der Zielerfahrung/Ausatmen der selbsttranszendierenden Erfahrungen

Tab. 5.2: Vier Schritte im abgewandelten Tonglen-Prozeß

die tibetischen Ansätze beschrieben, mit „negativen" emotionalen Erfahrungen wie Wut, Traurigkeit, Angst oder anderem Leiden umzugehen. Sie betonen, daß man solche Erfahrungen zwar nicht vermeiden kann, sie aber geschickt nutzen kann, um Selbstliebe und Liebe zur Welt zu entwickeln. Die Methode widerspricht etwas dem Geist des westlichen Konsumdenkens, das gewohnt ist, alle guten Erfahrungen aufzunehmen und die „schlechten" Erfahrungen wegzuwerfen. Beim Tonglen wird das negative Erleben aufgenommen, und die positiven Erfahrungen werden der Welt gegeben. Auf diese Weise übt man die Fähigkeit, Leiden in Gnade zu verwandeln.

Wenn man an Leiden denkt, mag es hilfreich sein, sich an Thomas Mertons (1990) Bemerkung zu erinnern, daß er nicht Mönch wurde, um mehr als andere zu leiden, sondern um effektiver zu leiden. Effektives Leiden ist Leiden, das zu einem tiefen Vertrauen führt, zu mehr Selbstliebe und zu mehr Liebe zu anderen und zu größerer Aufnahmebereitschaft und Flexibilität. Dies unterscheidet sich ziemlich von dem selbstgeißelnden Leiden, das viele in institutionellen Religionen gelernt haben.

Es gibt eine Reihe von Möglichkeiten, wie die Tonglen-Methode praktiziert werden kann. Tabelle 5.2 zeigt eine abgewandelte Methode, die für Therapiezwecke gut geeignet ist. Zuerst wird eine Zielerfahrung festgelegt – eine Person oder Erfahrung, ein Gefühl oder ein Teil von einem selber –, die man verändern möchte. Dies läßt sich leicht herausfinden, indem man das X ersetzt: *Wenn ich nur X nicht erleben würde, gäbe es kein Problem,* wobei X eine toxische Erfahrung, ein Verhalten oder eine Person im eigenen Leben ist. Beispielsweise könnte es das depressive Verhalten oder die Abhängigkeitsbedürfnisse einer Person sein, die Gleichgültigkeit eines Ehepartners oder die eigene Faulheit oder Angst. Die Person kann sich mit Hilfe einer Skala von 1 bis 10, wobei 1 „nicht sehr ausgeprägt" ist und 10 „sehr ausgeprägt", für ein geeignetes Ziel entscheiden (niedrig genug, um machbar zu sein, hoch genug, um sinnvoll zu sein). Zuerst kann dies ein wenig brisantes Thema sein; wenn man sich mit der Tonglen-Methode vertrauter fühlt, kann man sich für gravierendere Themen entscheiden.

Wenn sich die betreffende Person für ein negatives Thema entschieden hat, ruft sie sich eine positive Erinnerung oder Beziehung mit einem anderen, mit einem Ort oder Prozeß wach, die mit der Erfahrung von Liebe und Offenheit verbunden war. Für mich z. B. ist dies leicht, wenn ich an meine Tochter denke. Andere Beispiele könnten die Erinnerung an einen Sonnenuntergang oder an Ferien sein, an einen geliebten Freund, eine geliebte Freundin oder an eine Zeit tiefer Selbstliebe. Es ist eine Erfahrung, die einem die außerordentliche Schönheit und Liebe, die es in der Welt gibt, deutlich macht.

Wie schon erwähnt, versuchen die meisten westlichen Traditionen, die „positive" Erfahrung festzuhalten und die „negative" loszuwerden. Im Tonglen, was auch manchmal als „Austauschen des Selbst gegen den anderen" gilt, ist die Beziehung umgekehrt. Die negative Erfahrung wird in die eigene Mitte geatmet, um mit Güte berührt und mit Achtsamkeit verwandelt zu werden, während die positive Erfahrung in die Welt ausgeatmet wird, um eine Welt zu erschaffen, der wir alle zugehören.

Um dies zu tun, ist es wesentlich, zuerst einen Zustand von Zentriertheit, Erdung und Offenheit zu entwickeln. Ohne eine stabile Aufmerksamkeit kann Tonglen zu einer schmerzlichen und nutzlosen Erfahrung werden. Man sollte auch das Bewußtseinszentrum im Bauch deutlich spüren, aus dem Atem geschöpft wird. Achtsames Atmen wird geübt und kultiviert, damit die Erfahrungen auf dem Atem hinein- und hinausreiten und nirgends steckenbleiben.

Ist die Person dann zentriert und offen, wird die toxische Erfahrung spürbar. Mit dem Einatem reitet der Atem in die eigene Mitte, wo er sanft empfangen und mit Güte und Achtsamkeit berührt wird. Mit dem Ausatem wird die positive Erfahrung in die Welt geschickt. Mit dem Einatem reitet die negative Erfahrung wieder in die eigene Mitte; auf dem Ausatem surft die positive Erfahrung in die Umwelt. Dieser gleichmäßige, sanfte Rhythmus kann so lange, wie es angemessen scheint, wiederholt werden – fünf Minuten, zehn Minuten oder länger. (Als klösterliche Übung wird es manchmal als Rundum-die-Uhr-Übung empfohlen.) Die Person achtet einfach auf alle Unterschiede oder Veränderungen in der Einsicht, Wahrnehmung oder Erfahrung – sowohl die positiven wie die negativen.

Gewöhnlich ist der Effekt, daß die „negative" Erfahrung entgiftet wird sowie ein tieferes Verständnis für ihr wahres Wesen. Nehmen wir z. B. an, eine Klientin klagt über ihre Kindheit. Dies ist eine Reihe von Therapiesitzungen so gegangen, und Versuche, damit zu arbeiten oder den Schwerpunkt des Gesprächs zu verändern, sind kläglich gescheitert. Die Klientin kommt immer wieder darauf zurück, und die Therapeutin merkt, daß sie selber sich erschöpft, abgelenkt, ärgerlich und nicht zentriert fühlt. Dies legt nahe, daß ein vernachlässigtes Selbst aktiv ist und nicht unterstützt wird (sowohl in der Klientin wie in der Therapeutin). Die Therapeutin kann so verfahren, daß sie zuerst ihre Versuche, zu helfen und die Dinge zu ändern, losläßt – tatsächlich kann manchmal der Versuch, als Therapeutin aufzutreten, der am wenigsten therapeutische Akt sein. Statt dessen kann sie sich darauf konzentrieren, sich zu zentrieren und zu erden, zu atmen und die Aufmerksamkeit zu öffnen. Sie hat vielleicht das Gefühl, daß die Klientin festgefahren ist, und wenn sie bereit ist, kann sie den Tonglen-Prozeß beginnen, das vernachlässigte Selbst einatmen und Liebe und Akzeptanz ausatmen. Während sie dies tut, wird oftmals das Gespür für das vernachlässigte Selbst klarer. Vielleicht empfindet sie ein bisher nicht erwähntes kleines Kind, das voller Hoffnung und Begeisterung, aber auch voll Angst und Wut ist. Im Verlauf des Tonglen-Prozesses kann sich die Mentorschaft für das vernachlässigte Selbst dahin gehend entwickeln, tiefe Liebe und Verständnis für diese Erfahrungen in der Klientin zu empfinden. Aus dieser zentrierten und akzeptierenden Einstellung gegenüber der Klientin zu sprechen kann dann zu hilfreichen Anregungen führen, wie wir in den Kapiteln 6 bis 8 sehen werden.

Diese Art Übung steht im Zusammenhang mit einer ganzen Reihe von ehrwürdigen Traditionen. Natürlich ist es die Grundlage der christlichen Ethik, Sünde durch Liebe zu verwandeln. Es war die Grundlage von Gandhis Prinzip des *Satyagraha*. Die Umwandlung der negativen Erfahrungen geschieht nicht durch bloßes „positives Denken" oder süße Gefühle. Es ist ein Akt des Mutes und des Könnens. Dies bezeugt das Leben von Christus, Martin Luther King, Victor Frankl, Gandhi, Nathan Sharansky, Nelson Mandela und vielen anderen mutigen Menschen. Sie haben gezeigt, daß die Möglichkeit und Kraft der Liebe tatsächlich besteht. Der Wert ihres Werkes liegt in der Ermutigung, daß wir wie sie zu handeln lernen können, jeder auf seine eigene Art. Auch wenn es eine große Herausforderung zu sein scheint, was sind denn die Alternativen?

Das Prinzip und die Praktiken der Transformation negativer Erfahrungen sind auch die Grundlage für die Kampfkunst Aikido. Im Japanischen hat „ai" zwei Bedeutungen: „Versöhnung von Konflikt" und „Liebe". „Ki" („Chi" im Chinesischen oder „Heiliger Geist" in christlichen Kreisen) ist die universale Lebenskraft, die alles durchströmt. „Do" (wie in Aikido, Judo, Taekwondo) ist „der Weg" oder „Pfad". Demnach bedeutet Aikido „der Weg der Versöhnung von Gewalt durch Verbindung zur universalen Lebenskraft der Liebe". In der Praxis geht man mit gewalttätigen Angriffen um, indem man sie zuerst in das eigene Bauchzentrum hereinholt.

Dasselbe Prinzip liegt im Herzen von Milton Ericksons Vermächtnis (s. Rossi 1995; 1996; 1997a; 1997b; 1998a; 1998b). Erickson betont, daß ein wesentlicher Bestandteil von Therapie die Akzeptanz gegenüber allem sei, was die Klientin einbringe, gleich wie verrückt, nutzlos oder negativ es auch scheinen möge. Sein Utilisationsprinzip heißt, mit solchen Verhaltensweisen und Erfahrungen mit Neugier und Engagement Verbindung aufzunehmen, um herauszufinden, wie sie zur Grundlage von Veränderung und Selbsterkenntnis werden könnten. Kurz gesagt, Ericksons Ansatz basiert auf dem Mut zu lieben.

Auf einer praktischen Ebene sind wir tagtäglich mit ähnlichen Herausforderungen konfrontiert. Wir können damit beginnen, unsere Angst und Erregung zu beobachten, wenn sie angesichts bestimmter Erfahrungen unserer Klientinnen aufkommen. Wir können unseren eigenen Widerstand und Zynismus gegenüber dem Gedanken, daß Gewaltlosigkeit eine starke Heilkraft ist, genauer anschauen. Wir können auf unsere eigenen konditionierten Reaktionen achten, die Gewalt und Unterdrückung als gerechtfertigt hinnehmen. Wir können kleine Experimente machen, ein offenes Herz und Akzeptanz negativer Erfahrung zu kultivieren, um in unseren Beziehungen grundsätzlich Mentorschaft und Achtsamkeit zu pflegen.

Ein zentraler Gedanke bei alldem ist, daß der sicherste Ort, an dem wir in einer herausfordernden oder antagonistischen Erfahrung sein können, die eigene Mitte ist. Im Auge des Tornados ist alles ruhig. Man lehrt uns oft, daß wir von dem Prozeß der Klientinnen angesteckt werden, wenn wir unser Herz dafür öffnen. Tonglen und verwandte Praktiken sind Traditionen und Methoden, mit denen die Therapeutin ihre Angst vor dem Erleben der Klientin überwinden und ihre Fertigkeiten nutzen kann, schwierige Erfahrungen zu transformieren. Tonglen ist somit ein gutes Beispiel dafür, wie Mentorschaft, die für die Psychotherapie der Selbstbeziehung so wesentlich ist, praktisch aussehen kann.

Es gibt viele Wege, wie sich Tonglen einsetzen läßt. Die Therapeutin kann dies von Anfang einer Therapiestunde an tun, indem sie den Atem öffnet, um in ihrer eigenen Mitte aufzunehmen, was auch immer von der Klientin für schwierige Erfahrungen gehalten wird, und die positiven mit dem Ausatem fließen zu lassen. Auf diese Art wird die Therapeutin sich weder von den Problemen der Klientin dissoziieren noch mit ihnen identifizieren. Vielmehr wird sie den Problemen in der Kommunikation von Moment zu Moment Achtsamkeit entgegenbringen, so daß neue Beziehungen und Möglichkeiten entstehen können.

An jedem Punkt in der Sitzung kann die Methode auch mehr formal eingeführt werden. Dies kann auf unterschiedliche Art geschehen. Das nächste Kapitel beschreibt exemplarisch die Methode der Selbstbeziehungstherapie, wo Schmerzerleben von fremden Einflüssen getrennt und mit den eigenen Ressourcen verbunden wird.

ZUSAMMENFASSUNG

Wenn Sie am Leben sind, strömt der Fluß des Lebens durch Sie hindurch und bringt jeden Tag eine Vielfalt von Erfahrungen mit sich. Sie werden von jeder menschenmöglichen Erfahrung berührt: Glück, Traurigkeit, Wut, Aufregung, Entrüstung usw. Wenn Sie meinen, das Leben sei hinter Ihnen her, haben Sie recht; die eigentliche Frage ist, was es von Ihnen will. Der Ansatz der Selbstbeziehung geht davon aus, daß das Leben möchte, daß wir wachsen und uns zu menschlichen Wesen entwickeln. Also gehört jede Erfahrung, die es mit sich bringt, zu diesem Wachstumsprozeß. Die wesentliche Kunst – tatsächlich das größte Geschenk des Menschseins – ist die Fähigkeit, gekonnt zu lieben, was immer uns gegeben ist.

Die Prinzipien und Praktiken der Mentorschaft sind in dieser Hinsicht essentiell. Mentorschaft ist der Beziehungsprozeß, durch den wir uns mit einer lebendigen Präsenz verbinden, sie berühren, segnen, führen, ihr Raum geben und die rechten Grenzen setzen, Traditionen einführen und sie sonstwie unterstützen, damit sie menschlichen Wert annimmt. Ohne Mentorschaft haben Erfahrungen keinen Namen, keine Stimme und keinen menschlichen Wert. Mentorschaft ist ein Akt der Liebe, durch den das Geschenk des Lebens zum Strahlen gebracht und geehrt wird. Es ist eine lebenslange Fertigkeit, die niemand zur Perfektion bringt, von der aber alle profitieren können.

Teil III: Therapiemethoden

6. Die Wiederherstellung von Bezogenheit
Exemplarische Selbstbeziehungsarbeit

> Heilen kompliziert das System, indem es Verbindungen zwischen den verschiedenen Teilen schafft und wiederherstellt und somit die eigentliche Einfachheit ihrer Einheit wiederherstellt ... Die Teile sind insofern gesund, als sie harmonisch zu einem Ganzen verbunden sind ... Nur indem die unterbrochene Verbindung wiederhergestellt wird, können wir geheilt werden. Verbindung ist Gesundheit.
>
> Wendell Berry (1977)

> Schafft Verbindungen ... Verbindet Prosa und Leidenschaft und beide werden erhoben, und man wird menschliche Liebe auf ihrer Höhe sehen.
>
> E. M. Forster (1994)

Der Ansatz der Selbstbeziehung schlägt einige grundlegende Interventionen vor, die in der Psychotherapie hilfreich sein können. In Kapitel 4 haben wir gesehen, wie wieder ein *felt sense* von einer Mitte und vom Beziehungsfeld bewußt werden kann, so daß der Mensch Bezogenheit zu sich selbst, zu anderen und zu einer Präsenz, die größer als das isolierte Ego ist, erleben kann. In Kapitel 5 haben wir einige der grundlegenden Praktiken erörtert, die mit dem wesentlichen Prinzip der Mentorschaft für Erfahrung zusammenhängen. Dieses Kapitel geht nun genauer auf ein siebenstufiges Modell ein, mit dem aus konflikthaftem Erleben ein Beziehungsselbst entstehen kann.

Die Methode ist nicht eine fixierte Vorschrift, wie Therapie generell aussehen sollte. Vielmehr handelt es sich um ein Muster, das klare Prinzipien vorschlägt, die mit unterschiedlichen Menschen unterschiedlich anwendbar sind. Lassen Sie mich nochmals die ästhetische Basis für den Ansatz der Selbstbeziehung wiederholen: *Das Ziel ist, einen Mittelweg zwischen der Entfremdung des intellektuellen Diskurses und der Inflation von Katharsis oder Regression zu finden.* Man sollte dem Klienten helfen, in der Gegenwart zu bleiben, während er zugleich mit dem somatischen Selbst auf vielfältige Weise erlebnisfähig ist. Damit dieses Beziehungsselbst entstehen kann, muß man beim Anwenden der Technik eine empfundene Verbundenheit zwischen Therapeut und Klient entwickeln und aufrechterhalten. *Wenn man diese nicht empfinden kann, sollte man das Modell nicht verwenden.* Dies ist zwar schriftlich schwer vermittelbar, aber doch wesentlich, um die Praxis zu verstehen. Teils auf Milton Ericksons Vermächtnis basierend, liegt ein besonderer Akzent der Methode darauf, behutsam die psychosomatischen Kreisläufe aufzumachen und die Sprache des kognitiven Selbst mit den Rhythmen und Erkenntnissen des somatischen Selbst zu verbinden. Die Methode sollte mit einer sanften und nicht mit einer harten Präzision sowie mit nonverbalem Pacing eingesetzt werden, und man sollte sich erden, um Beziehungen aufzubauen. Viele Vorstellungen, vor allem die der „Aliens" und des „vernachlässigten Selbst", nutzen nichts, wenn sie nicht primär mit dem *felt sense* empfunden werden.

Schritt 1: Das Problem identifizieren

In diesem ersten Schritt versucht der Therapeut zu identifizieren, was das Problem ist, wo und wann es auftaucht und was genau es vermag, ein unangenehmes Erleben (z. B. „Ich fühle mich traurig") zu einem identitätsstiftenden symptomatischen Erleben (z. B. „Ich bin meine Depression") zu machen. Der Therapeut kann dies für sich etwa so deuten: „Etwas Merkwürdiges passiert unterwegs, wenn dieser Mensch mehr zu sich selber kommt. Was genau ist es?"

Hat der Therapeut die allgemeine Beschreibung des Problems vom Klienten gehört, kann er etwa fragen: „Wenn ich Sie einen Tag Ihres Lebens (oder eine Woche oder einen Monat) begleiten würde, wo und wann würde ich dieses Problem entstehen sehen?"

Wenn es Klienten schwerfällt, genau zu sein, oder wenn sie etwa sagen: „Es passiert die ganze Zeit", muß man behutsam und beharrlich sein. Man kann etwa fragen: „Wann ist es in letzter Zeit

1. Das Problem identifizieren
2. Das vernachlässigte Selbst identifizieren und im Körper lokalisieren
3. Das kognitive Selbst aktivieren und lokalisieren
4. Negative Mentoren identifizieren und abgrenzen
5. Kognitives und vernachlässigtes (somatisches) Selbst verbinden
6. Ursprüngliche Problemsequenz nochmals durchlaufen
7. Weitere Arbeit

Tab. 6.1: *Schritte in der grundlegenden Selbstbeziehungsmethode*

passiert, als es Sie wirklich gestört hat?" Genaue Fragen nach Zeit und Ort bringen das Problemerleben zurück in das „Jetzt" des somatischen Selbst und machen es somit für Veränderung verfügbar, so daß dies ein wesentlicher Schritt ist.

Wenn die Person einen bestimmten Zeitpunkt beschreibt, zu dem das Problem auftrat, verlangsamt der Therapeut die Verarbeitung, um eine Beschreibung der Problemabfolge zu bekommen, die einen Augenblick nach dem anderen, einen Zusammenhang nach dem anderen festhält. Oftmals hasten die Klienten derart durch die Ereignisse, daß sie wichtige Teile der Abfolge überspringen. Der Therapeut versucht, die Dinge zu verlangsamen, um die Details sowohl der äußeren Verhaltensweisen („Und was hat er dann getan?") wie des inneren Erlebens („Und was ist Ihnen dann aufgefallen, was sich in Ihrem Körper abspielte?" oder „Was für Gedanken haben Sie bemerkt?") festzuhalten.

Ein leitender Grundgedanke für den Therapeuten ist, daß das vernachlässigte Selbst des Klienten an einem bestimmten Punkt aktiviert wird, was ihn dazu bringt, aus der Realität des gegenwärtigen Augenblicks auszusteigen und sich in der Isolation und den festgefahrenen Meinungen des abgespaltenen kognitiven Selbst festzufahren. Angenommen, jemand erlebt, wie der Chef wütend wird, und dies stößt das vernachlässigte Selbst der Angst in dieser Person an. Die Person versucht, solche Gefühle abzublocken, und verliert dadurch die Verbindung mit dem gegenwärtigen Augenblick. Automatische konditionierte Reaktionen (z. B. Angst, Wut, Rückzug) nehmen überhand und kommen so zum Ausdruck, wie es durch früheres Erleben vorherbestimmt ist. Um die Definition eines klinischen Problems von Watzlawick, Weakland und Fisch (1992) zu paraphrasieren: Das Leben geht von „einer verdammten Sache nach der anderen" zu „immer wieder derselben verdammten Sache". Dies ist der „Bruch in der Zugehörigkeit" und der „Bruch in der Bezogenheit", die ein schwieriges, unangenehmes Erleben zu einem Problem machen, das ein Symptom hervorruft.

Wir sollten uns in Erinnerung rufen, daß es zu einem früheren Zeitpunkt wahrscheinlich unumgänglich war, das somatische Selbst im Stich zu lassen. Es war das Beste, was der Mensch zu tun vermochte, um sich unter bedrohlichen Umständen zu schützen, in denen weder innerlich noch äußerlich eine positive Mentorschaft zur Verfügung stand. Aber dieser Dissoziationsprozeß kann zu einer Konditionierung werden und auch dann noch auftreten, wenn die Bedrohung nicht mehr besteht oder wenn der Mensch bereits andere Ressourcen entwickelt hat. Das Symptom stellt eine Rückkehr des vernachlässigten Selbst dar, und die Therapie stellt einen rituellen Raum dar, wo diese Rückkehr willkommen geheißen und integriert werden kann. An die Stelle der alten Erfahrung von Verlassenheit kann ein Prozeß von Verbundenheit in einer Beziehung treten.

Um diese Wiederverbindung zu ermöglichen, müssen wir die einzelnen Schritte der Abspaltung und den genauen Zeitpunkt, zu dem die Person sich selbst im Stich gelassen hat, feststellen. Hier ist ein verkürztes Beispiel von dem betreffenden Teil des Interviews mit einem Klienten, der über eine generalisierte Angst klagte:

Klient: „... also, ich glaube, das letzte Mal hatte ich heute früh Angst, als mein Freund vorbeikam."
Therapeut: „Ihr Freund kam vorbei ... darf ich fragen, wie er heißt?"
K: „ Bill."
T: „Bill. Und bevor Bill vorbeikam, wie ging es Ihnen da?"
K: „ Okay. Ich habe mich an dem Morgen okay gefühlt, hab nur ein paar Anrufe gemacht und so."
T: „Sie haben sich ziemlich gut gefühlt, und dann ging dieses Erlebnis mit Bill los. Wann genau, wenn Sie sich nur mal einen Augenblick Ruhe gönnen und entspannen und sich zurückerinnern, wann genau hat es angefangen, daß etwas Sie störte? War es, bevor Bill kam, oder war es tatsächlich, als er da war, daß Sie erste Anzeichen dafür spürten, daß das Angstproblem losgehen

würde?" *(Der Therapeut achtet darauf, daß seine Stimme weich klingt, damit der Klient Zugang zu seinem Erleben bekommt.)*
K: *(hält inne und denkt nach)* „Also, ich habe mich schon ein wenig nervös gefühlt, sobald er hereinkam."
T: „Sobald er hereinkam. Und wo waren Sie da gerade?"
K: „Ich saß an meinem Schreibtisch."

Der Therapeut stellt dann eine Reihe von Fragen nach den anderen Möbeln, wie die beiden gekleidet waren, was genau gesagt wurde, was der Klient zu jedem Zeitpunkt im Körper spürte usw. Dieses Verfahren ist aus der Ericksonschen Hypnotherapie entwickelt (s. Gilligan 1995); es werden dabei assoziative Fragen gestellt, damit das problematische Ereignis wiederbelebt wird, so daß die Erlebniskomponenten der Sequenz verstärkt und utilisiert werden können. Ziel ist es, wie erwähnt, die Beschreibungen des kognitiven Selbst – das heißt, worüber im therapeutischen Gespräch geredet wird – mit dem Erleben des somatischen Selbst – das heißt, was bei dem Problemereignis empfunden wird –, wieder zu verbinden, so daß man den Klienten wirklich als Mentor unterstützen kann.

Schritt 2: Das vernachlässigte Selbst identifizieren und im Körper lokalisieren

An einem bestimmten Punkt in der Problemsequenz entwickelt sich im Klienten ein Störgefühl. Dies weist auf das vernachlässigte Selbst hin. Eine präzise Formel, um das vernachlässigte Selbst zu identifizieren, ist, den Klienten zu bitten, die folgenden Aussagen zu vervollständigen: „Wenn ich X nur nicht tun oder erfahren könnte (oder loswerden könnte), dann wäre das überhaupt kein Problem." X weist auf die Stelle des vernachlässigten Selbst hin. Zum Beispiel:

– Wenn ich mich nur nicht so gehemmt fühlen würde, wäre ich erfolgreich.
– Wenn ich nur nicht so wütend wäre, käme ich im Leben weiter.
– Wenn sie nur nicht so kühl wäre (und ich mich deshalb nicht zurückgewiesen fühlen würde), wäre unsere Ehe nicht so ein Problem.
– Wenn sie nur nicht so korrupt wären, könnte ich glücklich sein.

Gemeint ist hier folgendes: Wenn dieses inakzeptable Erleben oder dieses inakzeptable Verhalten auftritt, muß die Person „verreisen" oder dissoziieren, weil der identifizierte Stressor eine „Kampf oder Flucht"-Reaktion aktiviert; dabei verliert die Person die Verbindung zur eigenen Mitte und zum Feld, was zu einer reaktiven Haltung führt. *An dieser Stelle ereignet sich der Bruch in der Bezogenheit, das vernachlässigte Selbst entwickelt sich, und dann kann sich symptomatisches Verhalten einstellen.* Das vernachlässigte Selbst wieder in das Beziehungsselbst zurückzubringen ist der wesentliche Schritt zur Heilung. Drei Schritte sind in dieser Hinsicht hilfreich: (a) das Körperzentrum lokalisieren, (b) ein Alter identifizieren und (c) das Pronomen ändern.

Das Körperzentrum lokalisieren

Fragen Sie den Klienten: „Wenn das Problem da ist, wo im Körper spüren Sie den Mittelpunkt der Störung (oder der Unannehmlichkeit) am meisten?"

Viele Menschen zeigen sofort auf ihren Magen, das Sonnengeflecht oder die Herzgegend, selbst ehe sich ein bewußtes oder verbales Gewahrsein entwickelt hat. Wenn es jemandem schwerfällt, die Frage zu verstehen oder einen *felt sense* zu entwickeln, legt dies nahe, daß er zu angespannt oder zu betäubt ist, um das somatische Selbst direkt zu spüren. Daher können Nachfragen nach einem *felt sense* der Erfahrung Verwunderung oder Angst auslösen. In diesem nicht ungewöhnlichen Fall versucht der Therapeut, auf unmittelbare Art und Weise Entspannung und Offenheit für die Selbstverbindung zu entwickeln. Alle in den letzten Kapiteln erörterten Techniken sind dafür geeignet.

Wenn man nach der somatischen Lokalisierung fragt, kann man unbemerkt sanft den Körper der Person mit den Augen „scannen", interessiert daran, wo die „Energiebrüche" sind. Zum Beispiel spürt man vielleicht, wo der Körper des anderen besonders angespannt zu sein scheint oder wo er nach innen gehöhlt ist oder von verschränkten Armen bedeckt. Der Klient schützt oftmals mit seiner Haltung die zarte, weiche Stelle des vernachlässigten Selbst, und als Therapeut kann man Übung darin bekommen, dies zu erkennen.

Sobald das vernachlässigte Selbst im Körper lokalisiert ist, öffnet der Therapeut die Aufmerksamkeit für das korrespondierende somatische Zentrum in sich. Wenn der Klient zum Beispiel eine beengende Angst in der Brust beschreibt, kann der Therapeut sein eigenes Herzzentrum öffnen und bereit dafür sein, sich auf diese Angst einzulassen. Wie wir in Kapitel 5 erörtert haben, sollte man den energetischen *felt sense* eines Körperzentrums von dem emotionalen Gehalt in diesem Zentrum unterscheiden. Die Person kann also sowohl ein offenes Gefühl im Herzen spüren als auch gleichzeitig ein Gefühl von Angst, das in diesem Herzraum gehalten wird. Indem der Therapeut seine eigenen Zentren für das Erleben des Klienten öffnet, bietet er dem vernachlässigten Selbst des Klienten einen vorübergehenden „Halteraum". Dies kann dem Klienten helfen, dieselben schwierigen Erfahrungen in seinem eigenen Körperzentrum zu unterstützen und zu transformieren.

Das vernachlässigte Selbst zu lokalisieren hat seinen Sinn wesentlich darin, den Menschen in die Realität des gegenwärtigen Augenblicks zurückzuholen. Wenn das vernachlässigte Selbst zeitlich und räumlich im „Jetzt" wahrgenommen wird, kann eine hilfreichere Beziehung damit entstehen wie auch mit dem somatischen Selbst ganz allgemein. (Es ist wichtig, sich zu erinnern, daß Unterdrückung oder Unterbrechung der Beziehung den Menschen von seinem ganzen Feld – und nicht nur von einem Teil des Feldes – abschneidet. Dies ist letztlich der Preis, den es kostet, mit Angst oder Haß zu leben.) Das vernachlässigte Selbst zu lokalisieren hat den besonderen Vorteil, daß es im Klienten die generalisierte Angst und Erregung reduziert. Wenn für ein Erleben im somatischen Selbst eines Menschen kein Platz ist, wird es oft als „freiflottierende" oder sich schnell ändernde Gefühle empfunden, welche die Aufmerksamkeit destabilisieren und das Vertrauen in Frage stellen. Es fühlt sich überwältigend an, daß das nicht unterstützte vernachlässigte Selbst so amorph ist. Wenn es in einem Körperzentrum einen Platz bekommt, wird seine Form klarer definiert (wenngleich im Laufe der Zeit veränderlich), und Mentorschaft wird möglich.

Ein Alter identifizieren

Das somatische Selbst hat viele Identitäten und viele Alter. Eigentlich fließt durch dieses Zentrum im Körper eine Folge von unterschiedlichen archetypischen Formen. Das vernachlässigte Selbst ist die eingeschränkte Version des somatischen Selbst; sie entsteht, wenn eine psychologische Erfahrung während ihrer Verarbeitung angehalten, in ihrer Form fixiert und in der Zeit festgefroren wird.[1] Das vernachlässigte Selbst wird typischerweise als ein aus der Kontrolle geratenes Gefühl im Körper (z. B. Angst, Hilflosigkeit, Wut) erlebt, das ignoriert, verleugnet, verdrängt oder sonstwie abgespalten werden soll. Um hier Mentorschaft und somit menschlichen Wert einzubringen, lokalisiert der Therapeut das Gefühl im Körper und identifiziert dann das damit verbundene Alter. Zu diesem Zweck kann man fragen: „Wenn Sie eine Zahl nennen sollten, die das Alter für dieses (Gefühl) in Ihrer (identifizierten somatischen Stelle) repräsentiert, was für eine Zahl fällt Ihnen da ein?" Die Sprache ist hier hypnotisch, und die Frage wird mit einer behutsamen, aber konzentrierten Aufmerksamkeit gestellt. Es können auch direkte Entspannungsinstruktionen gegeben werden, damit die Person „es geschehen lassen" kann.

Gleich welches Alter auftaucht, der Therapeut würdigt es und spürt ihm mit dem Klienten nach. Das heißt, *der Klient ist zum Zeitpunkt des Symptoms in zwei Altersphasen: seinem gegenwärtigen Alter (dem kognitiven Selbst) und in einem früheren Alter (dem vernachlässigten Selbst).* Wie wir in der Übung „Wer bist du?" gesehen haben, ist die Fähigkeit, in beiden gleichzeitig zu sein, die Grundlage, um das Beziehungsselbst zu entwickeln.

Wenn man in das frühere Alter des vernachlässigten Selbst hineingeht, sollte man sich erinnern, daß dieses Alter sich ändern kann und wird. Es ist wichtig, dies nicht wörtlich zu nehmen und etwa das somatische Selbst des Betreffenden auf einen „verängstigten Dreijäh-

---

1 Der generelle Gedanke ist: Erfahrungen repräsentieren das Leben, das durch Körper und Geist fließt. Damit eine Erfahrung zu einer Erinnerung oder Lernerfahrung wird (um von „jetzt" zu „dann" zu kommen), muß sie durch vielfältige Verarbeitungsebenen gehen – z. B. Sinneserfahrung, Wahrnehmung, Kognition, motorische Erfahrung –, um „verstoffwechselt" zu werden. Wenn die Erfahrung zu überwältigend oder bedrohlich ist wie bei einem biologischen oder psychischen Trauma, arretiert die neuromuskuläre Blockade die Verarbeitung und hält sie als ein abgespaltenes, vom Zustand abhängiges Stück „Erfahrung" fest. Werden die traumatischen Signale wieder gesendet, wird die Blockade erneut aktiviert. Zudem kann Entspannung sie auslösen, weil der Eindruck entsteht, daß die Gefahr vorüber ist und die Verarbeitung von selber geschieht. Daher ist es für Überlebende von traumatischen Erlebnissen so schwer, zu entspannen: Es aktiviert das Trauma. Therapie kann hoffentlich helfen, den Kontext und die Hilfsmittel zu bieten, um die Erfahrungen zu richtigen Lernerfahrungen zu integrieren.

rigen" zu reduzieren. *Dies ist genau der Fehler, den der Klient unbewußt gemacht hat.* Der Therapeut möchte vermitteln, daß jedes Alter, jedes Gefühl und jede psychische Form den Menschen aufsuchen und jeweils so lange bleiben, bis sie angenommen und gefördert werden. Akzeptanz ermöglicht Loslassen, und Loslassen ermöglicht es, daß psychische Reife und psychische Identität entstehen.

Ändern des Pronomens von „es" zu „er" oder „sie"
Die zentrale Frage in jeder psychischen Beziehung – gleich ob individuell oder zwischenmenschlich – ist, ob das „andere" als ein „Es" oder ein „Du" angesehen wird. Die Psychotherapie der Selbstbeziehung versucht, das vernachlässigte Selbst von einem „Es", das kontrolliert oder sonstwie verachtet wird, in ein „Du" zu transformieren, das akzeptiert werden kann. Nehmen wir an, ein Klient antwortet z. B. auf die Frage nach dem Alter mit der Zahl „drei". Der Therapeut kann dann fortfahren: „Also ... *(das vernachlässigte Selbst des Gegenübers als drei Jahre alt „sehend" und spürend)* ... er ist drei." Im Sinne der Mentorschaft wird die mitfühlende Kommunikation das vernachlässigte Selbst benennen und segnen. Der Klient antwortet typischerweise mit einem tiefen *felt sense* von Empfindlichkeit und Verletzlichkeit. Dabei entsteht das Gefühl, als käme diese Antwort von einem Ort, der tiefer als das kognitive Selbst liegt. Wenn der Therapeut die Verbindung mit behutsamer Konzentration und Offenheit herstellt, bringt er das Erleben dieses vernachlässigten Selbst in das Beziehungsfeld einer menschlichen Gemeinschaft.

Wenn die Klienten spüren, wie tief in ihnen etwas erwacht, fühlen sie sich manchmal leicht verwirrt, insbesondere hinsichtlich des Personalpronomens, mit dem das vernachlässigte Selbst benannt wird. Sie fragen vielleicht: „Was meinen Sie mit *er*?" Der Selbstbeziehungstherapeut antwortet, indem er die nonverbale Verbindung mit dem vernachlässigten Selbst aufrechterhält und dabei mit dem kognitiven Selbst des Klienten etwa das folgende Gespräch führt:

Therapeut: „Also, wenn ich richtig höre, sagen Sie, daß Sie unter anderem, wenn das Problem entsteht, ein intensives unangenehmes Gefühl haben, das in Ihrem Körper zentriert ist und sich nicht so anfühlt, als käme es von Ihnen oder gehöre gar zu

Ihnen. Es fühlt sich an, als hätte Ihr normales, alltägliches Selbst nichts mit dem Gefühl zu tun. Es kommt anderswoher als ihr normales Selbstgefühl. Ist das richtig?"
Klient: „Ja."
T: „Und wenn ich richtig höre, scheint es besonders störend zu sein, daß, wenn sich das Gefühl entwickelt, es sich irgendwie so anfühlt, als würden Sie verschwinden oder sich abspalten und außer Kontrolle sein, ist das richtig?"
K: „Ja."
T: „Also ist wohl eine wichtige Frage: Wenn diese Antwort nicht von Ihrem normalen Selbst kommt, wer ist es und woher kommt sie? *(kurze Pause, damit sich dies setzen kann)* Man kann offensichtlich auf vielerlei Art darüber sprechen und denken, und sicher ist es die traditionellere Ansicht, daß dieses Erleben tief aus dem Inneren als ein ‚Es' kommt, das keine Bedeutung hat, das ignoriert oder zerstört werden sollte oder das Sie loswerden sollten ... Ich weiß nicht, wer Ihnen beigebracht hat, so über Ihre Erfahrung zu denken ... aber es scheint, wenn ich Sie richtig verstehe, Sie haben diesen Ansatz oft ausprobiert, und er hat nicht funktioniert ... die schlechten Gefühle stellen sich immer wieder ein und immer stärker ... also vielleicht wäre es hilfreich – nicht wahrer, aber hilfreicher –, zu erwägen, daß die Gefühle zu *ihm* gehören ... zu einem anderen Aspekt von Ihnen, der sogar jetzt in diesem Augenblick zuhört ... Er hat seine eigenen Gefühle, seine eigenen Gedanken und Bilder, seine eigene Art zuzuhören ... Lange Zeit ist er ignoriert worden ... Andere haben vielleicht versucht, ihn loszuwerden, ihn zu verfluchen, zu ignorieren, ihn zu verletzen ... aber es hat nicht funktioniert: Er ist am Leben, und er ist hier ... und das Großartige ist, es scheint, als Sie könnten Sie ihn nicht länger ignorieren ..."

Damit eine solche Form der Kommunikation effektiv ist, muß der Therapeut empathisch in der Beziehung sein. Der Therapeut berührt die zarte, weiche Stelle des somatischen Selbst genauso, wie es ein Dichter, besorgte Eltern, ein Redner oder ein Ericksonscher Hypnotherapeut von Natur aus tun würden. Das Berühren des Zentrums aktiviert die richtige Referenzerfahrung. Solange dies nicht geschieht, ist der Gedanke eines vernachlässigten Selbst bloß Psychogeplapper.

Der Therapeut kann genauer auf den Gedanken eingehen, daß die symptomatischen Gefühle das Dasein eines anderen Selbst sind, das in jedem von uns lebt. Wenn diese Vorstellung von einem „anderen Selbst" merkwürdig scheint, sollte man daran denken, daß dies für jeden künstlerischen Ausdruck im wesentlichen die Grundlage ist. Ein Künstler spürt das „Unbewußte", hört darauf und bezieht sich darauf, damit es ihn begleitet. Auch in der Kunst der Persönlichkeitsentwicklung besteht die Herausforderung darin, das Geschenk des inneren Lebens, das in der Seele des somatischen Selbst lebt, zu erkennen und damit im Kontakt zu sein. Indem wir diese archetypische Präsenz lokalisieren und benennen, transformieren wir ein Symptom zu einem kreativen Akt.

Schritt 3: Das kognitive Selbst aktivieren und lokalisieren

Eine der großen Gefahren (sowohl für Therapeuten wie für Klienten) besteht darin, sich in der Orientierung auf das vernachlässigte Selbst damit zu identifizieren. Jemand mag in depressiver Traurigkeit stecken, und natürlich ist da kein Ende abzusehen, oder süchtig nach Wut und Zorn werden oder sich regressiv in einem zurückgezogenen verängstigten Zustand festfahren. Keine dieser Identifikationen mit dem vernachlässigten Selbst ist hilfreich, wenn sie bestehenbleibt. Das Ziel im Ansatz der Selbstbeziehung ist es, Zugang zu dem vernachlässigten Selbst zu bekommen, ohne die Verbindungen zum kognitiven Selbst und dessen Perspektiven und Fertigkeiten zu verlieren.

Zugang zum kognitiven Selbst herzustellen ist besonders dann hilfreich, wenn ein Klient von seinem vernachlässigten Selbst überwältigt zu werden scheint. Dies ist ähnlich wie eine systematische Desensibilisierung, bei der der schmerzhafte Reiz (das vernachlässigte Selbst) allmählich mit einem positiven Bild (einem kompetenten kognitiven Selbst) verknüpft wird. Um diesen Zugang herzustellen, ist weniger ein hypnotischer als vielmehr ein direkterer, aber doch beteiligter Stil angebracht. Man kann den Klienten nach seinem gegenwärtigen Alter fragen:

Therapeut: „Also er ist drei ... (Therapeut stellt mit nonverbaler Empathie Kontakt mit dem vernachlässigten Selbst her und hält ihn

schweigend, löst ihn dann behutsam) ... und übrigens, wie alt sind Sie? *(das kognitive Selbst ansprechend)*
Klient: *(sammelt sich ein wenig)* „Ich?"
T: „Ja, Sie *(lächelt, nimmt in seinem Sessel eine andere Haltung ein, geht zu einem etwas schnelleren Tempo über und zeigt auf den Klienten)*. Er ist drei *(zeigt auf den Magen des Klienten)*, aber Sie – Sie, der mich aus Ihren Augen anschaut, Ihr normales Selbst, wie alt sind Sie?"
K: „ Also, ich bin dreiundvierzig."
T: „Ja ... *(schaut den Klienten an und empfindet unmittelbar, daß er ein dreiundvierzigjähriger Mann mit Ressourcen und Kompetenzen ist)* Ja, ich sehe, daß Sie ein dreiundvierzigjähriger Mann sind ... und übrigens, können Sie mir sagen, was das Beste daran ist, dreiundvierzig zu sein, verglichen mit drei?"

Die meisten sagen, daß das Beste an ihrem gegenwärtigen Alter sei, mehr Freiheit und mehr Wahlmöglichkeiten zu haben. *Dies zeigt, daß das gegenwärtige Alter die Fähigkeit mit sich bringt, das vernachlässigte Selbst zu fördern, auch wenn dies dem Klienten noch nicht klar ist.*

Um die Verbindungen mit dem aktuellen kognitiven Selbst mehr zu entwickeln, kann der Therapeut den Betreffenden nach seiner Arbeit, nach seinen gegenwärtigen Familienverhältnissen und Freunden, nach Interessen etc. fragen. Diese Fragen konstituieren die assoziativen „Anker" für das kognitive Selbst, die sich im Gespräch jederzeit nutzen lassen, um ein Gegengewicht zu dem vernachlässigten Selbst zu finden.

Angenommen, der Therapeut spricht mit einem Klienten. Der Klient empfindet Traurigkeit, aber dabei ist er in der Lage, in der Beziehung verbunden zu bleiben. Nach einigen Minuten scheint der Klient in eine intensivere, regressive Traurigkeit abzugleiten. Damit sich der Klient wieder an der Verbindung in der Beziehung orientiert, kann der Therapeut die Aufmerksamkeit auf das kognitive Selbst lenken, indem er fragt: „Und übrigens, was tun Sie am liebsten, wenn Sie es sich gut gehen lassen wollen?" *Selbst wenn er mit dem kognitiven Selbst spricht, versucht der Therapeut allerdings, eine unterschwellige Verbindung mit dem somatischen Selbst aufrechtzuerhalten*; dies ist das Halten von zwei Identitäten, wie es im vorigen Kapitel erörtert wurde. Der Übergang zum kognitiven Selbst kann die Panik des vernachlässigten Selbst unterbrechen und die Aufmerksamkeit für die Gegenwart wieder stabilisieren. Nach ein paar Minuten kann man die Aufmerksamkeit dann wieder der Traurigkeit zuwenden.

Wichtig ist, den Klienten nicht von seinen Gefühlen abzuhalten, sondern dazu zu bringen, daß er seinem Erleben innerhalb einer stabilen Beziehung zu sich selbst, zu anderen und zu dem Feld nachspüren kann. Die Aufgabe des Therapeuten besteht also darin sicherzustellen, daß die Erfahrung in einem Beziehungskontext verarbeitet werden kann. In dieser Hinsicht ist es nützlich, die Aufmerksamkeit zwischen dem kognitiven und dem somatischen Selbst hin- und hergehen zu lassen. Natürlich sollte man immer daran denken, daß die hier gelieferte Beschreibung exemplarisch ist; und daß man sie in vielfältiger Weise abwandeln kann.

Schritt 4: Negative Mentoren identifizieren und abgrenzen

Wir haben in den vorigen Kapiteln zwei Grundformen negativer Mentorschaft identifiziert: (1) externe Mentoren, die den Menschen sich selbst, anderen und dem Leben entfremden; und (2) selbstvergiftende Induktionen, die der Mensch entwickelt hat. Diese werden wir nun nacheinander untersuchen.

Entfremdende Mentoren identifizieren und externalisieren

Ein Haupthindernis, das dem Aktivieren oder Aufrechterhalten des kognitiven Selbst im Wege steht, ist die Gegenwart von entfremdenden Ideen. Wie gesagt, hinter dem Konzept der *Aliens* steht der Gedanke, daß wir von vielen Menschen und Quellen beeinflußt werden. Manche davon segnen und erwecken die zarte, weiche Stelle, andere verfluchen und betäuben sie. In traumatischen Situationen dringen entfremdende Einflüsse auf den Menschen ein, die lebensverneinende Ideen säen: „Du bist dumm", „Du wirst immer alles verkorksen", „Es ist deine Schuld", „Du taugst nichts" etc. Diese entfremdenden Gedanken können den Wert des körperlichen Erlebens eines Menschen negieren, so daß derjenige nicht bei dem Erleben, das aus seiner Mitte kommt, bleiben kann. Jedesmal, wenn ein Gefühl aufkommt, lehnt er es unter dem Einfluß der negativen Mentoren ab, ignoriert es und reagiert sonstwie mit Gewalt.

Als Therapeut kann man die Gegenwart von *Aliens* spüren, wenn die Klienten bei der Arbeit den Kontakt abbrechen. Ein Klient mag sich ohne Vorwarnung zurückziehen, kritisch gegenüber sich selbst oder anderen werden oder erschrocken aussehen. Solche „Brüche in der Bezogenheit" signalisieren, daß die entfremdenden Gedanken die Person „eingenommen" haben. *Der Weg zum Wiederentdecken der Seele ist mit Aliens vermint.* Das heißt, wenn ein Mensch auf seine zarte, weiche Stelle achtet, ist er mit Bedrohungen konfrontiert, die behaupten, daß, wenn er es wirklich zuläßt, dieses Gefühl zu empfinden, etwas Schreckliches passieren wird. Wenn sie sich genauer darauf einlassen, entdecken die Klienten Glaubenssätze wie zum Beispiel: Wenn sie sich wirklich entspannten, würden sie ins Bett gehen und nie wieder aufstehen; wenn sie auf ihre eigenen Bedürfnisse hören würden, würde nichts je erledigt; wenn sie mit ihrer zwanghaften Aktivität aufhörten, würde die ganze Welt an ihnen vorbeiziehen und sie „im Staub" zurücklassen; und wenn sie nicht Außerordentliches leisteten, würden sie im wahrsten Sinne des Wortes vom Erdboden verschwinden. Der Mensch mag zwar solche Glaubenssätze als irrational erkennen, aber doch von ihnen beherrscht sein.

Die Hoffnung im Ansatz der Selbstbeziehung besteht darin, daß ein Mensch von solchen entfremdenden Gedanken befreit werden kann. Wie der chilenische Dichter Pablo Neruda (1984) schrieb:

> Wenn wir nicht vermögen, einträchtig zu sein,
> obwohl wir in unser Leben soviel Bewegung tragen.
> Vielleicht vermag einmal Nichtstun,
> vielleicht ein großes Schweigen
> diese Trostlosigkeit zu unterbrechen,
> dieses Uns-nie-Verstehen,
> dieses Uns-mit-dem Tod-Bedrohen,
> vielleicht soll uns die Erde lehren,
> wenn alles tot erscheint
> und doch alles lebendig war ...

Negative Mentoren können auf vielerlei Weise identifiziert und in Frage gestellt werden. Mein eigener Stil ist, Ernsthaftigkeit, Verschmitztheit und Empathie zu verbinden. Der folgende Dialog ist das Gespräch mit einem Klienten, der sich mit seiner Traurigkeit auseinandersetzte. Jedesmal, wenn er an dieses Gefühl rührte, verschloß er sich und wurde selbstkritisch.

Therapeut: „Wenn wir so über Ihre Erfahrung sprechen, frage ich mich, wer *sonst* noch über diese Erfahrung etwas zu Ihnen sagt."
Klient: „Was?"
T: „Wer *sonst* sagt im Moment etwas zu Ihnen?"
K: *(leicht verwirrt)* „Wovon reden Sie?"
T: *(ernst, aber leicht spielerisch)* „Also, als wir so redeten, hatte ich so den Eindruck, als würden Sie an eine wichtige Erfahrung rühren ... Sie sahen ein wenig traurig und verletzlich aus ... und dann schien irgend etwas zu passieren. Ich weiß nicht, was Sie innerlich gefühlt haben, aber von außen sah es so aus, als würde sich innerlich etwas verschließen und Sie müßten verschwinden."
K: *(hält inne, sieht traurig aus und dann empört)* „Also, ja ... ich sollte nicht so empfinden ..."
T: *(mit Nachdruck und ein wenig Ärger)* „Ja, das stimmt ... *diese Kerle* ... *(die In-sich-Gekehrtheit des Klienten löst sich)* ... diejenigen, die Ihnen sagen, sie sollten nicht so empfinden."
K: *(ein wenig verwirrt)* „Was meinen Sie, diese Kerle?"
T: „Also, woher nehmen Sie denn den Gedanken, daß dies *Ihre* Stimmen sind"? *(Hier wird der Mischung etwas Verschmitztheit hinzugefügt)*
K: „Also, wer sollte es denn sonst sein?"
T: *(mit gespielter Düsternis)* „Also, vielleicht sind Sie von *Aliens* besessen."
K: „Aliens?" *(sieht den Therapeuten an, unsicher, ob der Spaß macht oder es ernst meint, aber neugierig geworden; Therapeut und Klient lachen beide einen Moment lang)*
T: *(behält die Düsternis bei mit einem leichten Lächeln, als ahme er einen unbeteiligten Wissenschaftler nach)* „Tut mir leid ... Meine Meinung als Fachmann ist, daß Sie von *Aliens* besessen sind ... *(hält inne, lächelt dann sanft; sowohl Therapeut wie Klient brechen in Lachen aus; in dem Moment ist der Bann gebrochen; der Therapeut nimmt wieder seine normale Haltung ein)* Ich meine das nur halb scherzhaft, denn als wir gerade im Gespräch waren, schien es so, als wären Sie plötzlich nicht mehr ganz da. Es wirkte so, als käme jemand anderes und Sie müßten verschwinden, sich zurückziehen, weggehen. Haben Sie das gemerkt?"
K: „Ja ... *(schaut zu Boden und seufzt)* Ich habe Scham und Selbsthaß empfunden."

T: „Ja, das habe ich gesehen. *(Ton ist sanft und mitfühlend)* Sind Sie sich dessen bewußt, was diese Stimmen (oder Ideen) dann – oder sogar jetzt in diesem Augenblick – über Sie sagen?"
K: „Sie sagen, es ist meine Schuld." *(sieht ein wenig traurig aus, aber nach wie vor im Kontakt mit dem Therapeuten)*
T: „Daß es Ihre Schuld ist ... Also, ich möchte gern vorschlagen, daß vielleicht eine der schlechtesten Anwendungen des Kapitalismus auf das psychologische Erleben die Vorstellung ist, daß alle Stimmen, die einem durch den Kopf gehen, einem selber gehören. Eins der hilfreichsten Dinge an Praktiken wie Hypnose und Meditation ist, daß sie einem erlauben, solche Stimmen wirklich genauer zu studieren ... sie erlauben, daß man präsenter sein kann, sie erlauben, daß das eigene Erleben akzeptiert und zum Ausdruck gebracht werden kann. Und die würde ich als Ihre eigenen Stimmen bezeichnen.

Sie werden merken, daß andere Stimmen Sie vertreiben. Wenn die kommen, müssen Sie gehen. Sie fühlen sich kleiner, weniger lebendig, ungeliebt und schuldig. *(Klient nickt)* Die Frage ist also: Sind dies wirklich Ihre Stimmen? Repräsentieren sie wirklich Sie? Aber auch wenn Sie sagen, es seien Ihre Stimmen – mir kommt das jedenfalls nicht so vor. *(Therapeut hält inne und sieht sanft aus, mit einer Mischung aus Mitgefühl, Ernsthaftigkeit und einer Prise Verschmitztheit)* Ich meine, Sie sind von *Aliens* besessen. *(Pause, damit die Phantasie in Gang kommt und Gefühle aufkommen können)* ... Ich sage dies natürlich nur teilweise im Scherz, weil es hart ist, mit dem Leben ohne ein wenig Humor zu Rande zu kommen ... *(Ton ändert sich zu einer empfindsamen Besonnenheit)*, aber ich meine es auch ganz ernst, wenn ich vorschlage, daß, was auch immer mit Ihnen passiert ist, irgendein Zeug Sie heimgesucht und Ihnen vermittelt hat, Sie verdienten es nicht, zu leben oder Ihr wahres Selbst zu zeigen. *(Pause zur Vertiefung der Verbundenheit)* Meiner Meinung nach haben diese Stimmen nicht recht. Meiner Meinung nach entfremden die Sie von Ihrem eigentlichen Selbst. *(lange Pause)* Wenn Sie nicht von *Aliens* besessen sind, gibt es demnach ein Entkommen."
K: *(ein wenig in Trance und mit Tränen in den Augen)* „Was heißt das?"
T: *(mit sanfter Empathie)* „Daß Sie es zulassen, daß Ihre eigene Präsenz Sie berührt und wieder mit dem anderen Selbst in Ihnen Kontakt aufnimmt ... dieses andere Selbst, das verletzt war

und im Stich gelassen werden mußte ... aber das jetzt gerade zuhört ... Denn wenn die Beziehung zwischen Ihnen und ihm (dem vernachlässigten Selbst) unterbrochen oder mißbraucht wird, entsteht ein Bruch in der Beziehung – die Aufzüge fahren nicht mehr rauf und runter, Sie spielen nicht mehr mit einem ganzen Deck, und die *Aliens* kommen. *(Der Klient hat jetzt Zugang zu dem vernachlässigten Selbst, und die Traurigkeit stellt sich wieder ein. Um an die Ressourcen heranzukommen, verändert der Therapeut leicht den Ton und spricht dadurch das kognitive Selbst an)* Aber es gibt auch Zeiten, in denen Sie eine gute Verbindung zwischen dem kognitiven Zeugs im Kopf und den Gefühlen im Bauch haben – die Aufzüge fahren rauf und runter. *(Der Therapeut kann auch fragen, wann der Klient sich nicht entfremdet fühlt – vgl. zum Beispiel die „alltägliche Erfahrung von Selbsttranszendenz", die in Kapitel 3 erörtert wurde –, um darauf hinzuweisen, daß die Aliens manchmal nicht da sind; daraufhin kann man dann nahelegen, daß solche Erfahrungen widerspiegeln, daß eine Beziehung zwischen dem kognitiven Selbst, dem somatischen Selbst und dem Feld besteht; in ebendiesen Erfahrungen des Beziehungsselbst sind die Aliens nicht gegenwärtig; also ist die Wiederherstellung der Verbindung innerhalb des Feldes das beste Mittel gegen Entfremdung.)*

Viele Klienten finden die Vorstellung von *Aliens* außerordentlich hilfreich. Wie eine Meditationstechnik, bei der es darum geht, sich von den eigenen Gedanken zu distanzieren, hilft sie, sich von der Identifikation mit negativen Einflüssen zu befreien und somit wieder eine Verbindung mit einem ruhigen „Denkzentrum" im Bauch herzustellen. Nochmals: Der Begriff soll poetisch verstanden werden und ist dazu angetan, daß Leichtigkeit und Ernsthaftigkeit aufkommen, also sollte der Therapeut ihn in einem ebensolchen Kontext darstellen. Die *Aliens* zu benennen soll nicht etwa die primäre Aufmerksamkeit auf sie lenken, sondern sie von der eigenen Stimme unterscheiden und sie externalisieren. Und hinter dieser Absicht steht noch die primäre, daß das Beziehungsselbst entstehen soll.

Die meisten Klienten haben lange unter dem Einfluß entfremdender Mentoren gelebt. Sich von ihnen zu befreien ist ein längerer Prozeß, der Zeit und Engagement erfordert. Es mag hilfreich sein, wenn man eine Liste aller „fremden" Botschaften macht, die einen zu attackieren pflegen. Daraus kann der Betreffende von Tag zu

Tag lernen, auf sie aufmerksam zu werden und sie durch Gedanken positiver Mentorschaft zu ersetzen.

Eine andere, etwas humorvolle, aber effektive Technik ist, ein „A.S.I." – das heißt, ein *„Alien*-Such-Instrument" – in das Therapiegespräch einzubauen. Immer wenn der Eindruck entsteht, als würden die negativen Mentoren auftauchen, kann der Therapeut ein Hupgeräusch machen und etwas ankündigen wie: „Alarm, Alarm, Alarm, *Aliens* in Sicht, *Aliens* in Sicht. Nehmt euch in acht, ihr Menschen, *Aliens* in Sicht, die wollen das Selbstwertgefühl negieren ..." Da die Entfremdung sich meist außerhalb der bewußten Wahrnehmung abspielt, können solche Ankündigungen helfen, den Bann zu brechen und die Aufmerksamkeit anderswohin zu lenken. Dann kann sich ein offenes Gespräch darüber ergeben, was für negative Meinungen die Person empfunden hat.

Selbstvergiftende Muster benennen und in Frage stellen

Wie wir gesehen haben, kann das Beziehungsselbst auch durch selbstvergiftende Praktiken gebrochen werden, wie Selbstmitleid, Grandiosität, Gejammer, Neid, Eifersucht, Griesgrämigkeit, Selbstkritik und Selbstzweifel. Wenn solche Gewohnheiten zutage kommen, wird es schwierig, mit den Wunden des vernachlässigten Selbst zu arbeiten. Daher ist es hilfreich, diese selbstverneinenden Praktiken zu identifizieren und in Frage zu stellen. Das letzte Kapitel führte ein Beispiel an, wie dies geschehen kann. Die Absicht bei solchen Beziehungsprozessen besteht darin, empfindsame Besonnenheit zu entwickeln: die Empfindsamkeit, jeden Aspekt der eigenen Erfahrung zu spüren und sich dafür zu öffnen, und die Besonnenheit, eine Situation mit Klarheit und ohne Sentimentalität zu sehen. Durch selbstvergiftende Praktiken gehen diese beiden Fähigkeiten verloren. Das somatische Selbst ist taub für echte Gefühle, da es von Pseudogefühlen überwältigt ist und das kognitive Selbst durch Vorstellungen verzerrt, welche die Lebenskraft schwächen.

Es ist eine Gratwanderung, Selbstvergiftung anzugehen, eben weil sowohl die harten wie die weichen Teile der Person angesprochen werden: die Härte von Wut und Selbstschutz und die Weichheit der verletzten zarten, weichen Stelle und die Angst, daß der Schmerz sich verschlimmert, wenn sie berührt wird. Daher wird ein Therapeut, der zu weich ist, wenn er solche Praktiken in Frage stellt, oftmals von der Wut des Klienten, die sich direkt oder indirekt äußern kann, überwältigt, während der Therapeut, der zu hart oder zu unsensibel ist, im Klienten Angst und Rückzug auslöst. Wenn der Therapeut die Selbstvergiftung angehen möchte, braucht er demnach die Ergänzung von beidem: Besonnenheit und Verschmitztheit, Energien des Kriegers und des Liebenden (mit ein paar zusätzlichen Tricks), herausfordernd und einlenkend, standfest und doch mitfühlend, weich und doch intensiv.

Stellen wir uns vor, ein Klient klagt darüber, daß keiner ihn versteht. Sein Auftreten wirkt wie ein altes Programm, das er jahrelang in der Therapie wiederholt hat. Der Therapeut fühlt sich gelangweilt oder ärgerlich oder erschrocken, ohne eigentlich zu wissen, warum. (Normalerweise bedeutet dies, daß der Therapeut, weil er im selben Feld wie der Klient ist, unter den Einfluß derselben *Aliens* geraten ist, die den Klienten angreifen. Also kann es für den diagnostischen Prozeß des Therapeuten hilfreich sein, auf solche inneren Reaktionen zu achten, unter der Voraussetzung, daß er dafür die volle Verantwortung übernimmt.) Wir könnten sagen, daß das vernachlässigte Selbst der Angst (oder Wut) von den kognitiven Praktiken des Selbstmitleids vergiftet wird.[2] Wenn der Therapeut einfach mit dem Klienten sympathisiert, kann er sich leicht in einem langfristigen Muster verfangen, in dem er das Leiden der Person lindert, aber alles beim alten bleibt. Jeder Therapeut ist schmerzlich damit vertraut, wie leicht man in diese Falle tappt. Aber den Klienten nur herauszufordern, zu fordern, daß er „erwachsen werden" und „etwas tun" soll, wird auch nicht sonderlich hilfreich sein.

Also muß der Therapeut sowohl einfühlsam als auch herausfordernd sein, offenherzig und zugleich besonnen. Wir haben im letzten Kapitel gesehen, wie dies geschehen kann, indem die selbstvergiftende Gewohnheit benannt und dann die Beziehungsverbindung gehalten wird, während sich darüber ein intensives Gespräch entwickelt.

Natürlich gibt es andere Möglichkeiten, die selbstvergiftenden Induktionen aufzulösen. Zum einen kann man sich jederzeit nach

---

2 Einer meiner Aikido-Lehrer sagt seinen Schülern gerne: „Du arbeitest gegen dich selbst." Selbstvergiftende Praktiken arbeiten gegen das Selbst. Sie betäuben die Lebensenergie des somatischen Selbst oder brechen die Verbindung ab, und sie vertiefen Selbsthaß und Verzweiflung. Als Therapeut muß man also sein Können dafür einsetzen, solche Praktiken auf liebevolle und wirksame Art aufzubrechen und in Frage zu stellen.

den eigenen Reaktionen fragen: *Bringt mich dies näher an meine Mitte oder weiter weg?* Wenn man beispielsweise sich selbst oder jemand anderen kritisiert oder über etwas klagt, achte man darauf, wie sich dies auf die Beziehung zur eigenen Mitte auswirkt. Stärkt es sie, oder schwächt es sie? Achten Sie dann darauf, wie es Ihnen geht, wenn Sie merken, daß Sie Ihre Mitte geschwächt haben. Bringt Ihre Reaktion auf diese Erkenntnis – z. B. Kritik oder Enttäuschung – Sie Ihrer Mitte näher, oder entfernt sie Sie davon? Wenn man diese Frage immer wieder stellt, wird klar, daß *die meisten Versuche, unser Erleben zu verändern, uns von unserer Mitte abbringen.*

Durch die Selbstbeziehungsarbeit wird auch klar, daß Aufmerksamkeit für die eigene Mitte für Glück und Produktivität weit wichtiger ist als jegliche intellektuelle Analyse dessen, wer „recht" hat. Verliert man die Verbindung mit der eigenen Mitte, wird man reaktiv, statt auf den anderen einzugehen. Ist man mit der eigenen Mitte in Verbindung, wird man fähig, tatsächlich im Sinne der Beziehung zu denken und zu handeln. Merkt man, daß man sich in Aktivitäten verliert, die einen von der eigenen Mitte abbringen – wenn ich zum Beispiel Groll hege, vergesse ich meine Mitte –, kann man die in Kapitel 4 dargestellten Aufmerksamkeitsübungen anwenden: mit Achtsamkeit atmen, sich entspannen, sich zentrieren, die Aufmerksamkeit weich werden lassen, die Aufmerksamkeit öffnen und die Aufmerksamkeit klären. Man kann dann einfach fragen, was im eigenen Erleben unterstützt werden sollte, und dazu beliebig jede der Techniken aus Kapitel 5 einsetzen. Niemandem gelingt dieser Prozeß vollkommen, aber mit der Zeit wird es leichter, ihn ins alltägliche Leben zu integrieren. Es geht allmächlich nicht mehr darum, recht zu haben, sondern lebendig, präsent und hilfreich zu sein.

Schritt 5: Kognitives und vernachlässigtes (somatisches) Selbst verbinden

Wenn das Bewußtsein eines Menschen nicht von negativen Mentoren unterworfen wird, ist es frei, die schöpferische Seite des Beziehungsselbst wiederherzustellen. Das vorliegende Modell mißt auf einer Skala, wie intensiv das vernachlässigte Selbst, das kognitive Selbst und die Verbindung zwischen beiden gegenwärtig gespürt werden.

1. Auf einer Skala von 1 bis 10, wobei 1 das untere und 10 das obere Ende ist, wie stark spüren Sie die Präsenz Ihres vernachlässigten Selbst in Ihrem (Sonnengeflecht) gerade jetzt? Lassen Sie sich einfach eine Zahl in den Sinn kommen.
2. Auf einer Skala von 1 bis 10, wobei 1 das untere und 10 das obere Ende ist, wie stark spüren Sie die Präsenz Ihres kognitiven, alltäglichen Selbst im Kopf (indem Ihr Blick von hinter Ihren Augen hinausschaut) gerade jetzt? Lassen Sie sich einfach eine Zahl in den Sinn kommen.
3. Auf einer Skala von 1 bis 10, wobei 1 das untere und 10 das obere Ende ist, wie stark spüren Sie eine Verbindung zwischen dem kognitiven Selbst im Kopf und dem vernachlässigten Selbst im (Bauch)? Lassen Sie sich einfach eine Zahl in den Sinn kommen.

Das Ziel ist hier, einen *felt sense* für jede dieser Beziehungskomponenten zu fördern. Ist der erst einmal entwickelt, kann der Therapeut fragen, ob der Klient gerne damit experimentieren möchte, die Intensität um ein oder zwei Punkte zu senken oder zu erhöhen und zu sehen, was passiert (s. Gilligan a. Bower 1984). Wenn das kognitive Selbst beispielsweise eine 5 ist und das vernachlässigte Selbst eine 8, wird der Klient oftmals das Gefühl haben, daß er keine Kontrolle mehr hat. Wenn er nach innen geht und behutsam „die Knöpfe der Intensitätskontrolle verschiebt", kann das kognitive Selbst zu einer 7 und das vernachlässigte Selbst zu einer 6 hin verändert werden. Diese geringe relative Veränderung kann oft einen deutlichen Unterschied im gesamten Erleben des Betreffenden ausmachen.

Wenn man fragt, wie stark ihr somatisches Selbst mit dem kognitiven Selbst verbunden ist, schauen manche Klienten verständnislos drein, als sei die Vorstellung von einer solchen Verbindung etwas völlig Neues. Dies ist auch oft der Fall: *Das kognitive Selbst und das vernachlässigte Selbst haben oft kaum eine gemeinsame Geschichte oder überhaupt keine.* Wenn der Klient ganz in seinem kognitiven Selbst aufgeht, wird das somatische Selbst ignoriert und vergessen. Wenn sein somatisches Selbst sich verstärkt (z. B., wenn die Identität involviert ist, wie in Übergangsphasen oder bei Symptomen), spaltet das kognitive Selbst sich ab, und entfremdende Einflüsse treten an die Stelle. (Denken Sie daran, *Aliens* können nur dann kommen, wenn Sie gehen. Sie selbst haben immer „den ersten Anspruch" auf die Mentorschaft des somatischen Selbst.) Ziel des Ansatzes der Selbstbeziehung ist es, zu untersuchen, was geschieht, wenn ein Mensch Verbundenheit zwischen dem somatischen und dem kognitiven Selbst spürt. Dies ist eine strukturelle Beschreibung von Ganzheit, von Intimität, Liebe und Kooperation.

Wenn ein Klient Schwierigkeiten hat, das vernachlässigte Selbst zu spüren oder den Kontakt damit aufzunehmen, können einfache Instruktionen – zu entspannen, sich zu zentrieren und die Aufmerksamkeit weich werden zu lassen – die Entstehung eines *felt sense* fördern. Wenn er das vernachlässigte Selbst ablehnt – z. B. sagt jemand vielleicht, daß die Angst, die er empfindet, keinen Wert hat und daß er „erwachsen werden" sollte –, kann mit der Präsenz dieser entfremdenden Stimmen weitergearbeitet werden. Ein Ansatz, den ich oft gebrauche, ist, den Klienten zu fragen, wie er auf jemand anderes reagieren würde, der solche Ängste hat. Zum Beispiel:

Therapeut: „Meinen Sie, es wäre hilfreich, wenn er (das vernachlässigte Selbst) Ihre Präsenz und Ihre Unterstützung spüren könnte, wenn es diese Angst hätte?"
Klient: (*verspannt sich*) „Nein! Keinesfalls. Er hat keine Anerkennung verdient. Er sollte diese Angst einfach überwinden und erwachsen werden."
T: „Hmmm ... (*wird weich und hält inne*) ... Haben Sie Kinder?"
K: „Nein."
T: „Kennen Sie irgendwelche Kinder, die Sie so richtig gern haben?"
K: „Klar, ich habe eine kleine achtjährige Nichte."
T: „Eine kleine Nichte. Wie heißt sie?"
K: „Arianna."
T: „Arianna ... Sind Sie gern mit Arianna zusammen?"
K: „Klar. Sehr gern."
T: „Also, ich frage mich ... wenn Sie in der Nähe wären, wenn Arianna sich gerade vor irgend etwas fürchtet – denn wenn man einen Menschen kennt, wird der sich irgendwann auch einmal fürchten –, was würden Sie sagen? Was würden Sie tun? Würden Sie sie bestrafen?" (*Dies wird mit weicher, nachdrücklicher Stimme gesagt.*)
K: (*seine Aufmerksamkeit ist gefesselt*) „Nein, natürlich nicht."
T: „Warum nicht?"
K: „Also, das hat sie nicht verdient."

T: „Ja, ich sehe, Sie würden sie nicht bestrafen ... *(stille Konzentration)* ... Würden Sie sie anschreien und ihr sagen, sie sei ein schlechter Mensch?"
K: „Nein, natürlich nicht."
T: *(hält inne, um schweigend bei dieser integren Aussage zu bleiben)* „Ja, ich sehe, daß Sie das nicht tun würden. Was würden Sie denn tun?
K: *(spricht sanft und mit Gefühl)* „Also, ihr wahrscheinlich einfach vermitteln, daß es in Ordnung wäre, daß schon alles gut wird."
T: *(hält inne, um dieses Mitgefühl im Klienten zu betonen)* „Ja, das sehe ich ... Wie wäre es bei einem anderen Kind? Würden Sie dasselbe tun?"
K: „Ja." *(Auch dies wird wieder mit weichem Nachdruck gesagt.)*
T: *(schweigende Konzentration auf diesen Zustand)* „Ja, das sehe ich. Daß Sie spüren, daß kein Mensch Gewalt oder Vernachlässigung verdient hat und daß jeder Mensch Respekt und Aufmerksamkeit verdient *(hält inne, damit sich dies setzen kann)*. Also ist wohl die wichtige Frage *(Schweigen, um dies mit dem Klienten aufzunehmen)*, sind Sie auch ein Mensch? ... *(Klient hat Tränen in den Augen; Therapeut wird weicher und öffnet sich für eine stärkere Verbundenheit mit dem Klienten)* Das Gefühl, das Sie jetzt gerade haben, sagt Ihnen, daß Sie einer sind ... das Gefühl, das aus Ihrem tiefsten Inneren kommt, die Präsenz, die tief in Ihrem Inneren zuhört, wacht auf ... Ich weiß wohl, daß unterschiedliche Leute in Ihrem Leben ihn abgelehnt oder ignoriert haben, ihm gesagt haben, er wäre nicht wichtig oder gar, er existiere nicht, aber er ist nicht weggegangen ... Er ist noch immer da, und er hört jetzt zu ... Manchmal fürchtet er sich, und manchmal ist er glücklich ... Manchmal ist er schüchtern und manchmal kontaktfreudig ... Er wird ganz unterschiedliche Eigenschaften haben, sich auf ganz unterschiedliche Weise verhalten ... Die eigentliche Frage ist ... wie können *Sie* bei ihm sein?"

Ein solches Gespräch soll berühren und die Aufmerksamkeit auf das vernachlässigte Selbst lenken, das im Herzen des Symptoms steckt. In der Regel fehlte die menschliche Präsenz, die diese zentrale Erfahrung gesegnet und anerkannt hätte, so daß sie im wörtlichen Sinne keine menschliche Identität hat. Indem man sie unterstützt, kann der Mensch allmählich ihren großen Wert spüren.

Wenn der Klient sich für die Beziehung zwischen seinem kognitiven Selbst und dem vernachlässigten Selbst öffnet, kann man ihn auffordern, die Augen zu schließen und die telepathische Verbindung zu vertiefen.

Wenn das gespürte oder „telepathische" Gefühl von Verbundenheit sich einstellt, wird der Betreffende oft völlig anders aussehen. Oft umgibt eine große Schönheit und Ruhe sein Wesen. Er ist sich des kognitiven und des somatischen Selbst bewußt, aber identifiziert sich mit keinem von beiden. Hier kontrolliert also nicht das kognitive Selbst das somatische Selbst, hier kontrolliert nicht das „ausführende Selbst" einen Teil des Selbst, hier kontrolliert nicht der „Erwachsene" das „innere Kind". Es ist ein beide verbindender Geist, der hier empfunden wird. Dadurch offenbart sich nicht nur ihre gegenseitige Abhängigkeit, sondern auch das Beziehungsfeld, das eine Intelligenz konstituiert, die größer ist als ein Selbst alleine. Es mag sein, daß dieses Beziehungsselbst im Erleben eines Menschen nicht von langer Dauer ist, aber dadurch wird eine Erfahrung zugänglich, zu der man jederzeit zurückkehren kann. Die eigentliche Arbeit und Freude des Lebens kann jetzt beginnen.

Schritt 6: Ursprüngliche Problemsequenz nochmals durchlaufen

Da ein Problem durch einen andauernden Bruch in der Bezogenheit zu einem Symptom degradiert, wird die Heilung dieses Bruches dem Menschen erlauben, durch eine Problemsequenz hindurchzugehen, ohne ein Symptom zu entwickeln. Bei unserem Beispiel am Anfang dieses Kapitels wurde ein Mann bei der Interaktion mit seinem Freund ängstlich und selbstkritisch. Man könnte sagen, ein freundlicher Gesprächsverlauf wurde dadurch unterbrochen, daß ein vernachlässigtes, vom kognitiven Selbst abgespaltenes Selbst ins Spiel kam. Wenn die Verbindung zwischen den beiden wiederhergestellt ist, kann man den Betreffenden einladen, die Augen zu schließen und in seiner Phantasie zu dem Ereignis zurückzugehen, aber diesmal die telepathische innere Verbindung aufrechtzuerhalten und darauf zu achten, inwiefern sich dies von der früheren Situation unterscheidet. Der Klient spürt z. B. vielleicht, wie er die Angst, wenn er sie in seinem somatischen Selbst empfindet, mit seinem kognitiven Selbst unterstützen kann. Auf diese Weise wird es wahrscheinlicher gelingen, das äußere Ereignis erfolgreicher zu bewältigen.

Schritt 7: Weitere Arbeit

Um die alte Klage nochmals zu wiederholen: Wir vernachlässigen unsere Seele jeden Tag hundertmal, nein, tausendmal. Also ist dies keine „Kur", sondern der Beginn einer Tradition, unabhängig von den Umständen in Beziehung zu bleiben. Dazu bedarf es der Übung, und der Therapeut kann mit dem Klienten darüber sprechen, wie er diese Tradition weiterhin fördern kann. Es kann auch weitere Selbstbeziehungsarbeit geleistet werden; man kann Meditationsübungen entwickeln; mit manchen Menschen müssen vielleicht Gespräche geführt werden; usw. Jedenfalls werden wir merken, daß wir nicht darauf hoffen dürfen, nie wieder die Beziehung zu unterbrechen; vielmehr lernen wir zu akzeptieren, daß wir jeden Tag viele Male auschecken und vor uns selbst weglaufen.[3] Wenn wir dies bei jedem einzelnen Menschen akzeptieren, können wir auch stärker und behutsamer darin werden, mit allem Engagement immer wieder zu dem Beziehungsselbst und seinem Gutsein zurückzukehren.

Zusammenfassung

Das Leben ist ein Moment nach dem anderen, eine Sache nach der anderen, bis dies nicht mehr zutrifft. Und zwar, wenn sich ein Erleben entwickelt und der Mensch aus dem gegenwärtigen Augenblick des Lebens „auschecken" muß. Dieser „Bruch in der Bezogenheit" hält die psychische Bewegung in der Zeit an und führt dazu, daß der Mensch die Räder immer wieder im selben Erlebnis dreht. Wenn dies passiert, sind seine Reaktionen automatisch und selbstgehässig, denn wenn das Selbst auscheckt, checken die entfremdenden

---

3 Ein Schüler von Morishei Ueshiba, dem Gründer des Aikido, soll einmal zu seinem Lehrer gesagt haben: „Sensei, Sie verlieren nie Ihre Mitte." Ueshiba antwortete, daß er seine Mitte wie jeder andere verliere, er kehre bloß schneller wieder in sie zurück. Wir geben also die Hoffnung auf, an „Perfektion" festzuhalten und immer zentriert zu sein, und wir öffnen uns für die „Bambusbaumflexibilität" der beweglichen Mitte, in die wir immer zurückkehren können.

Einflüsse ein. Der Mensch wird dann aus der „nahen Distanz" des abgespaltenen Denkens Zeuge davon, daß sein Körpergefühl außer Kontrolle geraten und sein Erleben durch Mentoren unterworfen ist. Diese „symptomatische" Beziehung wird so lange weiter erlebt, bis eine Mentorschaft das abgespaltene Erleben berührt und die Verbindung damit wiederherstellt.

Wir haben eine Methode in sieben Schritten exploriert, mit der sich das Beziehungsselbst wiederherstellen läßt. Die Methode soll darauf aufmerksam machen, wo und wie der Bruch in der Bezogenheit geschieht, und dann soll damit die dreiteilige Intervention des Ansatzes der Selbstbeziehung gelingen: das vernachlässigte Selbst unterstützen, das kognitive Selbst zurückbringen sowie seine Mentorenfähigkeiten aktivieren und negative Mentorschaft abschaffen, damit das Beziehungsfeld wieder entsteht. Wenn das Beziehungsselbst sich regeneriert, können die Schwierigkeiten des Lebens erfolgreich umschifft werden.

Zu dieser Reise werden wir von Kahlil Gibran ermutigt. In *Der Prophet* (1977) schreibt er:

> Wenn ihr zwischen den Hügeln im kühlen Schatten der weißen Pappeln sitzt und am Frieden und der Heiterkeit der Felder und Wiesen teilhabt – dann laßt euer Herz schweigend sagen: „Gott ruht in der Vernunft."
>
> Und wenn der Sturm kommt und der mächtige Wind den Wald erschüttert und Donner und Blitz die Erhabenheit des Himmels verkünden – dann laßt euer Herz in Ehrfurcht sagen: „Gott bewegt sich in der Leidenschaft."
>
> Und da ihr ein Atemzug in Gottes Sphäre seid und ein Blatt in Gottes Wald, sollt auch ihr in der Vernunft ruhen und in der Leidenschaft euch regen. (S. 40)

7. Das archetypische Selbst
We Get by with a Little Help from Our Friends

Als ich schlief die letzte Nacht,
da träumte ich – Wunschbild wundervoll! –
in mein Herz sei eingebracht,
ein Bienenstock: summend schwoll
der Bienen goldener Schwarm,
und der verwandelte insgeheim
all meinen bitteren Harm
in weißes Wachs und Honigseim.

Als ich schlief die letzte Nacht,
da träumte ich – Wunschbild wundervoll! –
brennend durchstrahle die Pracht
einer Sonne meinen Herzensgroll.
Sie brannte, denn wie vom Herde
hochrot ihr Wärme entfloß,
war Sonne, die alles klärte,
so daß ich Tränen vergoß.

Als ich schlief die letzte Nacht,
da träumte ich – Wunschbild wundervoll! –
es sei Gott mir erwacht,
von ihm sei das Herz mir voll.

Antonio Machado (1996)

Wenn man die Stimme als Instrument gebraucht, trifft man auf Gefühle, für die es keine Worte gibt. Man trifft in dieser Stimme auf etwas wie Erinnerungen an die menschliche Rasse.

Meredith Monk (s. Erlich 1996)

Eine der wesentlichen Vorstellungen in der Selbstbeziehungstherapie ist die, daß wir zwei Selbste haben. Das Leben fließt durch die zarte, weiche Stelle des somatischen Selbst, wenn es von der Intelligenz des kognitiven Selbst verstanden, gefördert und geführt wird. Das Beziehungsselbst entsteht aus der Kommunikation zwischen diesen beiden Instanzen.

Innerhalb des Beziehungsselbst können drei Grundtypen von Beziehung auftreten. Der erste ist *Entfremdung*, wobei das kognitive Selbst das somatische Selbst zu dominieren oder zu ignorieren versucht. Dies kann als Verleugnung, Verdrängung, Intellektualisierung, ideologische Reinheit und andere Arten von Abspaltung zum Ausdruck kommen. Das zweite ist, was C. G. Jung (1916/1995) *Inflation* nannte, bei der das kognitive Selbst von archetypischen Mustern und Gefühlen des somatischen Selbst überwältigt wird. Dies zeigt sich in Ausagieren, Überidentifikation, Abhängigkeit und anderen Verhaltensweisen und Erfahrungen, in denen die Kontrolle verlorengeht. Der dritte ist *relational*, wobei der Mensch ein integriertes Gefühl von zwei Selbsten hat sowie eine Verbindung mit einem größeren Feld.

Um dieses Beziehungsselbst zu entwickeln, müssen wir das somatische Selbst verstehen und mit ihm arbeiten. Diese Fertigkeit ist für jede Kunst wesentlich, ob es sich nun um Malen, Erziehung, Tanzen, Therapie, Erwachsenwerden oder eine intime Beziehung handelt. Das somatische Selbst ist die lokale Mitte der Natur: Es trägt die Rhythmen von Geburt und Tod, von Dunkelheit und Licht, von Ruhe und Sturm. Genauso wie das Leben stirbt und wieder zur Erde zurückkehrt, so wird die Erfahrung gelebt und dann vom Körper aufgenommen. Diese Erfahrungen sind nicht nur individuell, sondern auch kollektiv (vererbt). Wie T. S. Eliot (1988, S. 303) anmerkt, ist es „das ganze Leben, glühend in jedem Augenblick,/und nicht nur das Leben eines Mannes allein."

Die Arbeit mit dem somatischen Selbst erinnert uns daran, daß wir ständig von zwei Geschichten beeinflußt werden: einer Geschichte des persönlichen Selbst (wo wir gewesen sind und was in unserem jeweiligen Leben geschehen ist) und einer Geschichte der Spezies oder des kollektiven Selbst. C. G. Jung (1929/1995) meint, daß das letztere um universale Themen, Bilder und Bezugsmuster kreise. Diese allgemeinen Muster stellen die Herausforderungen und Seinsweisen dar, die im Mittelpunkt eines jeden Menschenlebens stehen: zum Beispiel zu lieben und Liebe zu empfangen, Leben zu schützen und Unterschiede und Grenzen zu wahren, Wunden zu heilen, die Identität zu verändern, Segen zu spenden und jedem Mitglied einer Gemeinschaft einen Platz zu gewähren. Die Tatsache, daß jede menschliche Generation mit diesen Herausforderungen umgehen mußte, hat dazu geführt, daß sich psychische Bilder und Strukturen entwickelt haben, die der menschlichen Psyche gemein sind. C. G. Jung (ebd.) bemerkt:

> Archetypen sind typische Formen des Auffassens, und überall, wo es sich um gleichmäßige und regelmäßig wiederkehrende Auffassungen handelt, handelt es sich um einen Archetypus, gleichviel ob dessen mythologischer Charakter erkannt wird oder nicht.
> Das kollektive Unbewußte besteht aus der Summe der Instinkte und ihrer Korrelate, der Archetypen. So wie jeder Mensch Instinkt besitzt, so besitzt er auch die Urbilder ... (S. 160)
> Man könnte das Urbild passend als *Anschauung des Instinktes von sich selbst* oder als *Selbstabbildung des Instinktes* bezeichnen. (S. 159)

Archetypen kommen vor allem in Träumen, in Literatur und Kunst, im Krieg und in anderen menschlichen Grunderfahrungen zum Ausdruck. Meisterschaft archetypischer Prozesse sehen wir im Basketball eines Michael Jordan (der Krieger / Held), in der Psychotherapie eines Milton Erickson (der Magier / Heilende) und in der Religion einer Mutter Theresa (Liebende / Heilende). Wir sehen archetypische Prozesse in Trance, bei einer Hochzeit, beim Drogenkonsum, in religiösen Zeremonien und im Sex. Was diese Personen oder Prozesse zu archetypischen macht, ist, daß sie in gewissen Kontexten sowohl eine persönliche als auch eine universale Bedeutung widerspiegeln. Sie bringen nicht nur sich selber zum Ausdruck, sondern auch ein Erfahrungsmuster, das in der Geschichte des Bewußtseins kulturübergreifend wieder und wieder anzutreffen ist. Wie wir sehen werden, liegt ein beachtlicher Wert darin, in gewissen Verhaltensweisen sowohl eine persönliche (individuelle) wie eine überpersönliche (kollektive) Bedeutung zu erkennen.

In psychischen Symptomen sind Archetypen ganz offensichtlich. C. G. Jung (1929 / 1995) schreibt:

> Wir meinen uns schmeicheln zu dürfen, daß wir diese Klarheitshöhe schon erreicht hätten, denn solche Götterschemen scheint man

schon geraume Zeit hinter sich zu haben ... Wir sind von unseren autonomen seelischen Inhalten noch genauso besessen, wie wenn sie Götter wären. Man nennt sie jetzt Phobien, Zwänge usw., kurz, neurotische Symptome. Die Götter sind Krankheiten geworden, und *Zeus regiert nicht mehr den Olymp, sondern den Plexus solaris* ... (S. 45; Hervorhebung: S. G. G.)

Natürlich entstehen aus Archetypen nicht immer negative Erfahrungen. Dieses Kapitel untersucht, wie Archetypen in der Therapie als positive Ressourcen erkannt und nutzbar gemacht werden können. Zum Beispiel stellen sie eine wichtige Basis für die Kommunikation zwischen Therapeutin und Klientin dar, wie Erickson und Kubie (1997) meinen:

> ... daß unterhalb der Verschiedenartigkeit der bewußt organisierten Aspekte der Persönlichkeit das Unbewußte in einer Sprache spricht, die eine bemerkenswerte Gleichförmigkeit aufweist, und daß diese Sprache außerdem so konstanten Gesetzen folgt, daß das Unbewußte eines Individuums besser in der Lage ist, das Unbewußte eines anderen zu verstehen, als die bewußten Persönlichkeitsanteile beider dies können. (S. 233)

Demnach kann man es so sehen, daß der archetypische Prozeß sowohl innerhalb eines Menschen als auch zwischen Menschen (z. B. zwischen Therapeutin und Klientin) fließt. Dieses Kapitel untersucht im folgenden, inwiefern dies für die Praxis der Psychotherapie relevant ist. Zuerst wird ein Überblick über einige allgemeine Vorstellungen von Archetypen gegeben. Sodann wird im einzelnen ein Modell vorgestellt, mit dem die archetypischen Ressourcen in einem Problem erkannt und mit ihnen gearbeitet werden kann. Schließlich wird untersucht, wie die Therapeutin die archetypische Art und Weise der Kommunikation nutzen kann.

GRUNDLEGENDE VORSTELLUNGEN VON ARCHETYPEN

Tabelle 7.1 listet neun Vorstellungen von Archetypen auf, die für die Psychotherapie relevant sind. Wir werden jede einzeln genauer betrachten.

1. Die primäre Funktion eines Archetyps ist es, einer Person zu helfen, zum Menschen zu werden.
2. Jeder Archetyp hat eine Tiefenstruktur und viele mögliche Oberflächenstrukturen.
3. Eine jeweilige archetypische Form wird entschieden von kulturellen und persönlichen Vorlieben beeinflußt.
4. Die Ontogenese wiederholt die Phylogenese; jeder Archetyp entwickelt sich weiter.
5. Jeder Archetyp hat integrierte und nicht integrierte Formen.
6. Der Wert eines Archetyps hängt davon ab, ob er menschlich gefördert wird.
7. Man sollte den Menschen nicht auf einen Archetyp reduzieren oder mit ihm verwechseln.
8. Archetypen sind vor allem in Zeiten des Identitätswandels aktiv.
9. Das Therapieziel ist es, die Geschenke, die das Leben für jeden bereithält, zu fördern.

Tab. 7.1: *Wie Archetypen in der Therapie nutzbar sind*

1. Die primäre Funktion eines Archetyps ist es, einer Person zu helfen, zum Menschen zu werden

Das Leben schickt jeder Person eine Herausforderung nach der anderen, damit sie ihre Gaben und Fähigkeiten erkennt. Viele dieser Herausforderungen sind universal: Unsere Vorfahren waren mit ihnen konfrontiert, und deren Lernerfahrungen und Reaktionen sind in Form von Archetypen ihre Geschenke. Diese Geschenke können uns helfen, mit solchen zeitlosen Herausforderungen fertig zu werden.[1]

Zum Beispiel ist es eine archetypische Herausforderung, ein Gemeinschaftsgefühl zu entwickeln, zu etwas dazuzugehören, das größer ist als man selber. Dies ist etwas, wozu instinktiv je-

---

1 In einer wohl apokryphen Geschichte war einmal Golda Meir (die ehemalige israelische Ministerpräsidentin) mit einem Rabbi im Gespräch. Der Rabbi bemerkte, daß er sich über sehr wichtige Entscheidungen nicht mit anderen Rabbis beraten könne, und fragte sich, ob Goldas Führungsposition im Lande es ihr erlaube, Vertraute zu haben. Sie antwortete, sie berate sich über jede wichtige Entscheidung mit zwei Menschen: ihrer Großmutter (die nicht mehr am Leben war) und mit ihrer Enkelin (die noch nicht geboren war).

der aufgefordert ist. In seinem Klassiker *Die Kunst des Liebens* beschreibt Erich Fromm (1956/1978), wie der Mensch, wenn dieser universale Auftrag nicht durch die Kunst zu lieben befriedigt wird, dazu getrieben wird, dies auf weniger effektive Weise zu erreichen sucht – zum Beispiel, indem man einem Kult beitritt oder Faschist wird, durch Drogen, Sex, Rock 'n' Roll oder andere Formen des Fundamentalismus.

Natürlich gibt es zahlreiche andere archetypische Herausforderungen. Das Modell zum Beispiel, das wir im nächsten Abschnitt untersuchen werden, unterscheidet vier archetypische Energien: Liebende/r, Krieger/in, Magier/in und König/in. Zu den Herausforderungen, die in diesen Archetypen Gestalt annehmen, gehören Gemeinsamkeit, Leidenschaft und Akzeptanz; Begeisterung, Engagement und Differenziertheit; Heilen, Verzauberung und Reframing; sowie Segnen und einen Ort finden. Dies sind nur einige wenige der vielen universalen Aspekte des Menschseins.

Wichtig ist hier, daß der archetypische Prozeß durch uns hindurchfließt, *insbesondere in Zeiten des Identitätswandels*. Wenn dies geschieht, fühlen wir uns vielleicht „außer Kontrolle", von Kräften, die mächtiger sind als unser kognitives Selbst, eingenommen. Dies kann eine phantastische Erfahrung sein, beispielsweise wenn man sich verliebt, oder es kann schrecklich sein, z. B. wenn sich ein Symptom entwickelt. Im letzteren Falle sind wir erschrocken und verstehen nicht, warum die Dinge geschehen, wie sie geschehen.

Die Selbstbeziehungstherapie geht davon aus, daß dies daran liegt, daß symptomatische Erfahrungen oftmals ihrem Wesen nach archetypisch sind: Sie rufen uns dazu auf, die Grenzen des kognitiven Selbst zu überschreiten und Teil einer tieferen menschlichen Erfahrung zu werden. In dieser Hinsicht dient eine archetypische Präsenz als eine Art Mentor für den Menschen: Sie weckt das Bewußtsein für eine Präsenz in der betreffenden Person und in der Welt und lenkt die Wachstums- und Entwicklungsprozesse innerhalb dieses archetypischen Bereichs. Wie wir sehen werden, ist es für die Betreffende zugleich wichtig, daß der Archetyp unterstützt wird. Diese gegenseitige Mentorschaft kennzeichnet eine reife Beziehung.

Da die Therapeutin die „nichtbewußte" Kraft des Symptoms als ein teilweise archetypisches Geschenk ansieht, sympathisiert sie mit den Ängsten ihrer Klientin, aber heißt auch das Symptom mit seinem Potential willkommen. Sie geht davon aus, daß das

Symptom den Geist des Lebens darstellt, der den Menschen in seinem Wachstum unterstützt. Der Suchtprozeß beispielsweise läßt sich als eine außerordentliche Instanz ansehen, die Gemeinsamkeit mit etwas über die betreffende Person Hinausgehendem sucht (Zoja 1994). Die Präsenz dieses Archetyps des „Liebenden" ist enorm und unglaublich destruktiv, und doch enthält sie auch die Samen positiver Entwicklung. Wie wir im nächsten Abschnitt sehen werden, ist es die Aufgabe der Therapeutin, das Symptomverhalten in einen positiven Zusammenhang zu stellen, so daß das Symptom zur Lösung wird.

2. Jeder Archetyp hat eine Tiefenstruktur und viele mögliche Oberflächenstrukturen

Um ein Symptom als eine archetypische Lösung anzusehen, ist es wichtig, sich darüber klar zu sein, daß jeder Archetyp ein allgemeines Muster ist, das in unendlich vielen Formen zum Ausdruck kommen kann. Wie die DNA oder eine therapeutische Geschichte enthält es allgemeine Suggestionen und keine speziellen Befehle. Wenn wir also archetypische Muster zum Ausdruck bringen möchten, so geschieht dies doch auf sehr unterschiedliche Weise. Man kann beispielsweise fragen: „Wer ist für Sie ein Beispiel für den Archetyp des Liebenden?" Dies kann ein Filmstar sein, eine Person im realen Leben, ein Familienmitglied, eine mythologische Gestalt etc. Es gibt viele Möglichkeiten, und jede hat ihre Stärken und Schwächen. Eines meiner ersten (und dauerhaftesten) Beispiele für einen Archetyp der Liebenden war meine Mutter. In meiner Kindheit personifizierte sie die konservative katholische Märtyrermutter, die hingebungsvoll jeden liebte, außer sich selbst. Dieses Prinzip, „andere, aber nicht sich selbst zu lieben", habe ich in meinem eigenen Leben übernommen.

Auf ganz ähnliche Weise kann der Begriff oder das Bild eines Archetyps, das eine Klientin hat, sehr einschränkend sein. Eine erfolgreiche Busineßfrau litt beispielsweise an einer ganzen Reihe von Mißbrauchsbeziehungen. Sie verstand nicht, warum sie bei Männern mit so schlechten Eigenschaften blieb. Als wir untersuchten, wie ihre Bilder von einer Liebenden oder einem Liebenden aussahen, wurde klar, daß sie aufgrund ihrer kulturellen und familiären Erfahrungen die festgefahrene Meinung hatte, daß eine Liebende eine mißbrauchte, wertlose Gestalt ist. Indem ich sie zu ihrer tiefen

Verbindung mit der Kraft der Liebe beglückwünschte, forderte ich sie auch dazu auf herauszufinden, wie sie diese Kraft auf gesündere Art äußern und in ihre Beziehungen einbringen könnte. Dies ist in der Selbstbeziehungsarbeit eine übliche Strategie: (1) das symptomatische Muster auf archetypische Muster hin prüfen; (2) die spezielle (negative oder einschränkende) Form des archetypischen Musters von seiner allgemeinen positiven Funktion unterscheiden; (3) zu der Verbindung mit der allgemeinen positiven Funktion beglückwünschen; und (4) entwickeln, wie diese allgemeine Funktion auf andere (hilfreichere) Weise zum Ausdruck gebracht werden kann, und dazu ermutigen. Die allgemeine Idee ist die, daß der Mensch vielfältige Bilder für jeden Archetyp braucht, so daß Flexibilität und Reaktionsvermögen gegenüber wechselnden Umständen gegeben sind.

3. Eine jeweilige archetypische Form wird entschieden von kulturellen und persönlichen Vorlieben beeinflußt

Sexismus oder Rassismus können beispielsweise die Bandbreite an archetypischen Inhalten, die einer Person eines Geschlechtes oder einer Rasse zur Verfügung steht, einschränken. So mag jemand vielleicht darauf aussein, den archetypischen Prozeß der Kriegerin/des Kriegers zum Ausdruck zu bringen, kennt jedoch nur destruktive Beispiele für diesen Archetyp.

Ich hatte da einen Fall, Bill, einen ernsthaften jungen Mann Mitte Zwanzig, der unter der schrecklichen Gewalt seines Vaters gelitten hatte. Er übte nun mit großer Überzeugung Aikido, anscheinend von einem Kriegerbild geleitet, das brutal und nicht zur Vergebung bereit war. Glücklicherweise lernte er bei einem hochrangigen japanischen Sensei (Lehrer), der ein bemerkenswert sanfter und hochgeistiger Mensch war. Als Bill eines Tages in einer Unterrichtsstunde mit Messerattacken umgehen mußte, reagierte er auf den Angriff seines Partners mit einem unglaublich heftigen Schlag. Der Trainingspartner stürzte zu Boden, wobei sich sein Körper so komisch verkrümmte, daß Bill Schwierigkeiten hatte, die angemessene Armblockiertechnik einzusetzen. Während er mit seinem Partner rang, kam der Sensei durch den Raum auf die beiden zu und kratzte sich dabei am Kopf. „Was machst du da? Was machst du da?" fragte er spielerisch und doch eindringlich. Bill antwortete scharf: „Ich versuche, den Mann festzuhalten, Sir!" Der Sensei sah erstaunt aus, kratzte sich wieder am Kopf und sagte dann: „Du hast deine Brieftasche, lauf! Lauf!" Er warf seine Hände hoch, als könne jeder echte Krieger sehen, daß dies im Augenblick das einzig Richtige war, und schlenderte davon.

Bill blieb mit offenem Mund zurück, taumelig von dieser hypnotischen Verwirrtechnik. Schließlich engagierte er sich voll dafür, ein echter Krieger zu werden, und hier schlug nun dieser echte Krieger vor, das Beste sei, der Gefahr aus dem Wege zu gehen. Bill hatte in seinem mentalen „Rolodex" von Kriegerbildern keine Karte, die zu dem Vorschlag des Sensei gepaßt hätte, und doch hatte er viel Respekt und große Bewunderung für den Sensei. Schließlich begann sein rigides Verhalten weicher zu werden, und seine Vorstellung davon, was ein Krieger-Archetyp ist und wie er den zum Ausdruck bringen könnte, wurde ganz offensichtlich entschieden reifer.

Man sollte nicht unterschätzen, wie stark die Vorstellungen von den Archetypen gesellschaftlichen Zwängen unterliegen. *Das Leben mag fordern, daß ein Mensch jede archetypische Energie zum Ausdruck bringt, aber soziale Bedingungen können ernsthaft einschränken, wie jemand auf diese Forderungen reagiert.* In Folge davon werden instinktive Muster oftmals verzerrt oder eingeschränkt zum Ausdruck gebracht. In der Therapie kann die betreffende Person lernen, sich von solchen Einschränkungen zu lösen und die Archetypen auf befriedigendere Art zum Ausdruck zu bringen.

Mit anderen Worten, ein Ziel bei der Arbeit mit Archetypen ist es, sie ins Bewußtsein der Klientin zu bringen, weg von dem gedankenlosen Mißbrauch anderer Systeme. Eine Person mag also das Bedürfnis haben, als archetypische Kriegereigenschaften Entschlossenheit, Scharfsinn und Engagement zu leben. Aber vielleicht lebt sie in einer Gesellschaft, in der Frauen solche Eigenschaften nicht gestattet sind und in der Männer ermutigt werden, sie in Form von Dominanz und physischer Gewalt zum Ausdruck zu bringen. Möglicherweise wendet die Frau also diese Energien in autoaggressiver Kritik und Unterwerfung ihres Körpers gegen sich selber, während der Mann sie in Dominanz umsetzt. Die therapeutische Arbeit mit Archetypen würde ermutigen, sich sowohl die Folgen solcher Praktiken genau anzusehen als auch respektvollere und befriedigendere Ansichten und Praktiken zu entwickeln.

Die soziale Ausbeutung von Archetypen reduziert sie oft auf selbstzerstörerische Stereotypen. Carol Pearson (1993) bemerkt dazu:

... daß viele unserer Sozialisationsmuster auf einschränkenden Klischees beruhen und daß es nicht möglich ist, sie einfach als ungut zu klassifizieren und dann beiseite zu legen. Sie sind domestizierte Versionen der Archetypen, von denen sie ihre Kraft ableiten. Das flache Klischee scheint kontrollierbar und ungefährlich, aber es bringt weniger Leben, nicht mehr. Der hinter ihm stehende Archetyp dagegen ist voller Leben und Kraft. (S. 20)

Ein Stereotyp taucht also auf, wenn die Energie eines Archetyps ausgezehrt und seine Autonomie verleugnet wird. Wird er wieder mit einem Körperzentrum und dem Beziehungsfeld verbunden, kann der Archetyp erneut lebensbejahend werden.

4. Die Ontogenese wiederholt die Phylogenese; jeder Archetyp entwickelt sich weiter

Außer sozialen und kulturellen Zwängen beeinflussen Entwicklungsfaktoren, in welcher Form die Archetypen zum Ausdruck kommen. Jean Houston (1987; 1996) hat brillant beschrieben, wie die psychische Entwicklung eines Individuums die psychische Entwicklung der Art wiederholt. Dies ist eine psychologische Version des biologischen Prinzips „Ontogenese wiederholt Phylogenese". Die archetypische Form des Kriegers z. B. mit den dazugehörigen Eigenschaften Entschlossenheit, Konzentration, Engagement und Selbstschutz wird im Laufe eines Menschenlebens verschiedentlich auftauchen, aber in unterschiedlicher Form.

Houston meint, daß die fortschreitende Entwicklung dieser Kriegerenergie die Entwicklung der Menschheitsgeschichte im Laufe der Jahrhunderte widerspiegelt. Zuerst ist die archetypische Form unentwickelt oder unreif. Bei einem Einjährigen z. B. kommt bei Wutanfällen der Krieger zum Ausdruck, gewissermaßen ähnlich dem Kriegerstadium des Neandertalers. Wenn ein Mensch reift und gefördert wird, kann die Vorstellung derselben archetypischen Energie und deren Ausdruck zivilisierter werden. Wenn ein Kind beim Heranwachsen geführt wird, kann es lernen, die Kriegerenergie im Dienste der Gemeinschaft umzusetzen (vgl. Fields 1991). Natürlich ist es ein langer Weg von der frühen Zivilisation zu ihren fortschrittlichen Formen. (Wenn ich meine vierjährige Tochter so beobachte, wie sie ihre Wut über Freunde zum Ausdruck bringt, kommt es mir vor, als sei sie auf dem Entwicklungsstadium von Attila, dem Hunnen, angelangt. Aber wir arbeiten daran!)

Oft ist die Entwicklung einer archetypischen Form nicht linear. Ein Trauma oder andere Streßfaktoren können einen Rückschritt in einer solchen Entwicklung bewirken. Eine Person mag in den meisten Situationen relativ reife Formen eines Archetyps äußern, aber dann im Bereich eines Symptoms unreife, weniger entwickelte Formen zeigen. So zeigte ein Klient z. B. in seiner Arbeit als Therapeut die Qualitäten eines reifen Liebenden, aber in der Beziehung zu seiner Frau war er äußerst anlehnungsbedürftig und gierig. Wie schon erwähnt, ist es ein wesentliches Therapieziel, herauszufinden, was für ein unreifer oder wenig hilfreicher Archetyp in einem Symptom implizit zum Ausdruck kommt, und diesen dann mit Hilfe von Mentorschaft zu einem reiferen und positiven zu transformieren.

5. Jeder Archetyp hat integrierte und nicht integrierte Formen
Ein Archetyp kann konstruktiv oder destruktiv zum Ausdruck kommen, je nachdem was für eine Beziehung die betreffende Person zu dem Archetyp hat. Zu den konstruktiven Aspekten von König und Königin beispielsweise gehört es, zu segnen, Platz zu finden und ein System zu erschaffen, zu dem jeder dazugehören kann. Zu der dunklen Seite gehören Flüche („Du existierst nur, um mir zu dienen") und Unterdrückung.

6. Der Wert eines Archetyps hängt davon ab, ob er menschlich gefördert wird
Entscheidend dafür, ob ein Archetyp integriert wird, ist die menschliche Präsenz. Jedesmal, wenn eine archetypische Form in das somatische Selbst eines Menschen kommt, kann sie akzeptiert oder abgelehnt werden. Das heißt, sie kann entweder von menschlicher Präsenz berührt und in das Beziehungsselbst einbezogen werden, oder sie wird ignoriert bzw. abgelehnt und somit aus der Sphäre des Beziehungsselbst herausgehalten. (Eine solche Entscheidung ist wohl weitgehend unbewußt und hängt von verschiedenen kulturellen, familiären und sonstigen Faktoren ab.) Akzeptanz und Mentorschaft fördern eine eher positive und reife Form; durch Ablehnung entsteht eher eine negative Form und eine Rückentwicklung. *Der Wert des Archetyps ist ihm also nicht inhärent; er wird in jedem Augenblick durch die jeweils im Beziehungsfeld anwesenden Personen festgelegt.*

Eine wesentliche Funktion des Magier-/Heiler-Archetyps ist es, zu verzaubern und die Aufmerksamkeit abzulenken. Dies kann sich positiv auswirken: Eine Person mag in eine therapeutische Trance (einen archetypischen Heilungsprozeß) gehen und dadurch ihre Sicht des Problems verändern. Oder es kann sich negativ auswirken: Dieselbe Person kann ihre „Zauberkraft" einsetzen, um sich oder andere zu täuschen. In beiden Fällen bringt die Person den archetypischen Prozeß der Magierin zum Ausdruck; der Unterschied liegt darin, ob dies innerhalb oder außerhalb des Beziehungsselbst geschieht.

Damit ein Archetyp innerhalb des Beziehungsselbst zum Ausdruck gebracht werden kann, sind Segen und andere Formen von Mentorschaft notwendig. Segen werden ja ursprünglich von anderen in der Gemeinschaft gespendet; wenn die Person dann heranreift, kann sie sich auch selbst den Segen geben. Taucht ein Archetyp im Bewußtsein auf und wird verflucht, wird er sich leicht darstellen, als habe er keinen menschlichen Wert, z. B. als Symptom. Er wird eine ästhetisch häßliche Form haben und als nicht funktional oder nicht wünschenswert gelten. An dieser Stelle setzen wir in der Therapie an. Wird mit Liebe und mit der Fähigkeit der Mentorin der Kontakt zu einer archetypischen Form aufgenommen, werden sich Form und Funktion allmählich transformieren. *Das Berühren einer jeden psychischen Form mit menschlicher Präsenz setzt einen Transformationsprozeß in Gang.* Dieser Transformationsprozeß kann jederzeit unterbrochen werden, wenn ihm die positive Mentorschaft entzogen wird.

Der Gedanke, Mentorschaft und Liebe zu den archetypischen Gaben der Psyche zu bringen, ist vor allem in heutigen Zeiten so wichtig. Früher wurde das Bewußtsein durch Traditionen wie Geschichtenerzählen, Träume, Kunst, Rituale und ähnliches mit den archetypischen Bildern vertraut gemacht. In unserer Gesellschaft, die sich hin zur Mythologie des Materialismus bewegt mit seinem Lebensstil des Konsumdenkens und mit der üblichen Werbung, werden archetypische Bilder zunehmend durch Fernsehen und andere Medien eingeführt. Man braucht nur einen Blick auf ein kleines Kind zu werfen, das fernsieht, um zu merken, daß hier ein Kontext ist, der Zuschauen statt Teilnahme fördert. Des weiteren werden die archetypischen Bilder von Unternehmens-„Mentoren" eingeführt mit der klaren Absicht, das erregte Begehren nach Warenkonsum zu schüren, statt Mensch- und Bürgersein zu entwickeln.

Unter solchen Umständen ist leicht ersichtlich, wie wesentlich Mentorschaft zum Wert archetypischer Bilder beiträgt. Wenn es an liebender Mentorschaft fehlt, wie in den Kontexten des Konsumdenkens oder des Fundamentalismus, sind die Illusionssucht, Projektion auf andere, Empfänglichkeit für emotionale Manipulation und schließlich Depression („Zusammenbrechen") in seelenvolle Leere die Folge. Archetypische Prozesse werden zur Gewohnheit, und menschliche Präsenz kontrahiert oder geht völlig verloren. Das Beziehungsselbst existiert schließlich nicht mehr, und der Archetyp (in seiner depersonalisierten Form) überwältigt die Person. Madonna, Adolf Hitler, eine depressive Klientin und ein ausagierender Borderline-Patient sind Beispiele dafür.

Wenn Mentorschaft negativ ist, wie dies im Fundamentalismus und beim Konsumverhalten der Fall ist, werden Verdrängung, Dissoziation, Projektion, Verzweiflung und andere Formen der Abspaltung ausgelöst. Authentische Mentorschaft heißt, daß sowohl das kognitive Selbst wie die archetypischen Prozesse des somatischen Selbst gleichzeitig aktiv und kooperativ sind. Darum geht es auch in der Kunst – ob dies die Kunst der Beziehung, der Therapie, der sportlichen Leistung oder der Erziehung ist. Der Selbstbeziehungsansatz versucht also, Harmonie, Ausgeglichenheit und Kooperation zwischen dem kognitiven und dem (archetypischen) somatischen Selbst zu fördern.

7. Man sollte den Menschen nicht auf einen Archetyp reduzieren oder ihn damit verwechseln

Wir müssen den Menschen stets von den Archetypen unterscheiden. Es ist eben die Reduktion eines Menschen auf eine psychologische Form, ob archetypisch oder anderweitig, welche die Möglichkeit zu frischem, echtem und freiem Erleben zerstört. Archetypen sind von der Psyche geschickte Muster oder Ressourcen, die dem Menschen auf seiner Reise helfen sollen; wie diese archetypischen Formen aufgenommen, benannt, gehalten, verstanden und zum Ausdruck gebracht werden, spielt eine wichtige Rolle. Ob einem Menschen diese gegenseitige Mentorschaft des archetypischen (somatischen) Selbst und des fördernden Selbst zuteil wird, entscheidet darüber, ob etwas ein Problem oder eine Lösung ist.

Wir sollten also vorsichtig damit sein, Ausdrücke wie „mein inneres Kind" oder „meine innere Kriegerin" wörtlich zu nehmen. Wie Wilber (1997) betont hat, können Archetypen im prärationalen oder im transrationalen Bewußtsein zum Ausdruck gebracht werden. Im trans- oder postrationalen Kontext versteht die Betreffende das mythische Bild im Sinne von „als ob" und spürt dessen Vitalität und dessen Botschaften, aber weiß darum, daß er oder sie nicht das Bild ist. Wenn jemand den Fehler begeht und sich mit dem Bild identifiziert, wird es zu einem regressiven Ausagieren einer prärationalen Struktur kommen. Eine Gefahr besteht dann, wenn jemand nicht die Flexibilität hat, eine psychologische Form verschiedenen Kontexten anzupassen. Die Art zum Beispiel, wie wir unseren Kindern unsere Liebe zeigen, ändert sich von einem Augenblick zum nächsten; in welcher Form es geschieht, richtet sich nach der jeweiligen Situation und nicht nach irgendeiner festen Vorstellung davon, was Liebe ist. Eine solche Rigidität findet sich besonders dann, wenn jemand sich nur mit einem Archetyp identifiziert; denn ein Hauptmerkmal kreativen Handelns ist die Verbindung zwischen einander ergänzenden Energien und Wahrheiten. Wir hoffen also, daß eine Person, die aus dem Krieger-Archetyp mit seiner Entschlossenheit, Konzentriertheit und Ernsthaftigkeit lebt, gleichermaßen aus dem Archetyp des Liebenden mit seiner Sanftheit und Akzeptanz lebt. Zusammen machen diese Energien eine empfindsame Besonnenheit oder eine gewaltlose Entschlossenheit aus. Weil diese wesentlichen Integrationen in einem prärationalen Modus weniger wahrscheinlich sind als in einem postrationalen, ist es wichtig, diese Kontexte unterscheiden zu können.

Man kann diesen Unterschied auch anders zum Ausdruck bringen, nämlich daß im prärationalen Bewußtsein ein Archetyp für die einzige Identität gehalten wird, die gelebt werden kann. Er ist ein Mentor für *sie*, aber Sie sind nicht im Gegenzug ein Mentor für *ihn*. Es ist ein Bezugsrahmen, der relativ fraglos hingenommen wird. Im post- oder transrationalen Bewußtsein hingegen ist ein Archetyp ein tiefes somatisches Gedicht, eines von vielen, die den Menschen mit Vitalität und Bildern erfüllen. Ein transrationales Bewußtsein nimmt diese unterschiedlichen Energien auf und handelt dann als Mensch und nicht als Archetyp.

8. Archetypen sind vor allem in Zeiten des Identitätswandels aktiv

In normalen Zeiten ist insgesamt das kognitive Selbst im Erleben dominierend. Es plant, arbeitet Details aus, behält die Konzentration bei und vermittelt soziale Einsicht. Aber am Anfang und am

Ende eines Identitätszyklus oder wenn ein Trauma oder schwerwiegendes Versagen zuschlagen, dann ist eben nicht mehr alles klar. An ebendiesem Punkt treten archetypische Prozesse in den Vordergrund. *Wenn ein Mensch die Ereignisse nicht mehr mit der gegenwärtigen Identität bewältigen kann, schickt die Psyche archetypisches Material zu Hilfe.*

Mit anderen Worten, in normalen Zeiten hat der Mensch einen Bezugsrahmen, der mehr oder weniger hilfreich ist. Man denkt über sich und die Welt um einen herum in einer bestimmten Weise, und der Bezugsrahmen hilft, diese Identität zu entwickeln. Wenn sich etwas Entscheidendes ereignet oder Entwicklungsphasen sich einstellen, gilt die alte Identität nicht mehr. Der Mensch ist zwischen den Welten, wo das alte Selbst nicht mehr so recht hilfreich und das neue Selbst noch nicht richtig entwickelt ist. In solchen Zeiten ist das kognitive Selbst machtlos, und der archetypische Prozeß des somatischen Selbst muß die Regie übernehmen, damit ein Zyklus von Tod und Wiedergeburt stattfinden kann. In Zeiten großer Veränderung versuchen wir also, archetypische Prozesse willkommen zu heißen.

9. Das Therapieziel ist es, die Geschenke, die das Leben für jeden bereithält, zu fördern

Wenn archetypische Prozesse vorherrschend werden, kann die betreffende Person erschrecken und mit Kampf oder Flucht reagieren: sich verschließen, Abwehrmechanismen gebrauchen, von Depression oder Angst überwältigt werden, sich immer mehr bemühen usw. Die meisten Reaktionen dieser Art machen mit jedem Zyklus des Wiederholungszwangs alles nur noch schlimmer. An einem bestimmten Punkt sucht die Betreffende dann vielleicht eine Therapeutin auf.

Die große Frage ist, wie die Therapeutin solche „aus der Kontrolle geratenen" Symptome auffaßt und wie sie mit ihnen arbeitet. Der Selbstbeziehungsansatz schlägt hier Mentorschaft vor, also tief zuzuhören, zu akzeptieren, richtig zu benennen, Grenzen zu setzen, Fertigkeiten zu vermitteln, zu segnen, zu ermutigen und zu lieben. Indem die Symptome als nicht integrierte Archetypen angesehen werden, können wir durch diese Mentorschaft ein Problem in eine Lösung verwandeln.

Ein klinisches Modell zur Arbeit mit Archetypen

Tabelle 7.2 zeigt ein Vier-Schritte-Modell, wie man mit Symptomen als Archetypen arbeiten kann. Um zu sehen, wie dies geht, gebrauchen wir das vielteilige Modell der vier archetypischen Energien, wie es Abbildung 7.1 zeigt: Liebende/r, Krieger/in, Magier/in und König/in.[2] Wie man sieht, ist jeder Archetyp durch sein Komplement ausgeglichen, und jeder hat eine integrierte und eine nicht integrierte Form. Das Ziel ist es, eine nicht integrierte Form in eine integrierte zu übersetzen.

Der König/Die Königin spendet Segen und ein Gefühl davon, wo man in der sozialen Welt hingehört; die dunkle Seite davon sind Tyrannei und Verfluchung. Die innere Stimme kann einem am besten vermitteln, daß man in die Welt gehört, daß man einzigartig ist und einen wichtigen Beitrag zu leisten hat – oder daß man kein Recht zu leben hat oder keine Fähigkeiten oder Kompetenzen oder keine Zukunft.

Die meisten Menschen können mindestens einen Menschen in ihrem Leben nennen, der als ein positiver König oder eine positive Königin für sie da war. Mir ist in meiner Kindheit von meiner Mutter, von meinem Großvater und von mehreren Lehrern viel Segen gespendet worden. Vor allem war für mich Milton Erickson ein König, der mich segnete, mich in einer tiefen Weise gesehen und mir die Botschaft vermittelt hat, daß es für mich in der Welt einen Platz gibt. Ohne solchen Segen ist es schwer, sich in der Welt präsent zu fühlen.

Gleichzeitig kann man sich auch leicht einen Fluch zuziehen. Botschaften wie „Du bist nichts wert", „Du bist dumm" und „Du bist nur dazu da, mir zu dienen" gibt es in Beziehungen mehr als genug. Viele davon setzen sich im somatischen Selbst fest und haften an der Identität.

---

2 Dieses vierteilige Modell, das nach Moore und Gillette (1990) abgewandelt ist, soll nicht ausschließlich sein. Ein anderes Modell von Carol Pearson (1993) nennt sechs wesentliche Archetypen: den Verwaisten, den Unschuldigen, den Wanderer, den Märtyrer, den Krieger und den Magier. Zwar können unterschiedliche Archetypen hinzugefügt werden, aber der wesentliche Punkt ist, daß es hilft, einen Feind zum Verbündeten zu machen, wenn man Symptome unterstützt.

1. Die archetypische Energie in einem Symptom erkennen
2. Die Person zu dieser archetypischen Energie beglückwünschen
3. Die Klientin dazu ermutigen, es „mehr und besser zu tun"
4. Neue Möglichkeiten entwickeln, wie sich die archetypische Energie verstehen und äußern läßt

Tab. 7.2: *Vier-Schritte-Modell für die Arbeit mit Symptomen als Archetypen*

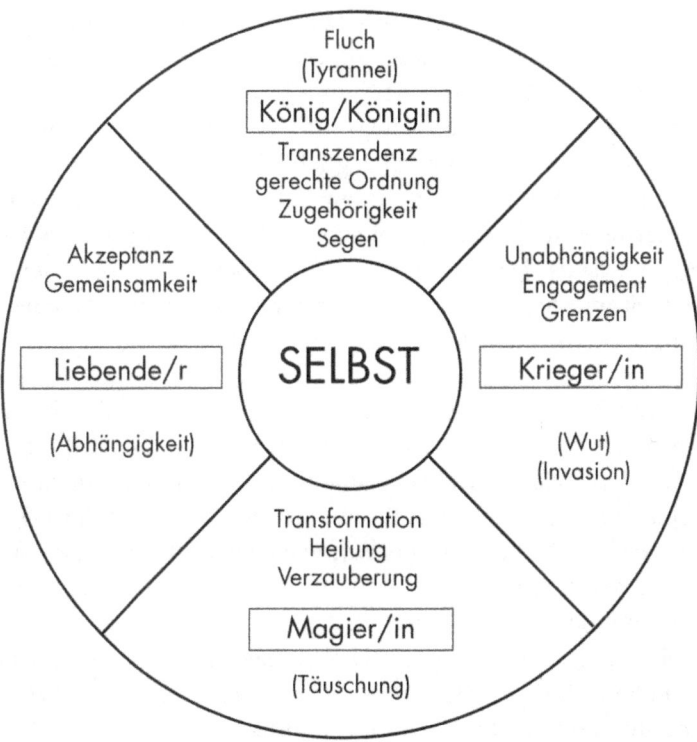

Abb. 7.1: *Große archetypische Traditionen: König/in, Krieger/in, Liebende/r und Magier/in (nach Moore u. Gillette 1990)*

Die bzw. der Liebende hat mit Leidenschaft und Gemeinsamkeit zu tun. Wenn dieser Archetyp unintegriert bleibt oder mißbraucht wird, ist die dunkle Seite davon Sucht und Ko-Abhängigkeit. Durch seine Energien fühlt man sich dazu hingezogen, sich mit etwas Größerem als man selber zu verbinden und sich dem hinzugeben. Wenn dies nicht im Beziehungsselbst verwurzelt ist und von komplementären Archetypen ausgeglichen wird, kommt es in zwanghafter Gemeinsamkeit mit Drogen, Essen, Menschen oder irgendeinem Pseudoliebhaber zum Ausdruck.

Bei den Krieger/innen-Energien geht es um Grenzen, Entschlossenheit, Engagement und Dienen. Sie helfen einem, die eigenen Werte, Interessen und das eigene Selbstgefühl zu benennen. Sie gewährleisten, daß man in Beziehungen konzentriert und engagiert bleibt. Sie durchschauen Unehrlichkeit sofort, reflektieren Angriffe und unterstützen einen dabei, um Integrität zu kämpfen und dafür zu sorgen, daß die eigene Stimme gehört und respektiert wird. Wenn diese Energien nicht integriert sind, äußern sie sich in Wut, Launen, Kritiksucht und Aufdringlichkeit.

In meiner Kindheit lebte mein Vater seine nicht integrierten Kriegerenergien in seiner trunkenen Gewalt aus. In meiner Teenagerzeit war es der Vietnam-Krieg, in dem die Kriegerenergien ausgelebt wurden. So ist es leicht verständlich, warum meine ursprüngliche Vorstellung von Kriegerenergie sehr negativ war und warum ich versuchte (letztlich ohne Erfolg), den Beatles-Song *All You Need is Love* zu meinem Lebensmotto zu machen. Als ich einige Jahre später heiratete, wurde es zu einem gravierenden Problem, daß ich den Krieger-Archetyp ableugnete. Ich konnte mich nicht auseinandersetzen, wenn es Streit gab; weil ich Angst vor Gewalt hatte, zog ich mich tagelang in Schweigen zurück. Ich mußte mich also auf den langen Prozeß einlassen, die wesentlichen Aspekte dieser Energie zu kultivieren.

Die Energien von Magier/in haben hauptsächlich mit Transformation (dem Tod einer Identität und der Geburt einer neuen), Verzauberung und Heilung zu tun. Die dunkle Seite davon sind Täuschung und Tricks ebenso wie die dunkle Magie von Symptomen. Diesen Energien begegnet man immer dann, wenn die Identität sich wandelt, in traumatischen Erfahrungen oder in Trance. Magier/innen kennen die paradoxe, symbolische und erzählende Sprache der Unterwelt. Erickson war ein wunderbares Beispiel für den Magier-Archetyp, bis hin zu seiner physischen Beeinträchtigung durch Polio, als er schon fast erwachsen war (dies ist ein klassisches Merkmal des Heilers in traditionellen Kulturen), seiner lilafarbenen Kleidung, dem Geschichtenerzählen und der hypnotischen Sprache. Jeder gute Therapeut ist auf einzigartige Weise zutiefst mit den Energien des Magiers/Heilenden verbunden.

In ihrer dunklen Form verfängt sich die Magierin in der Täuschung von sich und anderen; sie erzählt Lügenmärchen, ist ein Chamäleon, eine Ablenkerin, Verführerin und billige Reframerin. Die Therapie, insbesondere die Hypnose, ist für diese dunkle Energie sehr empfänglich. Sowohl die Therapeutin als auch die Klientin mögen glauben, daß sich alles ändert (z. B. durch eine spektakuläre Trance), während sich im Leben der Betreffenden tatsächlich überhaupt nichts ändert. Die Magierin muß also immer mit der Ernsthaftigkeit der Kriegerin und der Zärtlichkeit der Liebenden sowie mit der Energie von König und Königin, die den rechten Ort für die Verzauberung kennen, ausgeglichen werden.

Es ist wichtig, *daß der Mensch keiner dieser Archetypen ist*. Wie C. G. Jung (1929/1995) immer wieder betonte, ist der wichtigste Archetyp das Selbst, das immer für die Welt zu erwachen versucht. Wird das Selbst wirklich empfunden, verbinden sich die unterschiedlichen archetypischen Lernerfahrungen zu ganz einzigartigen Ausdrucksformen. Man wird die Kraft der Liebe weiterhin ins eigene Leben integrieren. Man entwickelt die Kriegerfähigkeiten, Grenzen zu setzen, zu Werten zu stehen, Verpflichtungen einzugehen, Täuschung zu durchschauen und um Integrität zu kämpfen. Man erwirbt sich die Magierfähigkeiten, die da sind Überzeugungskraft, Verzauberung, Reframing, Geschichtenerzählen und Zeiten des Übergangs bewältigen. Man kultiviert die innere Ehe von König und Königin, wodurch man sich selbst und andere segnet, und man spürt, wie jeder Mensch oder jedes Muster seinen Platz hat und in eine allgemeine Ordnung paßt.

Wenn diese archetypischen Energien nicht innerhalb des Beziehungsselbst verbunden sind, werden sie einen immer wieder herausfordern. Man bleibt in ihren dunklen Formen stecken: in Sucht und Angst, in Selbstabwertung und Wut, im Überschreiten von Grenzen und in den dunklen Trancen von Symptomen. Denkt die Therapeutin im Sinne dieser Archetypen, bekommt sie leichter ein Gefühl dafür, wie sie, selbst (oder insbesondere dann) wenn sich Klientinnen in einem dieser Prozesse verfangen haben, vermitteln kann, daß dies ein wichtiger archetypischer Prozeß ist. Wenn die Therapeutin spürt, was für ein Prozeß dies wohl ist, kann sie ihre Klientin darin unterstützen, dazu zu stehen und ihn flexibler, verantwortlicher und integrer zum Ausdruck zu bringen.

Um dies zu erreichen, gebrauche ich etwas, das man „Zuhörfragen" nennen könnte. Dies sind Fragen, die mehr vom somatischen als vom kognitiven Selbst beantwortet werden. Die Therapeutin versucht nicht, sie intellektuell herauszubekommen; vielmehr hält sie die Frage ruhig, aufmerksam und zentriert, während sie der Klientin zuhört. Man sollte die Antworten kommen lassen, statt sie herausfinden wollen. Wie der Dichter Antonio Machado vorschlägt:

> Um mit jemandem zu sprechen,
> stell erst eine Frage,
> dann hör zu.

Tabelle 7.3 stellt die Zuhörfragen zusammen, die für die vier archetypischen Traditionen jeweils gelten. Während die Therapeutin über diese Fragen nachdenkt, sollten Antworten, die auftauchen, nicht als Wahrheit, sondern als Hinweise darauf aufgefaßt werden, wie man das Symptom als Lösung sehen kann. Der Wert einer Beschreibung liegt ausschließlich darin, wie die Klientin darauf eingeht. Wenn die Reaktion der Therapeutin zu einem tieferen Erleben im somatischen Selbst führt – zu einer Trance, zu emotionalem Empfinden, zu einer Störung –, ist dies ein Signal. Wenn nicht, lassen Sie los, zentrieren Sie sich, hören Sie zu und versuchen Sie es nochmals. Wenn sich eine archetypische Präsenz entfaltet hat, kann man die Klientin im Gespräch auf dieser Erfahrungsebene halten; dabei ist es die Absicht, die negative Form des Archetyps zu einer positiven, hilfreicheren zu transformieren.

Zu diesem Zweck vermittelt die Therapeutin drei allgemeine Gedanken:

1. Sie haben etwas Großes vor! *(Beglückwünschen)*
2. Sie können das noch „mehr und besser". *(Erweitern)*
3. Wenn Sie dies weiterhin tun, werden sich daraus viele mögliche Lernerfahrungen ergeben. *(Möglichkeiten vorschlagen/Phantasie anregen)*

Liebender/Liebende 1. Wem oder was gilt die Hingabe oder Liebe dieses Menschen? 2. Wem oder was wird Liebe entzogen? 3. Wenn die Verbindung mit dem/der inneren Liebenden entsteht, wie könnte dann die Zukunft aussehen?	Krieger/Kriegerin 1. Dieser Mensch kämpft um etwas Wichtiges – worum genau? 2. Wo sind mehr Grenzen nötig? 3. Wenn die Verbindung mit dem/der inneren Krieger/in entsteht, wie könnte dann die Zukunft aussehen?
Magier/Magierin 1. Was für ein wesentlicher Identitätswandel ereignet sich? Was stirbt, und was wird neu geboren? 2. Wo sind die unversorgten Wunden, die angesprochen werden müssen? 3. Wenn die Verbindung mit dem/der inneren Magier/in entsteht, wie könnte dann die Zukunft aussehen?	König/Königin 1. Was für einen Platz nimmt dieser Mensch in der Welt ein? (Das heißt, worin und inwiefern ist er besonders?) 2. Was für eines Segens bedarf es? 3. Wenn die Verbindung mit dem/der inneren König/in entsteht, inwiefern könnte dann die Zukunft anders sein?

Tab. 7.3: *Zuhörfragen für die vier Archetypen*

Eine Alternative zu diesen Formulierungen ist, daß (1) etwas in diesem Menschen erwacht, daß (2) es möglich ist, sich tatsächlich auf diesen Prozeß des Erwachens einzulassen und daß (3) diese Aufmerksamkeit vermindertes Leiden und vermehrtes Glück bringt.

Einen Gewalttäter beispielsweise könnte man so würdigen, daß er stark aus dem Krieger-Archetyp lebt, aber eben in seiner dunklen, zerstörerischen Form. Es werden dann Einladungen zu Verantwortung, wie Alan Jenkins (1990) es nennt, entwickelt, um den Betreffenden zu ermutigen und herauszufordern, sich mit seinen Bildern vom inneren Krieger zu identifizieren und diese zu erweitern. (Anfangs stellt sich oft die Vorstellung von wütenden

Vätern oder ramboartigen Soziopathen ein.) Zum Beispiel könnte man folgende Bemerkung machen:

> Wenn man es recht bedenkt, kann nichts und niemand Sie dazu bringen, sich zu ändern. Dazu ist Ihre Verbindung mit der Kriegerenergie zu stark und zu tief. Da läßt sich einfach nichts machen. Die einzige Frage, die ich an Sie habe, lautet: Wofür, zum Teufel, lohnt es sich zu kämpfen? Ich weiß nicht, warum Sie Ihre Zeit für diesen Kram verschwenden, mit der ganzen Kriegerenergie, die Sie in sich haben. Wofür, zum Teufe, lohnt es sich zu kämpfen?

Wenn der Kontakt zu verantwortlicheren, integrierten Kriegerenergien hergestellt ist, können Sie mit denen des Königs (der dafür zuständig ist, den Krieger anzuleiten) und des Liebenden (der weich und ausgleichend auf den Krieger wirkt) verschmolzen werden. Wie schon angesprochen, ist der Mensch keiner dieser Archetypen, so daß Sie als Therapeutin immer weiter direkt mit ihm sprechen und ihn ermutigen sollten, als verantwortlich und selbstverbunden „aufzutauchen".

Ein anderes Beispiel ist eine Person mit Selbstmordgedanken. Man kann es so sehen, daß sie sich in der Tradition der Magierin auf den Zyklus von Tod und Wiedergeburt eingelassen hat. So gesehen kann man die Stimme, die da sagt „Ich will dieses Leben nicht mehr leben" für sehr integer halten, eine Stimme, die meint, daß ein unpassendes, falsches Selbst, mit dem die Person sich identifiziert hat, stirbt. Dies ist selbstverständlich eine höchst gefährliche Situation, denn die betreffende Person (und die Kultur) interpretiert normalerweise solche Gedanken im Sinne von physischem statt von psychischem Tod. Die Herausforderung liegt darin, einen rituellen Ort zu etablieren, der die Person davor bewahrt, dies physisch auszuagieren, und dabei doch Raum für den tieferen psychischen Prozeß von Tod und Wiedergeburt läßt. Als Therapeutin könnte man zu der suizidalen Klientin etwa sagen:

> In Ihnen sagt etwas, daß etwas sterben muß. Ich höre diese Stimme und glaube dieser Stimme ... Ich denke, sie spricht mit großer Integrität ... etwas in Ihnen muß vielleicht wirklich sterben.

Wenn dies sensibel vermittelt wird, nimmt eine solche Botschaft das somatische Selbst ein und entspannt die Suizidgefährdete, denn dies ist oftmals das erste Mal, daß jemand direkt zu der unerbittlichen, den Tod suchenden Stimme gesprochen und sie als für die Selbstentwicklung wesentlich gewürdigt hat. In weiteren Gesprächen wird herauszufinden sein, wie diese innere Stimme bei einem psychischen Sterben, das doch auch der Selbstfindung dient, unterstützend sein kann. Da die Magierenergien besonders mit veränderten Bewußtseinszuständen verbunden sind, spielen gewöhnlich Ritual und Trance in solchen Gesprächen eine Rolle.

Wie bei jeder Therapie, trägt die Therapeutin bei jedem Prozeßschritt Sorge dafür, daß Sicherheit gewährleistet ist und daß das Erleben aus dem somatischen Selbst kommt. Die inneren Reaktionen der Klientin geben den Ton an, aber die Therapeutin ist dafür verantwortlich, einen therapeutischen Kontext zu schaffen, in dem neue Bedeutungen und Möglichkeiten aufkommen können. Natürlich werden – abgesehen von den archetypischen Prozessen – viele andere Techniken eingesetzt. Archetypen zu entwickeln ist allerdings nicht das Ziel der Therapie; vielmehr geht es darum, dem Menschen zu helfen, ein zufriedeneres Leben zu leben.

Bei der Arbeit mit Archetypen sehen wir allmählich, daß sie die komplementären Merkmale des Beziehungsselbst darstellen. Die Nachgiebigkeit und Gemeinschaftlichkeit des/der Liebenden vereinigen sich mit der Instanz des Kriegers/der Kriegerin, so daß die „Unabhängigkeit in der Gemeinsamkeit" des Beziehungsselbst entsteht. Die Selbsttransformation des Magiers/der Magierin bzw. des/der Heilenden und die Selbsttranszendenz des Königs/der Königin bringen die Selbstbeziehung auf andere Weise zum Ausdruck. Wie Wilber (1995) bemerkt, sind diese Eigenschaften – Unabhängigkeit, Gemeinsamkeit, Zerstörung und Transzendenz – wesentlich für jedes intelligente Bewußtsein. Keine ist überlegen; sie sind alle notwendig. Daher strebt man danach, die eigene Mitte zu finden, um das labile Gleichgewicht dieser unterschiedlichen Energien zu spüren und zu integrieren.

Die Frage ist, wo man beginnen soll und wie man dann die anderen archetypischen Energien hinzufügt. Ich beginne oft mit der versteckten Energie und füge dann hinzu, was an der Oberfläche liegt oder sich zeigt. Angenommen, eine Klientin klagt darüber, daß sie „ko-abhängig" ist. In diesem Fall würde sich die nicht integrierte Liebende zeigen, was bedeutet, daß die komplementären Kriegerenergien verborgen sind. Es kann hilfreich sein, wenn die

Therapeutin so lange bei der betreffenden Person sitzen bleibt, bis sie wirklich spürt, wie stark (wenngleich verzerrt) die Kriegerenergien in der Betreffenden sind. Vielleicht spürt sie, wie stark sich die Person, gegen alle Widerstände und mit wenig Unterstützung, daran festgehalten hat, sich für einen anderen Menschen zu engagieren. Wenn die Therapeutin dies spürt, beglückwünscht sie ihre Klientin zu den Kriegerenergien. Die Klientin mag dies anfangs vielleicht verwirrend finden, weil sie über sich selber normalerweise so nicht denkt, aber die Therapeutin meint es ernst. Indem der verborgene Archetyp ein Kompliment bekommt und herausgearbeitet wird, entwickelt die Klientin oftmals eine Trance der Selbstbezogenheit. Daraus ergibt sich dann die Frage, wie diese Kriegerenergie im Leben der Person nutzbar gemacht werden kann, und dadurch lassen sich allmählich die Energien von Kriegerin und Liebender integrieren. Auf diese Art vermag die Betreffende ein Gleichgewicht der unterschiedlichen archetypischen Energien herzustellen und sie mit Selbstliebe zu verbinden sowie in zufriedenstellender Weise zum Ausdruck zu bringen.

DER NUTZEN ARCHETYPISCHER ENERGIEN FÜR DIE THERAPEUTIN

Wir haben nun untersucht, wie die archetypischen Energien im Erleben der Klienten spürbar sind und für therapeutische Zwecke nutzbar gemacht werden können. Dasselbe ließe sich natürlich im Hinblick auf die Therapeutin sagen. Die Therapeutin muß von der Akzeptanz, der Empathie und dem Gefühl von Gemeinsamkeit erfüllt sein, die für den Archetyp der Liebenden typisch ist; sie braucht die Entschlossenheit, die Konzentration, den Lügendetektor und die Anforderungen der Kriegerin; die Absorption, die Verzauberung, die Verlagerung der Aufmerksamkeit und das Reframing der Magierin/Heilenden; und den Segen von König und Königin.

Unterschiedliche Therapeuten und Therapeutinnen haben unterschiedliche archetypische Fähigkeiten und Energien, in denen sie besonders stark sind. Carl Rogers war ein archetypischer Liebender, der alles, was die Person ihm darstellte, akzeptierte und eine Gemeinsamkeit damit spürte. Albert Ellis ist ein Beispiel für einen Kriegertherapeuten, der die Klientin endlos herausfordert und konfrontiert. Milton Erickson und Carl Whitaker waren Magier/Heilende, die aus der Unterwelt des Unbewußten sprachen und lebten. Virginia Satir war eine Königin-Therapeutin, die allen, denen sie begegnete, den Segen des Menschseins spendete.

Gute Therapeuten und Therapeutinnen haben von jeder dieser Energien etwas. Mein Mentor Milton Erickson war enorm zärtlich und liebevoll, ausgesprochen konzentriert und herausfordernd, bemerkenswert fähig, einen zu verzaubern und in Trance zu versetzen, und außerordentlich königlich mit seinem Segen. Diese Energien verstärkten einander und machten ihn zu einem außergewöhnlichen Therapeuten. Ich erinnere mich noch, wie ich einmal in seiner Praxis saß und eine Patientin Ende Fünfzig zu ihrer Therapiestunde kam. Sie erinnerte mich an June Cleaver, die Mutter aus der Fernsehshow *Leave It to Beaver* mit der Kappe auf dem Kopf und den Perlen. Ihr Lächeln hätte größer nicht sein können, und ihr charmanter Ton war enorm schmeichelnd. Sie brachte Erickson ein so schön eingepacktes Geschenk, wie ich dergleichen noch nie gesehen hatte, legte es auf seinen Schreibtisch mit einer süßen Erklärung von tiefer Dankbarkeit für alles, was er für sie getan habe. Ich hatte früher gesehen, wie er von anderen Patientinnen und Studentinnen kleine Geschenke angenommen hatte, so daß ich es kaum erwarten konnte, daß er es öffnen würde und sähe, was für ein wunderbares Geschenk man ihm gemacht habe.

Ich war schockiert, als Erickson sie nachdrücklich ansah, das Geschenk über den Schreibtisch schob und einfach sagte: „Ich nehme es nicht an."

Das Lächeln der Frau wurde breiter, als sie beharrte: „Aber Sie *müssen* es annehmen, Dr. Erickson."

Erickson schob das Geschenk wieder zurück und wiederholte: „Ich nehme es nicht an."

Ihr Lächeln verstärkte sich noch, als sie das Paket zurückschob: „Sie *müssen* es annehmen, Dr. Erickson."

„Ich nehme es nicht an."

„Sie *müssen*!"

„Nein."

Damit stieß er das Geschenk in ihren Schoß. Sie schaute hinab, und er ging nun von diesem Kriegermodus zu einem Magier-Krieger-Modus über, indem er sich erkundigte, ob sie unterschiedliche Gerichte kochen könne – griechische, äthiopische, thailändische und so weiter. Jedesmal verneinte sie, und er wies erfreut darauf hin, daß seine Tochter Betty Alice solche Speisen sehr gut kochen könne. Schließlich kamen ihr Tränen in die Augen, und sie ließ den Kopf hängen. Erickson ging daraufhin zu einem Liebenden-Magier über und fragte sie behutsam, welches ihr liebster Comic sei. Sie schaute etwas erstaunt auf, unterbrochen auf ihrem Rückzugspfad. Er fragte sie, ob sie in der Sonntagszeitung den Peanuts-Comic gelesen habe, und sie begannen, sich darüber zu unterhalten.

Für mich sollte es Jahre dauern, ehe ich mir einen Reim darauf machen konnte, was in dem Interview geschehen war. Die Frau zeigte sich mit dem, was man traditionell wohl als eine „lächelnde Depression"[3] bezeichnen könnte. Ihr Geschenk war eine Art Trojanisches Pferd, eine Verletzung der therapeutischen Grenzen. Erickson reagierte als Krieger, der die Grenzen schützt, ging dann über zum Magier, der das Muster durcheinanderbringt, und schließlich zu dem besänftigenden Heilen des Liebenden und Magiers.

Die bemerkenswerte Leichtigkeit, mit der er sich zwischen diesen unterschiedlichen Modi hin- und herbewegte, war meiner Ansicht nach eine seiner größten Fähigkeiten. Wir als Therapeuten und Therapeutinnen sind dazu aufgerufen, auf unsere je eigene Art ähnliche Fertigkeiten zu kultivieren. Dabei kann die Unterscheidung nach den Archetypen hilfreich sein.

Wenn wir in therapeutischen Ausbildungsgruppen diesen Unterscheidungen genauer nachgehen wollen, gibt es da eine Paarübung. Jeder entscheidet sich zum Zweck dieser Kommunikation für eine bestimmte therapeutische Annahme – z. B.: „Jeder hat ein inneres Selbst." In einer Gruppeninduktion werden dann alle gebeten, nach innen zu gehen und sich zu zentrieren. Sodann werden Instruktionen gegeben, Zugang zu einem bestimmten archetypischen Modus zu finden, vor allem im Sinne von Haltung, Bildern und Gefühlen. Die jeweiligen Partner/innen sollen dann die gespürte Verbindung mit dem Archetyp aufrechterhalten, wenn sie die Augen öffnen und miteinander nonverbalen Kontakt aufnehmen. Jeder soll sich fünf Minuten Zeit nehmen, damit zu experimentieren, die betreffende Vorstellung aus dem archetypischen Modus heraus mitzuteilen, vor allem durch Berührung, Rhythmus und Tonlage.

---

3 Anm. d. Übers.: Gilligans Term für die affektive Indifferenz einer *belle indifférence*.

Nach fünf Minuten werden die Partner/innen gebeten, wieder nach innen zu gehen und zu spüren, was für eine Beziehung sie zu dem Archetyp haben – Stärken, Schwächen, Offenheit, Angst, Verständnis und Mißverständnis. Nachdem sie sich gemerkt haben, welchen Bereichen sie genauer nachgehen, welche sie mehr entfalten wollen, wenden sie ihre Aufmerksamkeit dem nächsten Archetyp zu, und der Prozeß wird wiederholt. Wenn alle Archetypen durchgespielt sind, nehmen die Partner/innen wieder Blickkontakt auf und spüren sich selbst als Mittelpunkt der Archetypen. Sie sollen sich vorstellen, daß der/die Liebende links von ihnen ist, der/die Krieger/in rechts, der/die Magier/in bzw. Heilende unten und König/in oben. Sie werden aufgefordert zu spüren, wie von jedem Archetyp eine spezielle Energie ausgeht, durch sie hindurchfließt und mitten durch ihr Körperzentrum geht. Es wird darauf hingewiesen, daß die Archetypen zwar mächtig sind, daß aber die Person selber am wichtigsten ist. Während sie spüren, daß jeder Archetyp eine besondere Ressource ist, die sie lenkt und ihnen hilft, spüren sie von Mensch zu Mensch auch ihr eigenes Selbst, wenn sie noch einmal die eigentliche Botschaft übermitteln („Du hast wirklich ein inneres Selbst").

Diese Übung zeigt überzeugend die verschiedenen Energien und wie sie derselben Botschaft unterschiedliche Bedeutung geben können. Sie vermittelt auch, wie sich die Therapeutin in unterschiedlichen Situationen jeweils auf die Archetypen berufen kann. Dies mag besonders dann hilfreich sein, wenn die Therapeutin sich in einer Therapiesitzung festgefahren fühlt. In einem solchen Moment kann sie sich fragen, auf welchen Modus sie gerade eingestellt ist, und dann überlegen, wie es wäre, wenn sie in der Kommunikation mit der Klientin zu einem anderen Modus übergehen würde.

Nehmen Sie an, Sie haben eine Klientin, die Sie ungern sehen. Sie schauen auf Ihren Kalender, sehen, wer um 11 Uhr kommt, und Sie ertappen sich dabei, wie sie überlegen, ob es nicht besser wäre, wenn Sie schnell Kopfschmerzen entwickelten. Oder sie merken, wie Sie sich Sorgen um diese Person machen oder wie Sie wütend auf sie sind oder selbstkritisch, weil sie für diesen Menschen eine nutzlose Therapeutin sind. Solche Reaktionen legen nahe, daß Sie, egal was Sie bisher getan haben, vielleicht etwas anderes tun sollten.

Läßt man sich von Archetypen leiten, kann man sich fragen, in welchem Modus man gerade ist. Versuchen Sie, der anderen Person mit liebevoller Akzeptanz und Empathie zu helfen, und merken dabei, daß Sie überwältigt sind und Ihre Grenzen in diesem Prozeß nicht mehr wahren? Sind Sie zu entschlossen, herausfordernd, kritisch und launisch gegenüber der Betreffenden, ärgerlich, daß sie Ihre brillanten Vorschläge nicht annimmt? Versuchen Sie, sie auszutricksen, zu reframen, zu hypnotisieren oder sonstwie zu manipulieren?

Was auch immer der Fall sein mag, nehmen Sie sich zuerst einmal Zeit, sich zu entspannen und zu zentrieren und dann alle Archetypen durchzugehen. Wenn Sie im Modus der Liebenden sind, fragen Sie sich, was im Erleben der Klientin akzeptiert werden muß und was der Empathie bedarf, und spüren Sie dem nach, wie Sie dies vermitteln könnten. Wenn Sie im Modus der Kriegerin sind, spüren Sie, inwiefern Ruhe und Zentriertheit gefragt sind. Widerstehen Sie dem Zwang, die Dinge ändern zu wollen: Respektieren Sie einfach die angemessenen Grenzen, und hören Sie nicht zu sehr auf die Worte. (Die Kriegerin verfängt sich nicht zu sehr in Worten: Sie beobachtet und wartet geduldig.) Wenn Sie als Magierin zuhören, spüren Sie dem nach, was nicht richtig benannt wird, wo die Unterwelt Einfluß nimmt, wo die vernachlässigten Wunden sind, was das Unbewußte der Person Ihnen sagen will, was für ein „schreckliches (aber schönes) Geschenk" das Symptom ist. Und spüren Sie im Stande von Königin, wie Sie dem einen oder anderen Teil der Person noch nicht den rechten Segen oder seinen Platz gegeben haben.

Indem Sie alle Archetypen der Reihe nach durchgehen, werden Sie Aspekte im Erleben der Person entdecken, die Sie übersehen haben, und alternative Kommunikationsformen entdecken, die vielleicht hilfreicher sind. Auf diese Weise werden die Archetypen Ihre Fähigkeiten des Zuhörens, des Kontaktes und gelungener Kommunikation fördern.

ZUSAMMENFASSUNG

Archetypen sind psychische Muster des Menschen, die sich im Laufe vieler Generationen entwickelt haben. Sie stellen die Herausforderungen und Fähigkeiten dar, denen jeder von uns auf der Reise zu sich selbst begegnet. Jeder Archetyp hat viele Formen und steht unter einem persönlichen, entwicklungsbedingten und soziokulturellen Einfluß. Folglich können Archetypen die Erfahrung, die Vitalität und die Ausdrucksfähigkeit eines Menschen fördern oder unterdrücken. Psychotherapie ist zum Teil dazu da, dem nachzugehen, wie unterdrückende Muster wahrgenommen und in unterstützende Muster transformiert werden können. Wenn wir spüren, wie die archetypischen Prozesse durch Klientin und Therapeutin fließen, und dies nutzen, gelingt diese Aufgabe wesentlich leichter.

8. Therapeutische Rituale
Übergänge zu neuen Identitäten[1]

Meditation und Ritual haben Völkern in vielen Kulturen Wege zwischen Menschen und unbenannten und unerforschten Welten eröffnet. Die Tore zu diesen Bereichen werden von Hütern geschützt, die unsere Entschlossenheit, unsere Geistesschärfe und unsere Freundlichkeit Unbekanntem gegenüber prüfen. Wir begegnen diesen Hütern in unseren persönlichen Erfahrungen und in kollektiven Riten, die Schwellenerfahrungen sind, wo die Schutzhülle der Entfremdung abfällt.

Das Wort *Schwelle* meint den „Ort, wo die Dinge zerschlagen werden"[2]... (Das Ritual) ist eines der besten Beispiele dafür, wie eine Schwelle den Prozeß des Leidens und des Unglücks in sein Gegenteil verkehrt und einen Gegner in einen Hüter verwandelt.

Joan Halifax (1994 S. 177f.)

Der Ansatz der Selbstbeziehungs betont, wie das Leben durch den Mittelpunkt eines jeden Menschen fließt und archetypische Erfahrungen der Psyche sammelt, um dem Menschen bei seinem Wachstum und der Entwicklung größerer Reife zu helfen. Er betont ebenso die Fähigkeit reifer Liebe, wobei die Mentorschaft archetypischer Erfahrung wesentlich dafür ist, daß deren menschlicher Wert entdeckt und kultiviert wird. Wir haben gesehen, wie archetypische Erfahrung vor allem in Zeiten des Identitätswandels im Leben eines Menschen vorherrschend ist und wie ein ritueller Raum und rituelle Methoden in solchen Wandlungsphasen wichtig sind.

---

[1] Anm. d. Übers.: Eine frühe Fassung dieses Kapitels erschien bereits 1995 auf deutsch unter dem Titel „Übergänge in neue Identitäten" in: *Hypnose und Kognition* 12 (1), S. 2539.

[2] Anm. d. Übers.: Dies ist ein Wortspiel mit den ethymologisch verwandten Wörter *threshold* (= Schwelle) und *to thresh* (= dreschen).

Mir wurde dies besonders deutlich, als mein Vater vor fünf Jahren gestorben ist. Er hatte nachmittags geruht und gelesen und war einem schweren Herzinfarkt erlegen. Als ich Stunden später davon erfuhr, brach ich in Tränen aus, und danach wurde ich in Wellen von überwältigenden Gefühlen und Bildern überrollt. Emotionale Turbulenzen trugen mich über große Entfernungen und brachten eine Vielfalt von Gefühlen, Bildern, Erinnerungen und Gesprächen an die Oberfläche.

Glücklicherweise fand diese Reise innerhalb eines ganz besonderen Kontextes statt. Drei Tage lang hatten sich Familie und Freunde zu einem Ritual zusammengefunden, um meinen Vater zu ehren und von ihm Abschied zu nehmen. Um seinen aufgebahrten Körper wurden Feiern abgehalten: eine lange Totenwache, bei der die Menschen bewegende Bekenntnisse für ihn ablegten, eine Totenmesse, ein Fest und die Beerdigung.

Im nachhinein sehe ich diesen Prozeß als ein Gespräch von großer Tiefe an, welches in mir (und vermutlich auch in anderen) eine signifikante neue Identität förderte. Eingebunden in dieses Gespräch auf mehreren Ebenen, zwischen vielen Beteiligten und in verschiedenen Formen und dabei getragen von der Unterstützung der Freunde und durch die Struktur des Rituals, entdeckte ich, wie ich mich von einem alten Selbst verabschiedete und einem neuen erlaubte, geboren zu werden.

Solche Krisen sind unausweichlich in unserem Leben, sie brechen die Schale unserer Grundidentität auf und fordern, daß eine neue Identität entsteht. Solche Krisen können geplant oder vorhersehbar sein wie im Falle von Geburt oder Heirat, von Pensionierung oder Studienabschluß; oder sie können auch ganz plötzlich und schockierend auftreten wie bei einer Vergewaltigung, beim Verlust eines Kindes, einem brutalen Überfall oder einer schweren Erkrankung. Unabhängig davon, worum genau es geht, provozieren all diese Ereignisse eine wesentliche Neudefinition der eigenen Welt. Wenn sie solche Herausforderungen erfolgreich bewältigt haben, werden die Menschen innerlich stärker, zuversichtlicher und vielleicht auch ein wenig weiser. Mißerfolge in dieser Hinsicht können einen auf einer einsamen Insel der Verzweiflung stranden lassen, wo man von den bitteren Früchten der Depression, Schuld, Angst und Scham lebt. Solche Kost läßt dann merkwürdiges und unerwünschtes Verhalten entstehen, von selbstzerstörerischem Verhalten mittels Essen, Drogen oder Sex bis hin zu der übertriebenen Beschäftigung mit den eigenen Schwächen, Fehlern oder Zweifeln. So entsteht ein Leben voll stiller oder gar nicht so stiller Verzweiflung, leidenschaftlich der eigenen Zerstörung gewidmet.

Wenn Menschen sich mit solchen Problemen herumschlagen, suchen sie manchmal einen Therapeuten auf, in der Hoffnung, die Dinge ließen sich ändern. Für uns als Therapeuten stellt es natürlich eine Herausforderung dar, ihnen zu helfen. Die Geschichte unserer Kultur hat in dieser Hinsicht eine reiche Tradition, denn solche Probleme gab es (und sie wurden gelöst), lange bevor es die moderne Psychotherapie gab. Dieses Kapitel untersucht, wie sich eine dieser Traditionen, und zwar die der Heilrituale, in der Psychotherapie einsetzen läßt. Zuerst werden die Grundbegriffe im Zusammenhang von Ritualen dargelegt. Sodann wird ein vierstufiges Modell entwickelt, wie sich die Rituale therapeutisch nutzen lassen. Diese vier Schritte sind: (1) ein Ritual als mögliche Lösung vorschlagen, (2) das Ritual planen, (3) das Ritual durchführen und (4) postrituelle Aktivitäten.

WAS SIND RITUALE?

Rituale stellen vielleicht die älteste Form von Therapie dar.[3] Praktisch jede Kultur hat für die wichtigsten sozialpsychologischen Belange ihre Rituale entwickelt. Übergangsrituale wie Taufe, Hochzeit oder Beerdigung dienten schon immer als Brücken in einen neuen Lebensabschnitt – bei Geburt, Schulabschluß, Beförderung, Initiationsriten, Heirat, Pensionierung, Tod usw. Rituale des Fortbestehens wie Jahrestage und Feiertage bestätigen und erneuern die Werte und die Identität eines Systems. Heilrituale ermöglichen die Genesung nach einem Trauma und die Wiedereingliederung einer dissoziierten Person in die sozialpsychologische Gemeinschaft.

---

3 Mein Verständnis von Ritualen wurde von vielen Autoren beeinflußt, vor allem von van der Hart (1982) und Turner (1995). Des weiteren gehören Campbell (1984), Haley (1994), Imber-Black, Roberts und Whiting (1998), Madanes (1997) sowie Palazzoli, Boscolo, Cecchin und Prata (1996) dazu. Den größten Einfluß auf mich hatte Milton Erickson (siehe z.B. Rossi 1995, 1998b) und sein Beitrag dazu, mit dem „Unbewußten" mit einem Bewußtsein für den sozialen Kontext zu arbeiten.

Und Sühnerituale ermöglichen, sich für angerichteten Schaden zu entschuldigen und ihn wiedergutzumachen.

Aus heutiger Sicht ist ein Ritual eine intensive, erlebte archetypische Struktur, die eine Identität erneuert oder transformiert. Intensiv ist ein Ritual insofern, als die Beteiligten so darin aufgehen, daß sie keinen anderen Bezugsrahmen haben. Erlebt ist es insofern, als analytische Prozesse des kognitiven Selbst ausgesetzt sind und die Beteiligten tief in Primärprozesse des somatischen Selbst wie Körpergefühle, innere Bilder und automatische (spontane) Prozesse eintauchen. Archetypisch ist es insofern, als Gedanken, Gefühle und Verhalten Bedeutungen in bezug auf die Vorfahren annehmen. (Die Fahne beispielsweise, die zur Beisetzung über den Sarg gebreitet wird, steht für den Beitrag, den der oder die Verschiedene für sein bzw. ihr Land geleistet hat; der Ehering steht für eine heilige Verbindung.) Und schließlich erzeugen Rituale eine Bedeutung auf einer tieferen Ebene der Identität: Sie bestätigen oder transformieren in einer Art kulturellen Tiefensprache die Stellung eines Menschen innerhalb der Gemeinschaft. Mit anderen Worten, Rituale stellen eine Metakommunikation dar zwischen Individuen und der Gemeinschaft, zwischen dem kognitiven Selbst und dem somatischen Selbst.

Wie alle archetypischen Prozesse sind Rituale mehr als bloße Feiern und unterscheiden sich auch von rein verhaltensorientierten Aufgaben. Eine Feier wird erst dann zu einem Ritual, wenn die Beteiligten voll in die nichtrationale, archaische Sprache des somatischen Selbst eintauchen; andernfalls ist sie bloß eine traditionelle Verhaltenssequenz von geringem therapeutischem Wert. (Auch wenn ich in einer irisch-katholischen Familie aufgewachsen bin, betrat ich keineswegs jenen therapeutischen rituellen Raum, wenn die ganze Familie des Nachts für die fünf Dekaden des Rosenkranzes niederkniete.)

Ähnlich lassen sich Rituale von verhaltensorientierten Aufgaben unterscheiden. Ein Ritual besteht aus einer vorher festgelegten Verhaltenssequenz, so daß während der Durchführung wenig kognitiv entschieden werden muß. Metakommentare des kognitiven Selbst (wie Selbstgespräche oder Bewertungen) sind nicht erlaubt, so daß kein Teil des Systems in der Rolle eines „externen Beobachters" abgespalten ist. Somit kann das System sich immer nur als holistisches Ganzes ausdrücken (s. Bateson u. Bateson 1993). Bestimmte Symbole kennzeichnen den rituellen Raum: der Ort, wo es stattfindet, die Kleider, die dabei getragen werden, die Worte, die gesprochen werden, das Verhalten, das gezeigt wird, und die benutzten Artefakte – dies alles zeigt an, daß es sich hier um eine ganz spezielle, einzigartige Situation handelt. Vorausgehende und nachfolgende Phasen markieren die Einführung in den rituellen Raum und das Verlassen. Bindende Verpflichtungen sollen sicherstellen, daß das Ereignis an Drama und Bedeutsamkeit gewinnt.

Rituale finden gleichermaßen im privaten wie im öffentlichen Bereich statt. Die innere Welt erfährt eine Erweiterung und Reorganisation, wie in einer therapeutischen Trance (Gilligan 1995). Gleichzeitig wird äußeres Verhalten gezeigt, das auf wesentliche Beziehungsveränderungen hinweist, und wichtige Personen der sozialen Gemeinschaft sind Zeugen. Dieses gleichzeitige Auftreten von inneren und äußeren Veränderungen verleiht Ritualen ihre besondere Bedeutsamkeit und macht sie für die Psychotherapie relevant.

Ebendieser Aspekt des Rituals erweckte mein Interesse. Ich hatte viel mit sexuell mißbrauchten Klientinnen gearbeitet. Die traditionelle Hypnose (mit ihrer Orientierung, „nach innen zu gehen", sich zu entspannen, die Dinge einfach geschehen zu lassen und „tiefer zu gehen") bewirkte, insbesondere aufgrund der Parallelen zu dem traumatischen Erlebnis, bei einer ganzen Reihe der betreffenden Personen eine beträchtliche Verstörung. Kognitiv orientierte Gespräche schienen ebenfalls unangebracht, insbesondere weil man mit diesem Vorgehen nicht der emotionalen Intensität und der dissoziativen Natur vieler dieser Prozesse gerecht wurde. So stellte sich die Frage, welche Methode den Raum bieten könnte für das, was die Klientinnen mit in die Therapie brachten, und was sie dabei unterstützen würde, wieder mit sich selbst und mit der Gemeinschaft verbunden zu sein. Das Ritual erwies sich als eine mögliche Antwort auf diese Fragen.

Natürlich sind nicht alle Rituale ihrem Wesen nach therapeutisch. Viele Symptome von Klienten kann man in der Tat als dysfunktionale Rituale ansehen, in denen sie eine durch Mißbrauch ihrer selbst und durch Hilflosigkeit entstandene negative Identität aufrechterhalten. Zoja (1994) beschreibt einleuchtend, wie Drogensucht sich um einen rituellen Prozeß konstituiert. Auch sexuellen Mißbrauch kann man als ein traumatisches Ritual ansehen, in dem die biologischen und psychischen Grenzen eines Menschen durchbrochen und zerstört werden. Wie wir in früheren Kapiteln gesehen haben, entsteht dadurch ein automatischer und unmittelbarer „Bruch im Zugehörigkeitsgefühl" zum Rest der Welt und eine Art negative Trance mit hypnotischen Phänomenen wie Zeitverzerrung, körperliche Dissoziation, Regression, Amnesie etc. (Gilligan 1988). Dieser dissoziierte Zustand kann unbegrenzte Zeit (über Jahre und sogar Generationen) andauern und zu einer Disidentifikation mit dem Rest der Welt und einer Mißidentifikation des eigenen Selbst mit dem traumatischen Ereignis führen. Zu einer solchen Mißidentifikation gehören Einstellungen, die darauf hinweisen, daß der Betreffende sich anders fühlt – wie „Mein Körper muß mißbraucht werden", „Ich habe keine Grenzen", „Meine Bedürfnisse existieren nicht". Wenn solche Einstellungen wirksam sind, führt dies wiederum zu selbstmißbrauchendem Verhalten (in bezug auf Nahrung, Drogen, Beziehungen usw.)

Ein besonderes Merkmal solcher Muster ist, daß sich die Kommunikation primär auf der Identitätsebene abspielt. Das heißt, sie definiert das Selbst, statt auf Verhaltensweisen des Selbst zu verweisen. Wo immer die Identität im Mittelpunkt der Kommunikation steht, werden Rituale und entsprechend veränderte Bewußtseinszustände ins Spiel kommen.

Betrachtet man solche traumatischen Prozesse unter ihrem rituellen Aspekt, so ergeben sich durchaus mögliche therapeutische Interventionen. Das heißt, wenn man Ericksons Utilisationsprinzip folgt (s. Rossi 1995; 1998a; 1998b), dann kann ein weiteres Ritual als Lösung benutzt werden. Im weiteren Verlauf dieses Kapitels wird beschrieben, wie dies mit einer aus vier Schritten bestehenden Methode erfolgen kann.

Ein Therapieansatz, der Rituale einsetzt

Die aus vier Schritten bestehende Methode ist in Tabelle 8.1 dargestellt. Der ganze Prozeß dauert gewöhnlich vier bis sechs Wochen und kann mit Einzelpersonen, Paaren, Familien oder Gruppen durchgeführt werden. Dabei geht man davon aus, daß gewisse chronische psychosomatische Beschwerden am besten als Symptome einer negativen Identität beschrieben werden, die auf invasiven traumatischen Erfahrungen beruht. Dabei werden die verbalen, visuellen und kinästhetischen Symbole solcher „Identitätsereignisse" erlebnismäßig aktiviert und externalisiert, so daß die betreffende Person in einer rituellen Handlung die „alte Identität" abwirft und in eine neue hineinschlüpft.

Des weiteren geht das Modell davon aus, daß Gespräche zur Veränderung der Identität nicht primär im kognitiven Selbst stattfinden können, denn solche Prozesse dienen im allgemeinen dazu, den bestehenden Bezugsrahmen zu festigen. Deshalb verwendet der Therapeut im therapeutischen Gespräch hypnotische oder ähnliche Prozesse und bedient sich einer eher erfahrungsbezogenen archetypischen Sprache des somatischen Selbst. (Der Gebrauch einer eher archaischen Sprache findet sich in vielen traditionellen Ritualen sowie bei religiösen Zeremonien, im Theater oder bei politischen Veranstaltungen.) Hypnose wird in der Tradition von Milton Erickson eingesetzt, bei der eine kooperative Beziehung im Vordergrund steht, die um die Werte, Eigenheiten und Ressourcen des Klienten organisiert ist (Gilligan 1995).

---

1. Ein Ritual wird als mögliche Lösung vorgeschlagen
2. Das Ritual planen
3. Das Ritual durchführen
4. Das neue Selbst wieder in die Gemeinschaft eingliedern

Tab. 8.1: Die vier Schritte therapeutischer Rituale

Schritt 1: Das Symptom wird in einen rituellen Bezugsrahmen gestellt
Die Einzelheiten des ersten Schrittes sind in Tabelle 8.2 aufgelistet. Zuerst versucht der Therapeut, eine Beschreibung jenes Symptoms zu erhalten, welches der Klient zu ändern wünscht. Diese Beschreibung sollte sowohl eine spezifische Verhaltenssequenz als auch alle inneren Erfahrungen, die sich während dieser Sequenz einstellen, enthalten. Der 32 Jahre alte Computerwissenschaftler Joseph kam in die Therapie wegen „unkontrollierbaren Grimassierens", das vor allem am Arbeitsplatz in Gegenwart seines Vorgesetzten auftrat. Typischerweise trat das Symptom dann auf, wenn Joseph bei einer hausinternen Besprechung mit der Präsentation seiner Forschungs-

> 1. Identifizieren repetitiver Symptome, chronischer Körpersymptome, geringer kognitiver Einsicht, nichtrationaler Ausdrucksformen
> 2. Identifizieren des emotionalen Traumas oder der Entwicklungsstörung hinter dem Symptom
> 3. Positives Umdeuten des Symptoms als unvollständigen Versuch, eine Entwicklung zu verändern oder den Heilungsprozeß zu fördern
> 4. Herstellen voller Kooperation bei einem Ritual und Motivation dazu

Tab. 2: Vorschlagen eines Rituals als mögliche Lösung

arbeit begann und dann auf seine gefürchteten Grimassen fixiert war. Gewöhnlich beeinträchtigte dies seine Präsentation derart, daß seine Projekte nicht mehr unterstützt wurden und sein berufliches Fortkommen eingeschränkt wurde. Des weiteren berichtete Joseph, daß er jedesmal, wenn dieses Muster auftrat, in eine tiefe Depression verfiel; er fügte hinzu, daß viele seiner Familienmitglieder unter Depression litten.

Joseph war der zweite von drei Jungen in seiner Familie. Er beschrieb seinen Vater als „brillanten Erfinder", der seinen Söhnen gegenüber „extrem brutal" war. Joseph betonte, daß er derzeit wenig Kontakt mit seiner Familie habe (die 3000 Meilen entfernt lebte) und daß er wünschte, im Leben ohne sie weiterzukommen. Für sein Symptom erhoffte er speziell durch die Hypnose Besserung.

Die geschilderten Beschwerden hatten mehrere Merkmale, die ein Ritual als Intervention nahelegten. Insbesondere bestand (a) das Problem schon lange, (b) war es ein körperliches Symptom und (c) weder rational noch kognitiv zu begründen. Im Bereich der Hypnose, die mit dem Ritual nah verwandt ist, sind dies Trancephänomene. Mit anderen Worten, solche Symptome können als das spontane Auftreten einer „negativen Trance" aufgefaßt werden, als eine Art rituelle Darstellung eines traumatischen Erlebnisses.

Natürlich lassen sich nicht alle derartigen Symptome mit Hilfe eines Rituals auflösen. Mit vielen kann man einfacher und weniger zeitaufwendig umgehen. (In der Tat versuche ich gewöhnlich zuerst ein einfacheres Verfahren, ehe ich ein Ritual in Betracht ziehe.) Um zu entscheiden, ob ein Ritual angemessen ist, wird in einem nächsten Schritt erkundet, ob das Symptom mit einem emotionalen Trauma oder einer entwicklungsbedingten Herausforderung zusammenhängt. Josephs Beschwerden habe ich zunächst für bare Münze genommen – einfach als Ausdruck unerwünschten Verhaltens, das mit einigen einfachen und direkten hypnotischen Interventionen zu verändern wäre. Deshalb führte ich ihn über eine allgemeine hypnotische Induktion mit Entspannung und ideomotorischem Fingersignalisieren in eine hypnotische Trance (Gilligan 1995). Anfangs schien er auch einen angenehmen Trancezustand zu entwickeln, bis dann plötzlich das Unerwartete geschah. Joseph dissoziierte in einen anscheinend schrecklich unangenehmen Zustand. Sein Körper und Atem froren ein, und sein Gesicht wurde bleich und grimassierte. Auf meine Bitte um eine verbale Rückmeldung reagierte er überhaupt nicht und schien in einen Alptraum aus einer anderen Welt abzuheben. Weitere Suggestionen, aus der Trance zurückzukommen, waren auch erfolglos, und so versuchte ich einfach, ihn in seinem Zustand zu begleiten, indem ich mit sanfter Stimme sagte:

> „Joseph, ich weiß nicht, wo du bist. Joseph, ich weiß nicht, warum du dorthin gehen mußtest ... aber ich weiß, daß du hier bei mir bist und mir zuhörst. Joseph, ich weiß nicht, wie weit du weggehen mußtest ... Ich weiß nicht, ob du noch weiter weggehen mußt, um mir bequem zuhören zu können ... aber ich weiß, daß du mich hören kannst und auf mich reagieren kannst in einer Art und Weise, die angemessen und hilfreich für dich ist."

Mit dieser Art zu sprechen konnte ich einen Kontakt mit Joseph herstellen. Im Laufe der nächsten zehn Minuten baute ich diesen Kontakt weiter aus, indem ich seine Hand hielt und Fingersignale entwickelte, um mit seinem Unbewußten kommunizieren zu können.

Allmählich reorientierte er sich, aber als er die Augen öffnete, erstarrte er wieder und riß die Augen entsetzt auf; offenbar „sah" er irgend jemanden oder irgend etwas vor sich. Aus dem Gefühl heraus fragte ich ihn, ob er seinen Vater sehe, und er nickte. Indem ich seine Hand ergriff und ihn aufforderte, weiter zu atmen, brachte ich ihn langsam dazu, sein Gesichtsfeld so zu erweitern, daß er mich zu seiner Rechten und einen Freund zu seiner Linken halluzinieren konnte. Diese zusätzlichen Beziehungen vermittelten ihm Stärke, und er schrie seinen „Vater" an, er solle sich zum Teufel scheren.

Das entsetzliche Bild verschwand, und Joseph brach in eine Flut von Tränen aus.

Um ihn wieder aus der Trance herauszuholen, ging ich mit ihm eine Weile in meinem Praxisraum umher. Als wir uns wieder hingesetzt hatten, versuchte ich, die Ernsthaftigkeit der Situation etwas aufzulockern, indem ich ihn in humorvollem Ton fragte, was er denn von seiner „hypnotischen Standarderfahrung" halte. Wir lachten gemeinsam und kamen dann wieder zu einer ernsten, aber entspannten Verbindung miteinander. Ich legte ihm nahe, daß vielleicht sein Unbewußtes entschieden habe, es sei an der Zeit, sich von einer gewissen Beziehung zu verabschieden, und daß dies die Bedeutung seines wiederkehrenden Symptoms sein könne. Er schien fasziniert von dieser Hypothese, und so benutzten wir ideomotorisches Fingersignalisieren, um sein Unbewußtes zu fragen, ob (a) sein Grimassieren mit Erfahrungen mit seinem Vater zusammenhänge, ob (b) die vorausgegangene Dissoziation mit irgendeinem vergangenen emotionalen Erlebnis mit seinem Vater in Zusammenhang stehe und ob (c) es an der Zeit sei, sich von dieser Beziehung des Mißbrauchs zu verabschieden.

Sein Ja-Finger gab auf alle diese Fragen ein Signal, ebenso wie auf die Frage, ob eine bestimmte Erinnerung aufgekommen sei. Es stellte sich heraus, daß das erinnerte Ereignis sich zutrug, als Joseph sechs Jahre alt war. Am Weihnachtsmorgen hatte er eine Spielzeugeisenbahn bekommen. Später hatte er dann mit seinem Bruder zusammen im Keller damit gespielt, und irgendwie hatte Joseph die Eisenbahn kaputtgemacht und die winzigen Kugeln der Kugellager über den Kellerfußboden verstreut. Sein Bruder lief schnurstracks zu seinem Vater und berichtete, was passiert war. Der Vater kam brüllend die Treppe herunter und verprügelte Joseph brutal. Der Junge verbrachte den Rest des Tages im Keller, und zwar damit, auch das letzte Kügelchen aufzuheben, während sein Vater in regelmäßigen Abständen herunterkam und ihn wieder verprügelte.

Dieses Ereignis wurde zur Repräsentation seines „vernachlässigten Selbst", das unter dem Einfluß der Mißhandlungen seines Vaters stand. (In Ritualen, ähnlich wie in Hypnose und jeder anderen Form künstlerischen Ausdrucks, ist es sehr wichtig, mit konkreten Symbolen umzugehen – das heißt mit spezifischen Geschichten statt mit Allgemeinheiten. Dieses eine Ereignis muß nicht als der ursprüngliche oder einzige „Grund" für die derzeitigen Erfahrungen angesehen werden, sondern eher als repräsentativ für eine Beziehung, um die herum sich die Identität der Person konstituiert. Allgemeinere Begriffe wie „das verwundete Kind" oder „mangelndes Selbstwertgefühl" scheinen nicht den notwendigen Erfahrungshintergrund zu liefern, der für die effektive Durchführung eines Rituals notwendig ist.)

Joseph war von den Reaktionen seines Unbewußten tief beeindruckt. Er äußerte Interesse, seine Beziehung zu dieser Erinnerung zu ändern, und erkundigte sich, wie dies geschehen könnte. Ich führte nun die Möglichkeit eines Rituals ein und legte ihm nahe, daß manchmal schrecklich invasive Erfahrungen einen Menschen dazu bringen, sich mit Stimmen, Bildern und Verhaltensweisen zu identifizieren, die gar nicht seine eigenen sind. Weiterhin wies ich darauf hin, daß eine solche Mißidentifikation zu unkontrollierbarem Ausdrucksverhalten unterschiedlichster Art führen kann, so beispielsweise zu Josephs Grimassieren und seiner Depression. Das Heilritual wurde beschrieben als ein Prozeß, in dem man zuerst diese Stimmen, Bilder und Körpergefühle externalisiert (durch Briefeschreiben, Malen oder andere erfahrungsorientierte Prozesse); dann wird ein Ritual geplant und durchgeführt, um ein für allemal diese äußeren Einflüsse zu verabschieden und die eigene Stimme, die eigenen Bilder und Gefühle willkommen zu heißen. Anhand einiger einfacher Beispiele wurde verdeutlicht, wie Rituale gemeinsam von Therapeut und Klient gestaltet werden, wobei der Therapeut seine Erfahrungen mit der Struktur zur Verfügung stellt und der Klient die spezifischen Inhalte einbringt, Entscheidungen fällt und das Ritual durchführt.

Es wurde auch darauf hingewiesen, daß die Betreffenden spüren müßten, wann die Zeit reif sei für ein Ritual, denn es erfordere ihre volle Hingabe und innere Beteiligung. Um diesen Punkt besonders zu unterstreichen, bat ich Joseph, sich die kommende Woche Zeit zu nehmen für die Entscheidung, ob er sich auf einen solchen Prozeß einlassen könne. In der darauffolgenden Woche kam er und sagte, er sei definitiv an einem Ritual interessiert. (Wenn jemand sich nicht klar für das Ritual entscheiden kann, sollte der Therapeut auf ein Ritual verzichten und andere Interventionen in Erwägung ziehen.)

Die bisherige Beschreibung weist darauf hin, wie wichtig es ist, die Beschwerden des Klienten mit einem emotionalen Trauma oder einer entwicklungsbedingten Herausforderung in Verbindung zu bringen und das Symptom als einen unvollständigen oder erfolglosen Versuch anzusehen, die eigene Identität in bezug auf dieses Ereignis oder diese Herausforderung zu ändern. Erst dann wird das Ritual als effektives Mittel für diesen Identitätswandel und als Lösung für das Symptom empfohlen. Der Erfolg des Rituals hängt von der vollen Motivation und inneren Beteiligung des Klienten ab.

Dieser Fall verdeutlicht auch, wie die Verbindung des Symptoms mit einem Traum über das Erleben hergestellt werden muß. Eine intellektuelle Hypothese, daß das Symptom X mit dem Ereignis Y zusammenhängt, ist völlig inadäquat, denn es beläßt die therapeutische Kommunikation auf einer rein kognitiven Ebene. (Ich möchte noch einmal darauf hinweisen: Es sind ebenjene Fälle, bei denen kognitives Verständnis wenig oder nichts bringt, in denen ein Ritual besonders angezeigt sein kann.) Die Sprache des Rituals verbindet mehr mit dem somatischen Selbst, wie dies auch für Symptome und hypnotische Phänomene gilt (Gilligan 1988).

Natürlich gibt es andere Methoden zur Exploration des Erlebens. Manchen Klienten schlage ich vor, daß sie eine leichte „zentrierte" Trance entwickeln und über die Frage meditieren: „Womit hängt diese (symptomatische) Erfahrung zusammen?" Sodann sollen sie mit Farbkreiden oder Farben auf großen Papierbögen ihr Unbewußtes die Antwort geben lassen. Dies kann im Therapieraum mit dem Therapeuten geschehen oder unter der Woche zu Hause. Im letzteren Fall sollte der Therapeut sicherstellen, daß der Klient über angemessene Ressourcen verfügt – beispielsweise einen Freund oder eine Freundin oder ein Symbol (s. Dolan 1991) –, um auch dann zentriert bleiben zu können, wenn der Prozeß schwierige Inhalte in Erinnerung bringt.

Eine weitere Möglichkeit besteht darin, andere hypnotische Explorationsmethoden einzusetzen – zum Beispiel eine allgemeine „Suche" nach relevantem Material (Gilligan 1995; Lankton a. Lankton 1983) oder ideomotorische Fragen. Unabhängig von der angewandten Methode sucht der Therapeut ein chronisches Symptom, über das der Klient keine Kontrolle zu haben meint, als ein „Identitätsereignis" zu deuten, das durch ein Ritual transformiert werden kann.

Schritt 2: Das Ritual planen

Dieser zweite Schritt dauert normalerweise drei bis sechs Wochen. Wie aus Tabelle 8.3 hervorgeht, sollen hier die Symbole der Erfahrung des alten und des neuen Selbst geschaffen und externalisiert werden, woraus sich ein Ritual entwickelt, das den Übergang vom Alten zum Neuen erlaubt. Es braucht Zeit und Sorgfalt, um sicherzustellen, daß dieser Prozeß durch das somatische Selbst des Klienten (sein „Unbewußtes") und nicht etwa durch sein kognitives Selbst begonnen, begleitet und in jedem Schritt bestätigt wird.

1. Die Klienten sollen gegenständliche Symbole für die alte Identität auswählen.
2. Die Klienten sollen gegenständliche Symbole für die neue Identität auswählen.
3. Das grundlegende Ritual wird festgelegt (Verbrennen, Vergraben, Erklärungen usw.)
4. Das eigentliche Ritual wird geplant (wo, mit wem, wann, welche spezifischen Handlungen).
5. Die Klienten sollen sich emotional und spirituell auf das Ritual vorbereiten.

Tab. 8.3: *Das Ritual planen*

Die ersten beiden Teile des Planens werden üblicherweise gleichzeitig durchgeführt. Zuerst werden die Gespräche, welche die Person internalisiert hat, im Erleben aktiviert und konkret externalisiert. Dies geschieht oft, indem man einen Brief schreibt. In Josephs Fall schlug ich vor (und er stimmte dem mit Fingersignalen zu), daß er sich täglich vierzig Minuten Zeit nehmen solle, um zwei Briefe zu schreiben. Entsprechend dem strukturierteren Ansatz des Rituals vereinbarten wir eine bestimmte Tageszeit (8 Uhr abends) und einen Ort (sein Büro), wo er diese Briefe schreiben würde. Nachdem er sich kurz zentriert hatte, würde er jeweils zwanzig Minuten lang einen ersten Brief an jemanden schreiben, der etwas mit dem Ereignis um die kaputte Eisenbahn des „alten Selbst" zu tun hatte. An manchen Abenden war diese Person der (sechsjährige) Joseph, dann sein Bruder, sein Vater und seine Mutter. In diesem Brief sollte beschrieben werden, was geschehen war, wie er sich damals gefühlt hatte, wie dieses Ereignis sein späteres Selbstbild beeinflußt hatte und wie er jetzt damit umgehen wollte. Der zweite Brief (für den er sich auch zwanzig Minuten Zeit nahm) war an sein „zukünftiges

Selbst" gerichtet und befaßte sich mit dem Leben, das er nun gern führen würde, und mit den Unterschieden in seinem Verhalten. (Manchmal kann es hilfreicher sein, wenn der Klient diesen Brief als zukünftiges Selbst an sein gegenwärtiges Selbst oder an sein jüngeres Kindheitsselbst zurückschreibt.)

Ehe diese Aufgabe ausgeführt wird, wird durch hypnotische Befragung sichergestellt, daß sie angemessen ist und daß die notwendigen Ressourcen zur Verfügung stehen. Oft sind einige Veränderungen nötig. So muß z. B. vielleicht eine andere Person anwesend sein, oder eine andere Ressource muß zur Verfügung stehen, während man seinen Brief schreibt (Dolan 1991). Ebenfalls über hypnotische Befragung wird in der nächsten Sitzung geklärt, ob noch weitere Briefe geschrieben werden müssen. Der Therapeut kann die Briefe lesen, um sicherzustellen, daß der Klient zentriert ist und mit dem Prozeß in Verbindung steht. (Ich habe z. B. einmal den rituellen Prozeß mit einem Klienten unterbrochen, der an sein jüngeres Selbst Briefe in einem frechen, bissigen Stil schrieb, weil ich das Gefühl hatte, daß es verfrüht war, mit dem Klienten ein Heilritual durchzuführen.) Jede dieser ständigen Überprüfungen gibt Hinweise darauf, wie die Planung des Rituals im Verlauf des gemeinsamen Prozesses zwischen Therapeut und Klient Form annimmt und modifiziert wird.

Zu dem nächsten Prozeß der Externalisierung gehören Bilder. Wie beim Briefeschreiben wird hier vorgeschlagen, daß der Klient sich täglich (etwa eine Woche lang) vierzig Minuten Zeit nimmt, zu malen, zu zeichnen (mit Farbe), zu collagieren oder auf eine andere visuelle Art das Ereignis des „alten Selbst" und dann einige Versionen des „neuen Selbst" darzustellen. Klienten, die meinen, sie hätten kein künstlerisches Talent („Ich kann nicht malen"), werden ermutigt, einfach geschehen zu lassen, was auch immer geschieht, von bildlichen Darstellungen bis hin zu intensiven Farben. Man ermutigt sie, dies aus ihrem Inneren fließen zu lassen, während sie sich auf Fragen konzentrieren wie „Wie sah das traumatische Ereignis aus, und was für Gefühle hatte ich dabei?" (für das erste Bild) und „Wie wird es aussehen oder sich anfühlen, wenn das Symptom (oder Problem) gelöst ist?". Auch hier überprüft der Therapeut, daß (a) der Prozeß angemessen ist, daß (b) genügend Ressourcen zur Verfügung stehen, daß (c) die Person zentriert und in den Prozeß involviert ist und ob (d) noch weitere Arbeit getan werden muß, wenn ein Klient mit den Bildern in die nächste Therapiestunde kommt.

In der nächsten Woche wird der Klient dann gebeten, sich konkrete Symbole für das neue und das alte Selbst auszuwählen. Dabei können Selbsthypnose, Meditation und offene Neugier hilfreich sein. Der Betreffende braucht nicht kognitiv zu verstehen oder zu erklären, warum er sich für ein bestimmtes Symbol entschieden hat. Symbole für das „alte Selbst" sind zum Beispiel Babykleider, die eine Frau gestrickt hat, die ihr kleines Töchterchen verloren hat, das Foto ihres Onkels, der sie sexuell belästigt hatte, das eine Frau fand, und die Spielzeugeisenbahn, die Joseph kaufte (und die der alten glich). Symbole für das „neue Selbst" sind beispielsweise japanische Bonsai-Bäume, die eine Frau sich kaufte, während sie um ihre Tochter trauerte, afrikanische Schilde und Speere, die eine sexuell mißbrauchte Frau sich aussuchte, und ein Ring für Joseph. Wie schon beschrieben, der Therapeut bemüht sich sicherzustellen, daß die ausgewählten Objekte das Ereignis angemessen und vollständig repräsentieren.

Der Klient hat nun die Symbole für das alte und das neue Selbst konkret bestimmt und in Objekten externalisiert. Der nächste Schritt besteht darin, das Ritual in seinen Grundzügen festzulegen, um sich von dem alten Selbst zu verabschieden und das neue Selbst willkommen zu heißen. Der Therapeut kann eine „Menüauswahl" zusammenstellen – z. B. ob das Objekt des „alten Selbst" verbrannt oder vergraben werden soll – und den Klienten dann darin unterstützen, seine eigene Wahl zu treffen.

In der nächsten Sitzung geht es um die Planung der Details, wo, wann, wie und mit wem das Ritual durchgeführt wird. Dies sollte alles sorgfältig überlegt werden, und alle Erwägungen sollten von der Person in bedeutsamer Weise bestätigt werden. Bei Joseph bestand der Plan darin, zu den Bahngleisen etwa eine Meile von seinem Büro entfernt zu gehen. Er würde seine Spielzeugeisenbahn und die Briefe und gemalten Bilder mitbringen. Als Teil des Verabschiedungsrituals würde er die Briefe des „alten Selbst" laut vorlesen und die Bilder zeigen und dann die Kugellagerkugeln der Spielzeugeisenbahn auf den Schienen auskippen, um damit zum Ausdruck zu bringen, daß er diese Symbole loslassen wolle. Dann würde er die Gleise überqueren und einige zeremonielle Erklärungen des neuen Selbst abgeben.

Die Frage, wer sonst noch in das Ritual einbezogen werden soll, ist deshalb so besonders wichtig, weil ein Ritual an der Schnittstelle zwischen zwei Welten stattfindet: der öffentlichen und der privaten, der inneren und der äußeren. Wer ein Ritual vollzieht, organisiert nicht nur seine innere Welt neu, sondern erklärt auch anderen gegenüber ein neues soziales Selbst. Zeugen beobachten diese Erklärungen, und sie beteiligen sich auch an der Erschaffung einer neuen sozialen und psychischen Identität und bestätigen diese. Diese außergewöhnliche Ergänzung ist ein Hauptgrund für die Wirksamkeit von Heilritualen.

Bei Joseph erwies sich dieser Punkt als schmerzlich. Nach langer Überlegung kam er zu dem Schluß, daß er sich niemandem nah genug fühlte, als daß er ihn zur Teilnahme hätte einladen wollen. (Freundschaften und Gemeinschaftsgefühl zu entwickeln sollte ein Schwerpunkt seiner Aktivitäten nach dem Ritual sein.) Joseph bat mich also, an seinem Ritual teilzunehmen, und ich stimmte zu, betonte aber, daß ich primär in der Rolle des „Ritualspezialisten" dabeisein würde, nur um den Prozeß zu begleiten und, wenn nötig, minimale Unterstützung anzubieten. Er ging auch auf meinen Vorschlag ein zu überlegen, ob er die Folgen des Rituals Familienmitgliedern (die alle 3000 Meilen weit weg lebten) mitteilen würde.

Als einen letzten Schritt der Vorbereitung wird der Klient gebeten, in der Woche vor dem Ritual nach innen zu gehen und sich emotional auf das Ereignis vorzubereiten. Abhängig von den Eigenarten und Werten des Betreffenden können dies einsame Spaziergänge sein, Tagebuchschreiben, Selbsthypnose oder Meditation, leichtes Fasten oder Gebet. Diese Vorbereitungen sind bei den meisten traditionellen Ritualen (wie bei anderen wichtigen Auftritten) ein ganz wesentlicher Schritt, denn dadurch wird die Aufmerksamkeit von der Geschäftigkeit des Alltags weg- und dramatisch auf einen inneren Fokus hingelenkt.

Schritt 3: Das Ritual durchführen

Die Durchführung des Rituals gliedert sich in drei Teile: die prä-rituelle Induktion, die das Schwellenbewußtsein für den rituellen Raum (Turner 1995) entwickelt; das eigentliche Ritual; den postrituelle Prozeß, welcher die Person wieder in die normale soziale Sphäre zurückbringen soll. Die präituelle Induktion ähnelt insoweit einer hypnotischen Induktion, als sie Einengung der Aufmerksamkeit,

Wiederholung und Rhythmus und symbolische Aktivitäten beinhaltet; dadurch soll die Person in einen Zustand erhöhter Aufmerksamkeit für archetypisches Material und für das somatische Erleben gelangen (Gilligan 1995). Dies können Predigten, Gesänge, Gebete, Meditationen, Gedichte oder andere zeremonielle Akte sein. Die dadurch induzierte Stimmung ist allgemein ernst und intensiv, begleitet von dem Gefühl, daß etwas sehr Wichtiges geschehen wird.

Im Falle von Joseph verlief es so, daß er an dem vereinbarten Tag in meine Praxis kam und die rituellen Symbole mitbrachte: die Briefe, die Bilder und die Spielzeugeisenbahn. In einem behutsamen und konzentrierten Gespräch gingen wir alles noch einmal durch, was im letzten Monat geschehen war, und er bekräftigte nochmals seine Entschlossenheit, das Ritual durchzuführen. Wir fuhren jeder im eigenen Wagen zu dem Ort des Rituals (den Bahngleisen), stiegen aus und markierten mit Steinen und Stöcken den rituellen Platz. Joseph stellte sich mit dem Gesicht zu den Gleisen hin, legte die rituellen Symbole des alten Selbst aus und ging einige Minuten nach innen. Dann wendete er sich mir zu und bedeutete, daß er bereit sei.

Als ich ihm feierlich zunickte, er solle nun „nichts wie rangehen", schloß er wieder die Augen, um sich tiefer auf die Erfahrung einzulassen. Als er sie einige Minuten später öffnete, wirkte er äußerst konzentriert und war in einem erhöhten und veränderten Bewußtseinszustand. Er kämpfte mit den Tränen, als er seine Familienmitglieder um sich herum visualisierte. Seine kräftige verletzliche Stimme versagte vor Bewegung, als er jeden einzeln begrüßte und den Grund erklärte, warum er sie alle zu diesem Ereignis versammelte. Er hob die Briefe des „alten Selbst" auf, las einen nach dem anderen vor und erklärte nach jedem Brief, daß er mit diesen Worten nun fertig sei; dann zerriß er ihn. Seine Gefühle schienen ihn immer wieder fast zu überwältigen, aber jedesmal hielt er inne, um sich zu fassen und zu zentrieren, ehe er fortfuhr. (Manchen Klienten wird es guttun, wenn sie in solchen Momenten unterstützt und ermutigt werden.)

Als nächstes zeigte er jedes gemalte Bild des „alten Selbst", beschrieb, was geschehen war, wie er sich damals gefühlt hatte, wie seine Identität dadurch beeinflußt worden war und wie er nun bereit sei, dieses Selbstbild loszulassen. Dann zerriß er die Bilder und legte die Schnipsel in eine Schachtel, die später verbrannt wurde. Gefühlswellen – Trauer, Wut, Traurigkeit – überkamen ihn während dieses Prozesses.

Zum Abschluß des „Abschiedsrituals" gehörte die Spielzeugeisenbahn. Der Klient hatte die Bodenplatte abmontiert, damit die Kugellager offenlagen; die Kugeln wurden jetzt von einem einzigen Stück Klebeband an ihrem Platz gehalten. Während er seine Aufmerksamkeit auf die Spielzeugeisenbahn in seiner Hand konzentrierte, brach er in Schluchzen aus. Nach etwa einer Minute ging ich zu ihm und flüsterte ihm zu, er solle atmen und seinen Gefühlen freien Lauf lassen, und ich ermutigte ihn behutsam, weiterzumachen. Dadurch konnte er sich wieder zentrieren und seine Aufmerksamkeit der rituellen Aufgabe widmen. Indem er auf seine imaginierte Familie schaute, erklärte er, daß für ihn nun die Zeit reif sei, im Leben weiterzugehen. Langsam und maßvoll erzählte er von dem „Zugereignis" und verkündete dann, daß er nun bereit sei, dieses Ereignis für seine eigene Entwicklung nutzbar zu machen. Mit einer feierlichen Erklärung hielt er die Spielzeugeisenbahn über die Bahngleise, entfernte das Klebeband und ließ die Kugellagerkugeln über die Gleise springen. (Bis zu diesem Augenblick hatte ich nicht geahnt, wie klein diese Kügelchen waren oder wie viele darin waren.) Dabei wurden viele Gefühle frei, aber Joseph schien mit ihnen an Stärke und Haltung zu wachsen. Schließlich wandte er sich zu mir und sagte, er sei bereit weiterzugehen.

Joseph voran gingen wir auf die andere Seite der Gleise. Hier vollzog er nun das Ritual des „neuen Selbst", indem er die Briefe an sein zukünftiges Selbst vorlas, die Bilder zeigte und sich feierlich den Ring ansteckte, den er sich als Symbol seiner neuen Verpflichtung ausgesucht hatte. Dieser Teil des Rituals schien für ihn viel leichter, als sei er von einer neuerworbenen Stärke und einem neuen Geist geleitet.

Ein Letztes blieb noch zu tun: Joseph hatte in den selbsthypnotischen Meditationen vor einigen Wochen beschlossen, die Eisenbahn zusammen mit einem Brief an seinen Bruder an der Ostküste zu schicken (der ihn ja in die Angelegenheit hineingezogen hatte). In diesem schmerzlichen Brief sprach Joseph von der schrecklichen gemeinsamen Kindheit und wie sie offensichtlich die beiden im Erwachsenenalter deprimiert und unglücklich gemacht habe. (Sein Bruder hatte mit chronischer Depression zu kämpfen.) Joseph drückte seine Verpflichtung aus, sich von diesem Unglück zu befreien, und dann erzählte er das Kindheitserlebnis mit der Eisenbahn. Er beschrieb das Ritual, auf das er sich in den letzten sechs Wochen eingelassen hatte, und fügte hinzu, er habe in seinen Selbsterkundungen das starke Gefühl entwickelt, daß er die Eisenbahn nach dem Ritual an seinen Bruder schicken sollte, denn er sei jetzt damit fertig. Er gab zu, daß er nicht ganz sicher sei, warum ihm dies wichtig sei noch was sein Bruder damit anfangen solle (er schlug vor, sie für einen guten Zweck zu spenden); jedenfalls sei er sich sicher, daß er damit fertig sei und daß die Eisenbahn seinem Bruder zukommen solle. (In den Wochen der Vorbereitung hatte Joseph mehrfach mit ideomotorischen Fingersignalen bestätigt, daß dies tatsächlich der richtige Gang der Dinge war.) Er beendete den Brief mit der Versicherung, er habe seinen Bruder sehr lieb und wünsche sich, daß ihre Beziehung tiefer und enger werde.

Joseph legte diesen Brief zusammen mit der Spielzeugeisenbahn in ein Paket, das er an seinen Bruder adressiert hatte. Dann fuhren wir jeweils mit dem eigenen Wagen zum Postamt, er ging hinein und gab das Paket auf. Als er wieder herauskam, berichtete er, daß er während des Rituals das Gefühl gehabt habe, daß eine unglaubliche Last, die „so lange dagewesen war, daß ich sie gar nicht mehr gespürt habe", von ihm genommen sei und sich aufgelöst habe. Er sah bemerkenswert ruhig, zentriert und zuversichtlich aus und hörte sich auch so an. Ich beglückwünschte ihn zu seinem unglaublichen Mut und zu dem Engagement, die er während des Rituals (und während der ganzen Vorbereitung) gezeigt habe, und sagte ihm, er habe seine Sache großartig gemacht.

Auf meinen Vorschlag hin hatte er es so eingerichtet, daß er den Rest des Tages frei hatte; so empfahl ich ihm, nach Hause zu gehen und sich zu entspannen und sich über seine Leistung zu freuen. Ich empfahl ihm auch, daß er das Briefeschreiben in den nächsten Wochen jederzeit einsetzen solle, wenn er das Gefühl habe, daß die „alten Stimmen" ihn wieder heimsuchen würden, denn dies war eine gute Art, die übriggebliebenen Prozesse, die „versuchten, dahin zu gehen, wo sie hingehörten", zu externalisieren und loszulassen. (Viele Klienten finden diesen Prozeß sehr hilfreich.) Ich erinnerte ihn auch daran, daß er jeden Brief, jedes Bild und jedes Symbol des „neuen Selbst", die er mit nach Hause nahm, jederzeit anschauen könne, insbesondere dann, wenn er sich zentrieren wolle.

Schritt 4: Das neue Selbst wieder in die Gemeinschaft eingliedern

Ein therapeutisches Ritual zu planen und durchzuführen ist ein besonders intensiver Prozeß. Die Teilnehmer ziehen sich für eine längere Zeit – emotional, psychisch und im Verhalten – vom Alltagsleben zurück und lassen sich tief auf andere, innere Wirklichkeiten ein. Daher ist es wesentlich, daß der Betreffende nach dem Ritual wieder in die soziale Gemeinschaft integriert wird. Jegliche weitere „innere Arbeit" wird gewöhnlich unterbunden und die Aufmerksamkeit auf praktische Anforderungen und Verantwortlichkeiten gelenkt, wie Freunde, Arbeit, Familie und soziale Fertigkeiten. Die Therapie wird nach ein oder zwei weiteren Sitzungen abgeschlossen, es sei denn, es wurden kurzfristige konkrete Ziele vereinbart. Rituale funktionieren in der Regel nach dem „Alles-oder-nichts"-Prinzip, wobei der Veränderungsprozeß sich während des eigentlichen Rituals ereignet. Zusätzliche innere Arbeit an dem Problem ist also oftmals kontraproduktiv.

Als Joseph in der folgenden Woche kam, sah er blendend aus. Er berichtete, nach dem Ritual habe er gefeiert, indem er sich neu eingekleidet habe. Er fühle sich lebendig und „offen". Stolz berichtete er, daß er am Arbeitsplatz eine Präsentation ohne jedes Grimassieren gemacht habe. (Er erwähnte, er sei sich während der Präsentation seines neuen Ringes am Finger sehr bewußt gewesen.) Er fühlte sich zuversichtlich, daß er dieses neue Verhalten auch weiterhin zeigen werde, und wir waren uns darüber einig, daß die therapeutischen Ziele erreicht waren und wir uns daher nicht mehr sehen müßten.

Etwa ein Jahr danach rief Joseph mich an. Er berichtete, daß die Grimassen nach wie vor ausblieben, und er bat um Hypnose für sein neues Hobby, das Kickboxen. Wir widmeten diesem Projekt einige Stunden, in denen er mir auch berichtete, es gehe ihm im Beruf ausgezeichnet.

Zusammenfassung

Der Fall von Joseph verdeutlicht, wie effektiv Rituale zur therapeutischen Veränderung sein können. Sie ermöglichen die Transformation der Identität und die Auflösung unerwünschter Symptome. Rituale sind entschieden nichtrationale, archetypische Ereignisse, in denen der einzelne tiefe innere Ressourcen anzapft und tiefgreifende Erfahrungen auf symbolischer Ebene macht. Vor allem bestärken sie den einzelnen darin, selbstverneinende Bilder, Stimmen und Verhaltensweisen zu externalisieren und seine eigene Stimme, die eigene Vision und den eigenen Körper wiederzuentdecken und darauf Anspruch zu erheben.

Wenngleich das Fallbeispiel einen einzelnen betraf, können Rituale auch mit Paaren, Familien und Gruppen durchgeführt werden. Sie können bei einer ganzen Reihe unterschiedlicher Beschwerden angewandt werden. Ich selbst habe Rituale mit Einzelpersonen, mit Paaren oder Familien durchgeführt, wenn es um sexuellen Mißbrauch ging (z. B. Inzest oder Vergewaltigung), und auch bei Gruppen von Inzestopfern. Scheidungsrituale (mit einem oder mit beiden Partnern) unter Einbeziehung von Freunden und Familienmitgliedern können hilfreich sein. Reinigungs- und Sühnerituale können in Fällen von Untreue wirksam sein. Rituale in Todesfällen (einschließlich Abtreibung) sind zutiefst bewegend. Man könnte andere Rituale entwickeln für das Erwachsenwerden, für Eßstörungen, Sucht und das Verlassen von zerstörerischen Gemeinschaften (z. B. Kulte, Ritualmißbrauch).

In all diesen Fällen respektiert und fördert der Therapeut die innere Einzigartigkeit und Intelligenz der Klienten, so daß die eigentlichen Symbole und Handlungen während des Rituals aus den Klienten selbst entstehen und nicht vom Therapeuten kommen. Der Therapeut verhält sich als „Spezialist für Rituale", der mögliche Strukturen vorgibt, die Klienten dabei unterstützt, im Kontakt mit ihren archetypischen, somatischen Prozessen zu bleiben, der den Prozeß als Zeuge beobachtet und gegebenenfalls leitet. Wenn beide, Klient und Therapeut, jeder auf seine Weise, an dem Ritual teilnehmen und sich darauf einlassen, kann es wirklich ein therapeutisches Ereignis sein.

Im Sinne der Selbstbeziehungstherapie verbinden Rituale das somatische Selbst wieder mit dem kognitiven Selbst, und dadurch lassen sie ein neues Erleben des Beziehungsselbst aufkommen. Der Ansatz der Selbstbeziehung geht davon aus, daß irgendein Ereignis die Verbindungen zwischen den beiden Selbsten durchtrennt hat, so daß das somatische Selbst nicht mehr durch das kognitive Selbst gefördert wird. Das Symptom ist ein Versuch des somatischen Selbst, bestimmte Erfahrungen und Einsichten in das Beziehungsselbst zu integrieren. Rituale sind ein komplexes Handeln aus dem Geist von Mentorschaft, das den Raum bereitstellt, wo das Symptom zu einer Lösung umgeformt wird.

Epilog

> Und wieder rauscht mein tiefes Leben lauter,
> als ob es jetzt in breitern Ufern ginge.
> Immer verwandter werden mir die Dinge
> Und alle Bilder immer angeschauter.
> Dem Namenlosen fühl ich mich vertrauter...
>
> Rainer Maria Rilke (1900)

Wir haben den Grundgedanken des Beziehungsselbst untersucht, sowohl im Sinne einer Verbindung zwischen Geist und Natur als auch von Selbst und anderem und im Sinne eines erlebten Feldes, von dem alle Dualität ausgeht und wohin sie wieder zurückkehrt. Wir haben gesehen, wie dieses generative Selbst durch ein Zentrum des Bewußtseins im somatischen Selbst erlebt wird, durch eine psychische Beziehung von „Ich und Du" im kognitiven Selbst und durch ein Feld der Bewußtheit im Beziehungsselbst. Durch andauernde Brüche im Erleben auf einer dieser Ebenen entstehen signifikante Probleme. Psychotherapie ist eine der wesentlichen zeitgenössischen rituellen Methoden, um diese Brüche zu heilen und Wachstum und Entwicklung zu fördern.

Wir haben gesehen, daß das eigentlich Wichtige bei alldem die Liebe ist. Wir haben die Frage aufgeworfen, ob Menschen wie Christus, Nelson Mandela, Mutter Theresa, Gandhi und Milton Erickson einfach nette Leute waren, die Liebe und Akzeptanz betonten, oder ob sie nicht viel mehr waren: mutige Einzelpersonen, die eine Macht der Liebe praktizierten und sichtbar machten, die weitaus größer als physische Kraft oder Gewalt ist. Indem wir die letztere Ansicht annehmen, weisen wir „ghettoisierte" Versionen von Liebe als schwachem, sentimentalen, gefährlichen, unethischen oder irrelevanten Gefühl zurück. Vielmehr akzeptieren wir eine Auffassung von Liebe als einer disziplinierten Praxis, einer reifen Fertigkeit, als Mut, als Geist, als Disziplin und als Grundlage für jedes Heilen, und diese Liebe suchen wir zu verwirklichen. Da sie unabhängig ist von Bedingungen oder Umständen, kann sie von jedem jederzeit und überall erfahren und angewendet werden.

Das vorherrschende Prinzip, das hinter wirksamer Liebe steht, ist reife Mentorschaft. Wir haben gesehen, daß, so wie gute Eltern die Liebe als Grundlage für wirksame Erziehung betonen würden, Therapeuten die Liebe und das korrespondierende Prinzip der Mentorschaft als Grundlage für wirksame Therapie anerkennen können. Ein effektiver Mentor (1) weckt einen auf für das Gute und die Intelligenz des eigenen Wesens, (2) weckt einen auf für das Gute und die Intelligenz in der Welt um einen herum und (3) macht einen mit einigen Praktiken und Traditionen bekannt, um ebenjenes Beziehungsselbst zu entwickeln, welches das Selbst in der Welt und die Welt im Selbst verbindet. Mit anderen Worten, Mentoren ermutigen zur Selbstverwirklichung ebenso wie zum Dienen und dazu, einen Beitrag für die Welt zu leisten und die notwendige Beziehung zwischen beidem zu würdigen.

Mentoren würdigen, daß der Strom des Lebens durch alles und jeden fließt und die Erfahrung, die wir für Wachstum und Entwicklung brauchen, mit sich bringt. Sie wissen, daß reife menschliche Präsenz und Aufmerksamkeit erforderlich sind, um den menschlichen Wert und die Formen dieser grundlegenden Lebensenergien zu erkennen, und sie möchten diese Erkenntnis und die entsprechenden Fertigkeiten und Traditionen an andere weitergeben. Wie Eltern bestätigen können, ändert sich die Art und Weise, wie dies effektiv geschieht, ständig. Wenn man gerade meint, nun sei alles klar, wird einem der Teppich wieder unter den Füßen weggezogen.

Die Anregungen in diesem Buch sind nicht als allumfassende oder unveränderliche Methode gemeint. Vielmehr werden sie als Gedichte, als Gebete und als Versprechen angeboten. Sie sollen Worte der Ermutigung sein zu diszipliniertem Zuhören, zu effektivem Leiden, freudigem Annehmen, verletzlicher Empfänglichkeit, rigoroser Flexibilität, mutigem Reden, transformativen Beziehungen und bescheidener Hingabe an alles, dessen es bedarf, um wirklich zu lieben.

Da die Liebe die Grundlage für jedes kreative Tun ist, berührt sie alle wichtigen Bereiche des Menschseins und der Menschwerdung.

In dieser Hinsicht haben wir nur einige wenige Bereiche angesprochen. Unsere Ausrichtung galt wesentlich den psychologischen und spirituellen Aspekten des Beziehungsselbst, insbesondere im Hinblick auf das Individuum. Was ausgelassen wurde, ist beträchtlich. So wäre zum Beispiel viel Aufmerksamkeit nötig, um das Beziehungsselbst auf den größeren sozialen Ebenen der Gemeinschaft zu heilen und zu leben. Insofern hoffe ich, daß dieses Buch als ein Anfang aufgefaßt wird und daß Gleichgesinnte seinen Ansatz erweitern und fortentwickeln.

Wenn dies geschieht, kommen wir dem „Punkt Omega" Teilhard de Chardins näher:

> Der Tag wird kommen, nachdem wir die Winde, die Gezeiten und die Gravitation nutzbar haben, wenn wir für Gott die Energien der Liebe nutzbar machen. Und an diesem Tag wird der Mensch zum zweiten Mal in der Weltgeschichte das Feuer entdeckt haben.

Diesem Tag näherzukommen, dazu ermutigt uns Krishnamurtis (1967, S. 206 f.) weiser Rat:

> Legen Sie alle Bücher beiseite, die Beschreibungen, Überlieferungen und Autoritäten, und begeben Sie sich auf die Reise der Selbst-Entdeckung. Lieben Sie; und verstricken Sie sich nicht in Meinungen und Ideen darüber, was die Liebe ist oder sein sollte. Wenn Sie wirklich lieben, wird alles andere sich ergeben. Liebe zeitigt ihr eigenes Handeln. Lieben Sie, und ihr Segen wird Sie berühren. Halten Sie sich fern von der Autorität, die Ihnen erklärt, was Liebe ist oder nicht ist. Keine Autorität weiß es; und wer es weiß, kann es nicht beschreiben. Lieben Sie, und Verständis wird dasein.

Möge die Kraft mit Ihnen sein!

Literatur

Barks, C. (ed.) (1995): The essential Rumi. New York (Harper Collins).
Bateson, G. (1981): Ökologie des Geistes. Frankfurt a. M. (Suhrkamp).
Bateson, G. (1975): Ecology of mind: The sacred. In: R. Fields (ed.): Loka: A Journal from the Naropa Institute. Garden City (Anchor).
Bateson, G. (1982): Geist und Natur. Eine notwendige Einheit. Frankfurt a. M. (Suhrkamp).
Bateson, G. u. M. C. Bateson (1993): Wo Engel zögern. Unterwegs zu einer Epistemologie des Heiligen. Frankfurt a. M. (Suhrkamp).
Baudrillard, J. (1995): The map precedes the territory. In: W. T. Anderson (ed.): The truth about truth: De-confusing and re-constructing the postmodern world. New York (G. P. Putnam's Sons).
Berry, W. (1977): The unsettling of America: Culture and agriculture. San Francisco (Sierra Club).
Blakeslee, S. (1996): Complex and hidden brain in the stomach makes butterflies and stomach aches. *New York Times*, 23.1.1996.
Bly, R. (1986): The good silence. Four ways of knowledge. In: R. Bly: Selected poems. New York (Harper & Row).
Buber, M. (1996): Die Erzählungen der Chassidim. (13. Aufl.) Zürich (Manesse).
Buber, M. (1997): Ich und Du. (13. Aufl.) Gerlingen (Lambert Schneider/Bleicher).
Campbell, J. (1984): The way of the animal powers. London (Times Books).
Capek, M. (1961): The philosophical impact of contemporary physics. Princeton, NJ (D. Van Nostrand).
Carolan, T. (1996): The wild mind of Gary Snyder. *Shambhala Sun*.
Castaneda, C. (1978): Der Ring der Kraft. Don Juan in den Städten. Frankfurt a. M. (Fischer).
Chödrön, P. (1995): Beginne, wo du bist. Eine Anleitung zum mitfühlenden Leben. Braunschweig (Aurum).

Chopra, D. (1990): Die heilende Kraft. Bergisch Gladbach (Lübbe).
Csikszentmihalyi, M. (1992): Flow. Das Geheimnis des Glücks. Stuttgart (Klett-Cotta).
Deng, Ming-Dao (1995): 365 Tao. Heilende Meditationen für das ganze Jahr. Interlaken (Ansata).
Deikman, A. (1963): Experimental meditation. *Journal of Nervous and Mental Disorders* 135: 329–373.
Deikman, A. (1966): Deautomatization and the mystic experience. *Psychiatry* 29: 324–388.
Derrida, J. (1974): Grammatologie. Frankfurt a. M. (Suhrkamp).
De Shazer, S. (1997): Wege der erfolgreichen Kurzzeittherapie. (6. Aufl.) Stuttgart (Klett-Cotta).
Dolan, Y. (1991): Resolving sexual abuse: Solution-focused therapy and Ericksonian hypnosis for adult survivors. New York (Norton).
Eliot, T. S. (1988): Gesammelte Gedichte 1909–1962. In: Werke, Bd. 4. Frankfurt a. M. (Suhrkamp).
Epstein, S. (1994): Integration of the cognitive and the psychodynamic unconscious. *American Psychologist* 49 (8): 709–724.
Erickson (1997): Psychologische Grundprobleme in der Hypnoseforschung. In: E. L. Rossi (Hrsg.): Gesammelte Schriften von Milton H. Erickson, Bd. III. Heidelberg (Carl-Auer-Systeme), S. 464–478.
Erickson, M. H. u. L. Kubie (1997): Die Übersetzung des kryptisch automatischen Schreibens einer hypnotischen Versuchsperson durch eine andere in tranceähnlichem, dissoziiertem Zustand. In: E. L. Rossi (Hrsg.): Gesammelte Schriften von Milton H. Erickson, Bd. IV. Heidelberg (Carl-Auer-Systeme), S. 223–238.
Erickson, M. H. u. E. L. Rossi (1997): Hypnotherapie: Aufbau, Beispiele, Forschungen. (4. Aufl.) München (Pfeiffer).
Erlich, D. (1996): Meredith Monk: In search of the primordial voice. *Shambhala Sun*.
Fields, R. (1991): The code of the warrior: In history, myth, and everyday life. New York (Harper Perennial).
Flemons, D. (1991): Completing distinctions: Interweaving the ideas of Gregory Bateson and Taoism into a unique approach to therapy. Boston (Shambhala).
Forster, E. M. (1994): Wiedersehen in Howards End. München (Goldmann).
Freud, S. (1909/1969): Analyse der Phobie eines fünfjährigen Knaben („Der kleine Hans"). In: Studienausgabe, Bd. VIII. (4. Aufl.) Frankfurt a. M. (Fischer), S. 9–122.
Freud, S. (1912/1964): Ratschläge für den Arzt bei der psychoanalytischen Behandlung. In: Gesammelte Werke, Bd. VIII. (4. Aufl.) Frankfurt a. M. (Fischer), S. 376–387.

Fromm, E. (1954): Psychoanalyse und Ethik. Stuttgart (Diana).
Fromm, E. (1978): Die Kunst des Liebens. Frankfurt a. M. (Ullstein).
Gendlin, E. (1981): Focusing. Techniken der Selbsthilfe bei der Lösung persönlicher Probleme. Salzburg (Otto Müller).
Gershon, M. D., A. L. Kirchgessner a. P. Wade (1994): Functional autonomy of the enteric nervous system. In: L. R. Johnson (ed.): Physiology of the gastrointestinal tract. (3. ed.) New York (Raven).
Gibran, K. (1977): Der Prophet. Wegweiser zu einem vollen Leben. Olten/Freiburg (Walter).
Gilligan, S. G. (1995): Therapeutische Trance. Das Prinzip Kooperation in der Ericksonschen Hypnotherapie. Heidelberg (Carl-Auer-Systeme).
Gilligan, S. G. (1988): Symptom phenomena as trance phenomena. In: J. Zeig a. S. Lankton (eds.): Developing Ericksonian therapy: State of the art. New York (Brunner/Mazel).
Gilligan, S. G. (1994): The fight against fundamentalism: Searching for the soul in Ericksons's legacy. In: J. Zeig (ed.): Ericksonian methods: The essence of the story. New York (Brunner/Mazel).
Gilligan, S. G. (1996): The relational self: The expanding of love beyond desire. In: M. Hoyt (ed.): Constructive therapies: Expanding and integrating effective. Vol. 2. New York (Guilford).
Gilligan, S. G. a. G. H. Bower (1984): Cognitive consequences of emotional arousal. In: C. E. Izard, J. Kagan a. R. Zajonc (eds.): Emotions, cognitions, and behavior. New York (Cambridge Press).
Gilligan, S. G. a. R. Price (eds.) (1993): Therapeutic conversations. New York (Norton).
Ginsberg, A. (1992): Meditation and poetics. In: J. Welwood (ed.): Everyday life as spiritual path. Boston (Shambhala).
Haley, J. (1994): Ordeal Therapie. Ungewöhnliche Wege der Verhaltensänderung. (2. Aufl.) Hamburg (Iskopress).
Halifax, J. (1994): The fruitful darkness. Reconnecting with the body of the earth. New York (Harper Collins).
Hart, O. van der (1982): Abschiednehmen. Abschiedsrituale in der Psychotherapie. München (Pfeiffer).
Herman, J. (1994): Die Narben der Gewalt. München (Kindler).
Houston, J. (1996): Lebenskraft. Übungen und Erfahrungen für den geistigen Weg. München (Heyne).
Houston, J. (1987): The search for the beloved: Journeys in mythology and sacred psychology. Los Angeles (Tarcher).
Imber-Black, E., J. Roberts u. R. Whiting (1998): Rituale. Rituale in Familien und Familientherapie. (3. Aufl.) Heidelberg (Carl-Auer-Systeme).

Jeffares, A. N. (ed.) (1974): W. B. Yeats: Selected poetry. London (Pan).
Jenkins, A. (1990): Invitations to responsibility: The therapeutic engagement of men who are violent and abusive. Adelaide, Australia (Dulwich Centre).
Joyce, J. (1948): Jugendbildnis. Zürich (Rhein).
Jung, C. G. (1916/1995): Die Struktur und Dynamik des Selbst. In: Gesammelte Werke, Bd. 9. Düsseldorf (Walter), S. 238–280.
Jung, C. G. (1929/1995): Instinkt und Unbewußtes. In: Gesammelte Werke, Bd. 8. Düsseldorf (Walter), S. 151–160.
Jung, C. G. (1954/1995): Symbols of Transformation. In: Gesammelte Werke, Bd. 5. Düsseldorf (Walter).
Jung, C. G. (1957/1995): Kommentar zu „Das Geheimnis der Goldenen Blüte". In: Gesammelte Werke, Bd. 13. Düsseldorf (Walter), S. 16–63.
Jung, C. G. (1969/1995): Die Psychologie der Übertragung. In: Gesammelte Werke, Bd. 16. Düsseldorf (Walter), S. 167–317.
Keen, S. (1986): Faces of the enemy: Reflections of the hostile imagination. San Francisco (Harper & Row).
Keeney, B. (1977): On paradigmatic change: Conversations with Gregory Bateson. (Unveröffentl. Manuskript.)
Keeney, B. (1983): Aesthetics of change. New York (Guilford).
Keller, H. (1955): Geschichte meines Lebens. Bern (Scherz).
Koestler, A. (1993): Der Mensch – Irrläufer der Evolution. Die Kluft zwischen Denken und Handeln. Eine Anatomie menschlicher Vernunft und Unvernunft. (3. Aufl.) Frankfurt a. M. (Fischer).
Kolk, B. van der (1994): The body keeps the score: Memory and the evolving psychobiology of posttraumatic stress. *Harvard Rev. Psychiatry* 1: 253–265.
Krishnamurti, J. (1967): Verstand und Liebe. In: J. Krishnamurti: Gedanken zum Leben . Bd. 3. (2. Aufl.) Bern (Humata).
Laing, R. D. (1987): Hatred of Health. *Journal of Contemplative Psychotherapy* 4.
Lankton, S. a. C. Lankton (1983): The answer within: A framework for Ericksonian hypnotherapy. New Work (Brunner/Mazel).
Machado, A. (1899–1907/1996): Soledades. Einsamkeiten. Zürich (Ammann).
Madanes, C. (1997): Sex, Liebe und Gewalt. Therapeutische Strategien zur Veränderung. Heidelberg (Carl-Auer-Systeme).
Merton, T. (Hrsg.) (1964): Gandhi on non-violence. A selection from the writings of Mahatma Gandhi. New York (New Directions).
Merton, T. (1990): Der Berg der sieben Stufen. Düsseldorf (Benzinger).
Moore, R. a. D. Gillette (1990): King, warrior, magician, lover: Rediscovering the archetypes of the mature masculine. New York (Harper Collins).

Neruda, P. (1984): Schweigt. In: Extravaganzenbrevier. Darmstadt/ Neuwied (Luchterhand), S. 11 f.
Nhat Hanh, Thich (1975, dt. in Vorb.): Das Wunder der Achtsamkeit. Berlin (Theseus).
Nhat Hanh, Thich (1992): Ich pflanze ein Lächeln. Der Weg der Achtsamkeit. München (Goldmann).
O'Hara, M. (1996): Relational empathy: From modernist egocentrism to postmodern contextualism. (Unveröffentl. Manuskript.)
Osbon, D. (ed.) (1991): Reflections on the art of living: A Joseph Campbell Companion. New York (Harper Collins).
Pearson, C. (1993): Die Geburt des Helden. Transformation durch die sechs Archetypen. München (Droemer Knaur).
Richards, M. C. (1962): Centering: In pottery, poetry, and the person. Middletown, CT (Wesleyan University Press).
Rilke, R. M. (1986): Fortschritt (1900); Der Schauende (1901). In: Die Gedichte. Frankfurt (Insel).
Rossi, E. L. (1977): The cerebral hemispheres in analytical psychology In: *Journal of analytical psychology* 22: 32–51.
Rossi, E. L. (1995): Gesammelte Schriften von Milton H. Erickson, Bd. I. Heidelberg (Carl-Auer-Systeme).
Rossi, E. L. (1996): Gesammelte Schriften von Milton H. Erickson, Bd. II. Heidelberg (Carl-Auer-Systeme).
Rossi, E. L. (1997a): Gesammelte Schriften von Milton H. Erickson, Bd. III. Heidelberg (Carl-Auer-Systeme).
Rossi, E. L. (1997b): Gesammelte Schriften von Milton H. Erickson, Bd. IV. Heidelberg (Carl-Auer-Systeme).
Rossi, E. L. (1998a): Gesammelte Schriften von Milton H. Erickson, Bd. V. Heidelberg (Carl-Auer-Systeme).
Rossi, E. L. (1998b): Gesammelte Schriften von Milton H. Erickson, Bd. VI. Heidelberg (Carl-Auer-Systeme).
Schiller, D. (1994): The little Zen companion. New York (Workman).
Sell, E. H. (ed.) (1995): The spirit of loving: Reflections on love and relationship by writers, psychotherapists, and spiritual teachers. Boston (Shambhala).
Selvini Palazzoli, M., L. Boscolo, G. F. Cecchin u. G. Prata (1996): Paradoxon und Gegenparadoxon. Ein neues Therapiemodell für die Familie mit schizophrener Störung. (9. Aufl.) Stuttgart (Klett-Cotta).
Selye, H. (1974): Streß. Bewältigung und Lebensgewinn. (5. Aufl.) München (Piper).
Shapiro, F. (1997): EMDR – der erlösende Blick. Paderborn (Junfermann).
Sharansky, N. (1988): Fear no evil. New York (Random House).

Sivaraska, S. a. V. Harding (1995): Loving the enemy. *Shambhala Sun* 4 (2): 61–63.
Snyder, G. (1984): Landschaften des Bewußtseins. Gespräche und Reden 1964–1979. Hrsg. v. W. Scott McLean. München (Trickster).
Somé, M. (1996): Vom Geist Afrikas. Das Leben eines afrikanischen Schamanen. München (Diederichs).
Stephens, J. (ed.) (1992): The art of peace: Teachings of the founder of aikido. Boston (Shambhala).
Strozier, C. (1994): Apocalypse: The psychology of fundamentalism in America. New York (Beacon).
Suzuki, D. T. (1988): Koan – der Sprung ins Grenzenlose. München (Scherz).
Tart, C. (ed.) (1969): Altered states of consciousness. Garden City, NY (Doubleday).
Tohei, K. (1996): Das Ki-Buch. Der Weg zur Einheit von Geist und Körper. (4. Aufl.) Leimen (Verlag im Mühltal).
Toms, M. (1994): Writing from the belly: An interview with Isabel Allende. *Common Boundary* 12 (3): 16–23.
Trungpa, C. (1991): Das Buch vom meditativen Leben. Die Shambhala-Lehren vom Pfad des Kriegers zur Selbstverwirklichung im täglichen Leben. Reinbek (Rowohlt).
Trungpa, C. (1993): Training the mind and cultivating loving-kindness. Boston / London (Shambhala).
Turner, V. (1995): The ritual process. Structure and antistructure. Berlin (de Gruyter).
Varela, F. J., E. Thompson u. E. Rosch (1992): Der mittlere Weg der Erkenntnis. Der Brückenschlag zwischen Ich und Welt in der Kognitionswissenschaft. München (Scherz).
Watzlawick, P., J. Weakland u. R. Fisch (1974/1992): Lösungen. Zur Theorie und Praxis menschlichen Wandels. (5. Aufl.) Bern (Hans Huber).
White, M. u. D. Epston (1998): Die Zähmung der Monster. Der narrative Ansatz in der Familientherapie. (3. Aufl.) Heidelberg (Carl-Auer-Systeme).
Wilber, K. (1997): Eros, Kosmos, Logos. Eine Vision an der Schwelle zum nächsten Jahrtausend. Frankfurt a. M. (Krüger).
Wilson, B. (1967): As Bill sees it: The AA way of life. New York (Alcoholics Anonymous World Services Inc.).
Wittgenstein, L. (1921/1960): Tractatus logico-philosophicus. In: Schriften, Bd. 1. Frankfurt a. M. (Suhrkamp).
Woodman, M. (1993): Conscious femininity: Interviews with Marion Woodman. Toronto (Inner City Books).
Yeats, W. B. (ed.) (1905/1979): The poems of William Blake. London (Routledge & Kegan Paul).

Zeig, J. K. (1985): Meine Stimme begleitet Sie überallhin. Ein Lehrseminar mit Milton H. Erickson, M. D. Stuttgart (Klett-Cotta).
Zoja, J. K. (1994): Sehnsucht nach Wiedergeburt. Ein neues Verständnis der Drogensucht. Einsiedeln (Daimon).

Personenregister

Allende, I. 90
Auden, W. H. 23

Bateson, G. 15, 23, 45, 60, 65, 71 f, 88, 103 f, 221
Bateson, M. C. 221
Baudrillard, J. 65
Berry, W. 28, 163
Blake, W. 60, 116
Blakeslee, S. 116
Bly, R. 16, 67, 81, 153
Blyth, R. H. 81
Bohr, N. 67
Boscolo, L. 220
Bower, G. H. 183
Buber, M. 89, 91

Campbell, J. 45, 48, 81, 220
Capek, M. 81
Carolan, T. 69
Castaneda, C. 122
Cecchin, G. F. 220
Chödrön, P. 15, 154
Chopra, D. 127

De Shazer, S. 136
Deikman, A. 109
Derrida, J. 65
Dolan, Y. 229, 231

Einstein, A. 81, 111
Eliot, T. S. 67, 72, 190
Ellis, A. 212
Epstein, S. 37

Epston, D. 80, 136
Erickson, M. 15, 24, 57, 116, 127, 139, 144, 147 f, 158 f, 164, 167, 172, 191 f, 204, 206, 213 f, 220, 224, 240
Erlich, D. 189

Fields, R. 198
Fisch, R. 166
Flynn, E. 56, 107, 139
Forster, E. M. 163
Freud, S. 23, 29, 32, 35, 38, 42, 111, 113, 122, 129, 137, 186
Fromm, E. 14, 16, 20, 85, 129, 194

Gandhi, M. 14 f, 50, 66, 70, 119, 157, 158, 240
Gendlin, E. 24
Gershon, M. D. 116
Gibran, K. 188
Gillette, D. 204 f
Gilligan, S. G. 63, 89, 146 f, 167, 183, 214, 222-224 224, 226, 229, 234
Ginsberg, A. 19

Haley, J. 220
Halifax, J. 218
Harding, V. 13
Hart, O. van der 220
Houston, J. 198

Imber-Black, E. 220

James, W. 37, 72
Joyce, J. 72
Jung, C. G. 14, 16, 35 f, 54, 60, 75, 91-93, 129, 190, 207, 225, 227

Keen, S. 23, 33, 61
Keeney, B. 23
Keller, H. 41 f, 227
Kirchgessner, A. L. 116
Kolk, B. van der 107
Krishnamurti, J. 92, 242
Kubie, L. 192

Laing, R. D. 140

Machado, A. 57, 189, 208
Madanes, C. 220
Mandela, N. 14, 98, 158, 240
Meir, G. 193
Merton, T. 35, 61, 141, 143, 155
Ming-Dao, D. 32
Monk, M. 189
Moore, R. 204 f

Nhat Hanh, T. 15, 63, 113, 137

O'Hanlon, B. 12, 149
O'Hara, M. 12, 68
Ortega y Gasset, J. 24 f
Osbon, D. 45, 72, 81
Oz, A. 30

Pearson, C. 197, 204
Prata, G. 220

Richards, M. C. 26
Rilke, R. M. 49, 240
Roberts, J. 220
Rogers, C. 212
Rosch, E. 138
Roshi, R. B. 103
Rossi, E. L. 91, 139, 158, 220
Ruderman, T. 149
Rumi, J. 23

Satir, V. 143, 213
Schiller, D. 53
Selvini-Palazzoli, M. 220
Selye, H. 128
Shapiro, F. 91, 95, 107
Sharansky, N. 98, 118, 158
Sivaraska, S. 13
Snyder, G. 69, 103
Somé, M. 78 f
Stephens, J. 121
Stevens, W. 76
Strassfeld, M. 75
Strozier, C. 58
Suzuki, D. T. 115

Thompson, E. 138
Tohei, K. 110
Toms, M. 90
Trungpa, C. 23, 50, 154
Turner, V. 220, 233

Ueshiba, M. 121, 187

Varela, F. J. 138

Wade, P. 116
Watzlawick, P. 166
Weakland, J. 166
Whitaker, C. 213
White, M. 80, 136
Whiting, R. 220
Wilber, K. 43, 55, 84, 201, 211
Wilson, B. 92
Wittgenstein, L. 65
Woodman, J. 14

Yeats, W. B. 60, 62

Zeig, J. K. 110, 148
Zoja, L. 195, 222

Über den Autor

Stephen G. Gilligan, Ph. D., war einer der ersten NLP-Studenten in Santa Cruz, USA, und später einer der bedeutendsten Schüler des „Freuds der Hypnosetherapie", Milton Erickson.

Nach der Promotion in Psychologie an der Stanford University ließ sich Gilligan mit eigener Praxis in San Diego nieder.

Heute ist er sowohl durch seine Veröffentlichungen bekannt als auch durch seine zum Teil legendären Workshops im In- und Ausland. Seine Fähigkeit, zu inspirieren, zu berühren, aufzuwecken und das Bewußtsein in neue Richtungen zu lenken, hat dazu geführt, daß Gilligan heute als der innovativste Schüler Ericksons gilt.

Veröffentlichung u. a.: *Therapeutische Trance. Das Prinzip der Kooperation in der Ericksonschen Hypnotherapie* (5. Aufl. 2008).

sysTelios – vielfältige Chancen für kraftvoll gesunde Entwicklungen

Die **sysTelios Klinik für Psychotherapie und psychosomatische Gesundheitsentwicklung** bietet Ihnen ein spezifisches therapeutisches Konzept unter ärztlicher Leitung. Es ist **tiefenpsychologisch** fundiert, **verhaltenstherapeutisch** ergänzt und **hypnosystemisch** optimiert.

Das Team um Dr. Gunther Schmidt, Mechthild Reinhard und Dr. Carsten Till verbindet Gruppen- und Einzelangebote der **ressourcenaktivierenden Gesprächspsychotherapie** mit **lösungsorientierter Körper-, Kunst- und Musikpsychotherapie**. Wir beraten Sie gern:

Ingrid Kuhn · i.kuhn@sysTelios.de · Tel. +49 6207 9249-444
Ruth Farda · r.farda@sysTelios.de · Tel. +49 6207 9249-443
Ciretta Ripp · c.ripp@sysTelios.de · Tel. +49 6207 9249-427

Die **sysTelios** Klinik ist eine private Akutklinik. Private Krankenversicherungen und/oder Beihilfestellen übernehmen die Kosten für einen stationären Aufenthalt, wenn eine begründete medizinische Notwendigkeit hierfür vorliegt. Eine Aufnahme ist möglich bei Akuteinweisung oder bei vorheriger Kostenzusage durch die private Krankenversicherung und/oder Beihilfestelle. Eine stationäre Therapie ist auch auf Basis finanzieller Eigenleistung möglich. Selbstzahlerinnen und Selbstzahler beraten wir dazu gern individuell.

Mehr Infos auf sysTelios.de

sysTelios Klinik · Am Tannenberg 17 · 69483 Wald-Michelbach
Tel. +49.6207.9249-0 · **mail**@sysTelios.de

Bernhard Trenkle

Dazu fällt mir eine Geschichte ein

Direkt indirekte Botschaften für Therapie, Beratung und über den Gartenzaun

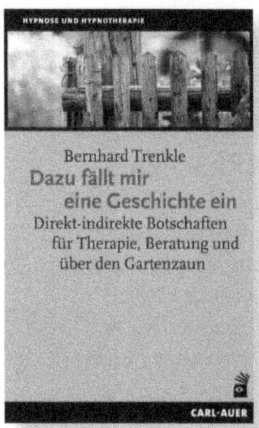

167 Seiten, Kt, 2. Auflage 2014
ISBN 978-3-89670-774-1

Denkanstöße, Ratschläge oder Suggestionen, die in eine Geschichte verpackt sind, entfalten oftmals eine „Depotwirkung", die um ein Vielfaches stärker ist als jede direkte Intervention. Bernhard Trenkle steht mit seinen Erzählungen von gefundenen und persönlich erlebten Geschichten in dieser Tradition der indirekten Interventionen von Milton H. Erickson.

Eingebettet in kurze Fallvignetten aus Therapie, Coaching und Supervision, werden die vielfältigen Einsatzmöglichkeiten rasch deutlich. Neun Grundregeln für das Erzählen von persönlichen Geschichten ebnen den Zugang zu dieser Beratungsform. Hilfestellungen, wie einem im richtigen Moment die passende Geschichte einfällt, erleichtern die Umsetzung im Praxisalltag.

Über den fachlichen Nutzen hinaus hat dieses Buch mit seinen mal witzigen, mal ergreifenden, oft überraschenden Geschichten einen hohen Unterhaltungswert und gibt Einblick in die Schatzkiste eines der erfahrensten und international bekanntesten Hypnotherapeuten.

„Bernhard Trenkle ist ein strahlender Fixstern am Himmel der Psychotherapie in Deutschland. Denn er versteht es wie kein anderer, Geschichten zu erzählen, heilende Geschichten, die Patienten den Weg aus der Sackgasse weisen und ganz sachte mögliche Lösungen in die Problemverstrickungen flechten. ‚Dazu fällt mir eine Geschichte ein' ist ein kluges Lehrbuch und ein unterhaltsamer Reader zugleich, vor allem aber ein wundervolles, lehrreiches Lesevergnügen."
Manfred Lütz

 Carl-Auer Verlag • www.carl-auer.de

Brian M. Alman | Peter T. Lambrou

Selbsthypnose
Ein Handbuch zur Selbsttherapie

377 Seiten, Kt, 11. Aufl. 2013
ISBN 978-3-89670-842-7

Selbsthypnose ist eine hoch effektive Methode, die von jedermann erlernt werden kann. Sie hilft Menschen mit unterschiedlichen Symptomen, auch bei lang andauernden Beschwerden erstaunliche Besserungen zu erreichen und ihr Leben wieder selbstbestimmt und freier zu gestalten.
In einfühlsamer und gut verständlicher Art geben Brian Alman und Peter Lambrou klare, schrittweise Anleitungen zu den grundlegenden Vorgehensweisen und Übungen mit Selbsthypnose. Anhand anschaulicher Fallbeispiele demonstrieren sie, wie Selbsthypnose passend zu den jeweiligen Beschwerden und Zielen eingesetzt werden kann. Alman und Lambrou haben das Kunststück fertiggebracht, ein verständliches Fachbuch für den Laien zu schreiben, das genauso gewinnbringend auch von Ärzten, Psychotherapeuten und anderen psychosozialen Helfern gelesen werden kann.

Das Buch behandelt u. a. folgende Themen: Migräne • Panikanfälle • Zähneknirschen • Ekzeme • Juckreiz • Phobien • Rückenbeschwerden • Allergien und Asthma • Geburtsvorbereitung • Schmerzkontrolle • Raucherentwöhnung • Gewichtskontrolle • Schlafstörungen • Stärkung des Selbstbewusstseins.

„Das Buch bietet eine Fülle von alternativen Techniken. Es ist einfach geschrieben, und man findet fast immer etwas Brauchbares. Als Hilfe zur Selbsthilfe, zum self-empowerment lesenswert." Familiendynamik

 Carl-Auer Verlag • www.carl-auer.de

Daniel Wilk

Auf sich aufpassen

Trancegeschichten als Weg zu den eigenen Heilkräften

1 CD
ISBN 978-3-89670-267-8

Jeder von uns hat ein tiefes Wissen über den Umgang mit Problemen. In den sechs Geschichten dieser CD wird der unbewusste Teil dieses Wissens angesprochen. Mit jedem Hören bekommen Sie ein besseres Gefühl dafür, was Sie belastet – und wie Sie konstruktive Veränderungen einleiten können. So helfen die Geschichten nicht nur, zur Ruhe zu kommen, sondern auch wieder aktiv aus sich selbst heraus ein bewusstes und gesundes Leben zu genießen. Dabei sind es nicht die Geschichten – oder ein anderer äußerer Einfluss –, die heilend wirken, sondern Ihre eigenen Kräfte. Äußere Einflüsse sind wirksame Hilfen, das eigene Potenzial zu verwirklichen. Indem Sie die Geschichten auf der CD hören, öffnen Sie sich Ihrem eigenen unbewussten Potenzial. Gesundheit wird gefördert, die eigene Kompetenz im Umgang mit sich selbst und mit dem, was Sie umgibt, wird unterstützt. Sie werden zufriedener und heiterer mit sich selbst.

Carl-Auer Verlag • www.carl-auer.de